# A FORMAÇÃO DE DISCÍPULOS MISSIONÁRIOS

**Dados Internacionais de Catalogação na Publicação (CIP)**
**(Câmara Brasileira do Livro, SP, Brasil)**

Pereira, Sueli da Cruz
  A formação de discípulos missionários : o kerigma à luz da teologia da cruz de Antonio Pagani / Sueli da Cruz Pereira; sob coordenação de Waldecir Gonzaga – Petrópolis. RJ : Vozes ; Petrópolis, RJ : Editora PUC-Rio, 2021. – (Série Teologia PUC-Rio)

ISBN 978-65-5713-133-6 (Vozes)
ISBN 978-65-88831-21-2 (PUC-Rio)

1. Discipulado (Cristianismo) 2. Evangelização 3. Missionários 4. Querigma 5. Teologia I. Título. II. Série.

21-62687

CDD-268

Índices para catálogo sistemático:
1. Discípulos : Formação : Cristianismo 268

Cibele Maria Dias – Bibliotecária – CRB-8/9427

**Sueli da Cruz Pereira**

# A FORMAÇÃO DE DISCÍPULOS MISSIONÁRIOS

O kerigma à luz da teologia da cruz de Antonio Pagani

SÉRIE | TEOLOGIA PUC-RIO

© 2021, Editora Vozes Ltda.
Rua Frei Luís, 100
25689-900  Petrópolis, RJ
www.vozes.com.br
Brasil

Todos os direitos reservados. Nenhuma parte desta obra poderá ser reproduzida ou transmitida por qualquer forma e/ou quaisquer meios (eletrônico ou mecânico, incluindo fotocópia e gravação) ou arquivada em qualquer sistema ou banco de dados sem permissão escrita da editora.

**CONSELHO EDITORIAL**

**Diretor**
Gilberto Gonçalves Garcia

**Editores**
Aline dos Santos Carneiro
Edrian Josué Pasini
Marilac Loraine Oleniki
Welder Lancieri Marchini

**Conselheiros**
Francisco Morás
Ludovico Garmus
Teobaldo Heidemann
Volney J. Berkenbrock

**Secretário executivo**
João Batista Kreuch

©**Editora PUC-Rio**
Rua Marquês de S. Vicente, 225
Casa da Editora PUC-Rio
Gávea – Rio de Janeiro – RJ
CEP 22451-900
T 55 21 3527-1760/1838
edpucrio@puc-rio.br
www.puc-rio.br/editorapucrio

*Reitor*
Prof. Pe. Josafá Carlos de Siqueira SJ

*Vice-Reitor*
Prof. Pe. Anderson Antonio Pedroso SJ

*Vice-Reitor para Assuntos Acadêmicos*
Prof. José Ricardo Bergmann

*Vice-Reitor para Assuntos Administrativos*
Prof. Ricardo Tanscheit

*Vice-Reitor para Assuntos Comunitários*
Prof. Augusto Luiz Duarte Lopes Sampaio

*Vice-Reitor para Assuntos de Desenvolvimento*
Prof. Sergio Bruni

*Decanos*
Prof. Júlio Cesar Valladão Diniz (CTCH)
Prof. Luiz Roberto A. Cunha (CCS)
Prof. Sidnei Paciornik (CTC)
Prof. Hilton Augusto Koch (CCBS)

*Conselho Gestor da Editora PUC-Rio*
Augusto Sampaio, Danilo Marcondes, Felipe Gomberg, Hilton Augusto Koch, José Ricardo Bergmann, Júlio Cesar Valladão Diniz, Sidnei Paciornik, Luiz Roberto Cunha e Sergio Bruni.

*Coordenação da série*: Waldecir Gonzaga
*Editoração*: Programa de pós-graduação em Teologia (PUC-Rio)
*Diagramação*: Raquel Nascimento
*Cotejamento*: Alessandra Karl
*Capa*: Editora Vozes

ISBN 978-65-5713-133-6 (Vozes)
ISBN 978-65-88831-21-2 (PUC-Rio)

Editado conforme o novo acordo ortográfico.

Este livro foi composto e impresso pela Editora Vozes Ltda.

# Agradecimentos

Ao meu orientador Professor Abimar Oliveira de Moraes pelo estímulo e parceria para a realização deste trabalho.

Ao Professor D. Paulo Cesar Costa pelo incentivo e apoio no início deste trabalho.

À PUC-Rio pelos auxílios concedidos, sem os quais este trabalho não poderia ter sido realizado.

Às Irmãs Dimesse Filhas de Maria Imaculada pela confiança, oportunidade de aprofundamento, incentivo e compreensão.

Aos meus pais pela educação, atenção e carinho de todas as horas.

Aos professores que participaram da Comissão examinadora.

A todos os professores e funcionários do Departamento pelos ensinamentos e pela ajuda.

A todo o Povo de Deus com o qual convivo na missão, que de uma forma ou de outra me estimulou ou me ajudou.

O presente trabalho foi realizado com apoio da Coordenação de Aperfeiçoamento de Pessoal de Nível Superior – Brasil (CAPES) – Código de Financiamento 001.

# Sumário

**Prefácio, 9**

**Introdução, 11**

**Capítulo 1 | A missão querigmática da Igreja, 17**

1.1. O anúncio como querigma e a *didaché* como seu desdobramento, 19

    1.1.1. O querigma e seu significado, 19

    1.1.2. A cruz no anúncio em 1Cor 1,18-25, 23

    1.1.3. A importância do significado da cruz no anúncio querigmático hoje, 28

1.2. Um olhar sobre os desafios atuais para o anúncio querigmático, 40

1.3. Lugares e chances do anúncio na realidade atual, 49

1.4. O anúncio na formação de discípulos missionários à luz de documentos eclesiais pós-conciliares, 59

    1.4.1. O anúncio na Igreja universal, 59

    1.4.2. O anúncio na Igreja latino-americana, 67

    1.4.3. O anúncio na Igreja no Brasil, 75

1.5. Síntese conclusiva, 81

**Capítulo 2 | Cristo crucificado: fio condutor do anúncio na teologia de Antonio Pagani, 83**

2.1. A cruz na teologia e mística do século XVI, 85

2.2. A "herança paulina" na teologia e mística da cruz de Antonio Pagani, 94

2.2.1. A cruz nas obras de Battista da Crema, 96

2.2.2. A cruz em Antonio Maria Zaccaria, 105

2.2.3. A cruz nas cartas de Paola Antonia Negri, 107

2.3. A herança franciscana na teologia e mística da cruz de Antonio Pagani, 114

2.4. A leitura e a contemplação do "Livro da vida", 119

2.5. A conformidade a Cristo crucificado partindo da mística para a profecia, 142

2.6. Síntese conclusiva, 149

**Capítulo 3 | Formando discípulos missionários a partir do Crucificado: contribuições teológico-pastorais de Antonio Pagani, 152**

3.1. A centralidade do Crucificado, 153

3.2. Viver como ressuscitados para ressuscitar os crucificados: a essencial inter-relação entre encarnação, vida, morte e ressurreição de Jesus, 163

3.3. A identidade do discípulo missionário formado a partir de Cristo crucificado, 177

3.3.1. A mística como caminho para o conhecimento de Cristo, 183

3.3.2. O seguimento como revelação identitária do discípulo missionário, 186

3.4. Do Deus crucificado aos povos crucificados, 195

3.4.1. O Deus crucificado, 197

3.4.2. Os povos crucificados, 207

3.4.3. A missão dos discípulos missionários a serviço dos povos crucificados, 217

3.5. Síntese conclusiva, 221

**Conclusão, 223**

**Posfácio, 229**

**Referências bibliográficas, 231**

# Prefácio

No início do ano de 2019, após um processo de intensa investigação, iniciado em 2015, junto ao meu projeto de pesquisa intitulado: "Questões atuais de pastoral profética", a tese de Sueli da Cruz Pereira foi aprovada, com reconhecimento do mais alto grau de excelência e, em 2020, indicada pelo Programa de Teologia da PUC-Rio para compor esta Série de Teses de Teologia.

Este livro é o resultado da excelência pesquisadora da autora e o fruto de seu envolvimento eclesial com a iniciação à vida cristã. O livro debruça-se sobre a realidade do querigma, na tentativa de encontrar itinerários pastorais autênticos e eficazes, na tentativa de contribuir qualificadamente na formação de discípulos missionários a partir do sólido fundamento do anúncio querigmático.

A Conferência de Aparecida apresentou-nos como prioridade pastoral a formação de discípulos missionários. Como resposta a essa prioridade, a Igreja no Brasil intensificou, nos últimos anos, sua atenção à iniciação à vida cristã. Um dos elementos importantes dessa iniciação é o querigma.

Num mundo fortemente marcado por mudanças que colocam outros valores no topo das relações se faz urgente e necessário um retorno às fontes para, a partir da originalidade de Jesus, (re)encartar-se e (re)viver a esperança que nasce do encontro com Ele.

O livro objetiva elucidar a relação de Cristo crucificado com seus seguidores e apontar para o desdobramento dessa relação que é o reconhecimento e encontro com os crucificados de hoje, pois do modo como entendemos o Crucificado, viveremos com os crucificados e vice-versa.

Diante disso, é de suma importância o anúncio querigmático e/ou o "segundo primeiro anúncio" para que sejam formados autênticos discípulos missionários que partem da centralidade de Cristo. É a partir do anúncio que a pessoa é convidada a fazer a experiência de encontro (ou reencontro) com Cristo. Desse encontro é que nasce o desejo de aprofundamento e de conhecimento da pessoa de Jesus.

Assim, anunciar Cristo crucificado se torna um desafio hoje. A cruz interpela a uma vivência mais humana e fraterna, pois convida a dar a própria vida, libertando-nos de toda vaidade, orgulho e desejo de poder. O único poder presente na cruz é o poder do amor. E quem ama está sujeito ao sofrimento.

Com inteligência, neste livro, a autora articula sua preocupação pastoral com a reflexão sistemática da Teologia Pastoral. No meu entender, este terceiro capítulo é de grande riqueza. Nele, a autora, partindo da articulação entre a análise da situação contextual e o marco teológico elaborado, propõe linhas de repensamento teológico que ajudam a refletir sobre a possiblidade de uma práxis iniciática eclesial que seja capaz de partir e retornar sempre ao querigma.

Louvo à autora por ter aceitado o desafio de investigar essa temática tão atual e necessária para o presente e o futuro da ação evangelizadora da comunidade cristã. Entendo que o presente estudo intenciona produzir chaves teológico-pastorais interpretativas que podem nortear distintas experiências pastorais querigmáticas, que desejem debruçar-se sobre esse importante desafio pastoral da iniciação à vida cristã.

Julgo que esta abordagem é muito importante, principalmente, num momento em que a Igreja latino-americana, e dentro dela, a do Brasil, redescobre a urgência de repensar os processos iniciáticos cristãos, na tentativa de fazer emergir discípulos e discípulas missionários, tal como nos indica o Documento de Aparecida e, mais recente, o Documento 107 da CNBB.

O que está presente nas páginas deste livro é uma concepção de Iniciação à Vida Cristã em sentido amplo, isto é, não no sentido de tarefa pastoral a ser exercida por um grupo específico paroquial (os/as catequistas), mas sim, por toda a comunidade de fé em seus múltiplos processos de educação na e da fé.

Julgo que este livro apresenta uma contribuição científica muito original. O que encontramos registrado nele é rico e desafiador, tornando-se referencial para eventuais pesquisas sucessivas que se interessem pela reflexão sobre a ação evangelizadora. Altíssima é a contribuição que a presente obra oferece à reflexão teológica e ao caminho de consolidação das propostas pastorais oriundas do paradigma da iniciação à vida cristã.

Meus parabéns pela publicação à autora, às Editoras Vozes e PUC-Rio, e ao Programa de Teologia da PUC-Rio. Aos leitores e leitoras, boa leitura!

Rio de Janeiro, 23 de maio de 2020
*Prof.-Dr. Pe. Abimar Oliveira de Moraes*
Professor Adjunto 2 da Pontifícia Universidade Católica do Rio de Janeiro (PUC-Rio)
Presidente do Conselho Diretor da Associação Nacional de Pós-Graduação e Pesquisa em Teologia e Ciências da Religião (ANPTECRE)

# Introdução

O mundo atual experimenta profundas transformações nos campos social, político, econômico e cultural. Muitas cidades cresceram, as indústrias se desenvolveram, os novos meios de comunicação nos permitiram entrar em contato com todas as partes do planeta em tempo real, os avanços da medicina proporcionaram maior perspectiva de vida etc.

Se por um lado experimentamos tantos benefícios, por outro, sentimos também as ambiguidades, frutos do desenvolvimento, como o vazio existencial, que tem levado muitos ao suicídio; o crescimento do desemprego, quando as máquinas substituem o ser humano; o consumismo desenfreado; a banalização do ser humano e do sagrado, dentre outras.

Diante dessa realidade muitos valores foram substituídos; surgiram crises em relação às autoridades como o pai, o professor, o governo; tornou-se mais importante a ascensão social e a busca pelo ter; cresceu o subjetivismo. Tais mudanças de valores afetaram também o campo religioso.

No cristianismo o paradigma para os valores encontra-se na pessoa de Jesus Cristo. Sua vida e sua prática sempre foram os critérios fundamentais para os seus seguidores. As rápidas transformações vividas pelo mundo atual e todas as suas consequências são grandes desafios para uma vivência autêntica da fé. Os valores que a sociedade tem como mais importantes hoje nem sempre condizem com os valores anunciados por Jesus como projeto de Deus para seu reino.

Estar inseridos nessa realidade faz com que muitos cristãos também vivenciem determinados valores que o mundo contemporâneo apresenta, colocando os valores evangélicos em segundo plano. E um dos valores que estão em alta é a busca da realização pessoal, sem passar por sofrimentos ou perdas.

Assim, nossa pesquisa tem por escopo demonstrar que diante dessa realidade faz-se urgente o anúncio querigmático, mesmo para aqueles que já se dizem cristãos. E em tal anúncio, num mundo onde o mais importante é o ter e o poder, a cruz de Jesus deve ser destacada como elemento de suma importância, pois ela traz em si outros valores necessários e indispensáveis à vida cristã.

A Igreja tem refletido nos últimos anos sobre a iniciação à vida cristã, e um dos temas que se destaca nessa temática é a importância do anúncio querigmático. Por isso nossa pesquisa torna-se relevante para o momento atual, podendo contribuir no âmbito teológico-pastoral, para que a cristologia subjacente ao anúncio encontre lugar na prática proposta pela Igreja para a formação de discípulos missionários. Devido a essa reflexão trazida pela Igreja hoje, o aprofundamento da questão pastoral sobre a iniciação à vida cristã também faz parte do Projeto de pesquisa sobre Questões Atuais de Pastoral Profética, no qual nossa pesquisa está inserida. Assim, nossa pesquisa se torna relevante para o Projeto porque pode contribuir com a Igreja, através da reflexão sistemática proposta, para que a iniciação à vida cristã seja realizada a partir de fundamentos sólidos.

É a partir do anúncio que a pessoa é convidada a fazer uma experiência de encontro ou reencontro com Cristo, e daí nasce o desejo de conhecê-lo mais e de segui-lo. Para seguir a Jesus é preciso conhecer a sua trajetória para chegar a trilhar o seu caminho. Assim, o anúncio deve ser querigmático, isto é, deve ter em seu conteúdo os elementos da trajetória de Jesus: encarnação, vida, morte e ressurreição.

Deparamo-nos em nossa prática pastoral com alguns desafios em relação ao anúncio querigmático. Às vezes se ressalta mais um dos elementos da trajetória de Jesus do que outros, o que pode ser prejudicial para formação de discípulos missionários. Percebe-se que um dos elementos mais valorizados é a ressurreição, pois ela pode ser lida como a glória e a vitória de Deus sobre a morte e o sofrimento. Tal supervalorização responde mais perfeitamente à lógica hodierna subjetivista. E como frutos temos um distanciamento da prática e da vida de Jesus.

Ao propormos aqui o anúncio de Cristo, e este Crucificado, queremos resgatar o sentido iluminador da cruz de Jesus que, neste tempo, encontra-se quase que adormecido ou esquecido. Portanto, não se trata de supervalorizar a cruz em detrimento da ressurreição ou de outros momentos da vida de Jesus. Trata-se de elucidar o quanto seu conteúdo pode ser paradigmático para o seguidor de Cristo, assim como também o foi para a comunidade de Corinto quando, ali, Paulo o realizou: "Anunciamos Cristo crucificado" (1Cor 1,23).

Para que tenhamos uma vivência cristã mais próxima da vida de Cristo, nossa reflexão quer apresentar uma visão integrada do anúncio querigmático que colabore em nortear o caminho do seguimento a Jesus hoje, no qual o discípulo possa chegar à fonte de sua ação evangelizadora e nesse lugar saciar sua sede de sentido da vida.

A vida e a missão de Jesus tiveram como centralidade o anúncio do reino do Pai, no qual se destacam como prediletos os pobres, os excluídos, os marginalizados, as mulheres, as crianças... Para se chegar à compreensão do sentido de toda a vida de Jesus faz-se necessário ter a cruz como ponto de partida. A cruz aparece em seu caminho como ponto culminante de sua missão. Mas não é o fim. A cruz aponta para um futuro de exaltação pelo Pai porque Ele se fez servo e obediente.

Ao longo da história da Igreja muitos cristãos se destacaram no seguimento a Jesus, com sua prática e com suas obras. O interesse de nossa pesquisa em resgatar a temática da cruz para a atualidade nasce do encontro com a vida e as obras de Antonio Pagani, fundador da Congregação das Irmãs Dimesse Filhas de Maria Imaculada, cujo carisma é a conformidade a Cristo crucificado e ressuscitado. A teologia e mística da cruz presente em suas obras pode ser uma grandiosa contribuição para a prática cristã também em nosso tempo, e por isso propomos desenvolvê-la a partir do subtítulo: "A formação de discípulos missionários hoje à luz da teologia da cruz de Antonio Pagani". Assim, não é nossa intenção aprofundar uma obra ou parte dela, mas ler nas entrelinhas das obras de Pagani como sua teologia da cruz é significativa para os nossos dias.

Franciscano, viveu na região do Vêneto na Itália, no século XVI. Região e época profundamente marcadas por mudanças culturais e mais especificamente pelo humanismo. Teólogo, canonista, pregador, reformador e fundador de companhias religiosas, poeta, eremita, místico, Pagani é visto por muitos como um santo devido ao seu exemplo de vida, porém ainda está em processo de beatificação.

Escreveu diversos livros que orientaram os cristãos da época a terem uma vida cristã cujo fundamento é a cruz de Cristo. São escritos com uma intensa mística, com valor atual, e que estão sendo redescobertos a partir da segunda metade do século passado. Ao lê-los percebemos uma profunda teologia envolvida numa linguagem mística.

Como franciscano e anteriormente como barnabita, a cruz e a conformidade a Cristo crucificado, temas da teologia paulina, são eixos de sua vida e iluminam os seus escritos. Com a linguagem de sua época, as indicações de como abraçar e carregar a cruz levam o cristão a uma mística que, a nosso ver, pode ser fonte para uma práxis cristã hoje.

Ao contemplar o Crucificado, os nossos olhos se abrem para reconhecer os crucificados e nos fazer próximos deles. Ao fundar Companhias e grupos de pessoas, Pagani sempre teve como meta o reconhecimento e a misericórdia para com aqueles que mais precisavam de ajuda.

Assim, a relação entre o anúncio querigmático e a teologia e mística da cruz nas obras de Pagani será aqui desenvolvida com o objetivo de contribuir para uma reflexão que leve a uma iniciação à vida cristã, como nos propõe os documentos atuais da Igreja, cujo ponto de partida é o encontro com Cristo.

Ao tratar da cruz de Jesus na formação de discípulos missionários, temos como objetivo principal refletir sobre a incidência de uma cristologia integrada na pastoral, e mais especificamente na catequese a serviço da iniciação à vida cristã. Com esta finalidade, desenvolveremos nossa pesquisa apresentando alguns aspectos da realidade atual (ver), trazendo algumas luzes para essa realidade (julgar) e propondo caminhos para a formação de discípulos missionários (agir).

No primeiro capítulo desenvolveremos a temática presente no título de nossa pesquisa: o anúncio de Cristo crucificado. Trata-se de um anúncio querigmático. Por isso, procuraremos apresentar o seu significado e seus desdobramentos para a iniciação à vida cristã. O conteúdo do anúncio querigmático porta em si a mensagem principal sobre Jesus Cristo. Nessa mensagem a cruz de Cristo é um dos elementos.

Assim, procuraremos demonstrar a importância da cruz no anúncio querigmático e por que ela pode ser o ponto de partida deste mesmo anúncio. Para isso, traremos como paradigma para o contexto atual, o anúncio da cruz realizado por Paulo em 1Cor 1,18-25. Acontece hoje o mesmo que estava acontecendo na comunidade de Corinto: sérios problemas que proporcionaram o esvaziamento do sentido da cruz de Jesus. Paulo demonstra o quanto o sentido que está por trás da cruz de Cristo pode contribuir para relações integradas e integradoras.

É sabido que estamos em época distante e diferente da realidade da comunidade corintiana na Igreja primitiva. Por isso, para contextualizar o anúncio hoje, procuraremos apresentar elementos importantes da realidade sociopolítica e eclesial, com seus desafios, lugares e chances para a realização desse anúncio. Ganha destaque aqui a globalização, que proporcionou ao mundo novas relações e grandes desafios.

Por fim, veremos também como a Igreja aponta em seus documentos pós-conciliares para a temática do anúncio. Para isso, procuraremos apresentar como é proposta a realização do anúncio querigmático na Igreja universal, na Igreja latino-americana e na Igreja no Brasil.

Trataremos no segundo capítulo da temática do Cristo crucificado à luz da teologia e da mística presentes nas obras de Antonio Pagani, autor escolhido para esta pesquisa, e que apresentamos anteriormente. Neste capítulo procuraremos aprofundar um pouco mais sobre sua vida a partir do contexto social, cultural, eclesial em que viveu, para a busca de uma maior compreensão do significado teológico da cruz de Jesus em seus escritos.

Nossa pesquisa será bibliográfica, e utilizaremos os textos originais de Pagani. Essa foi uma das maiores dificuldades encontradas, pois se trata de textos escritos em língua italiana antiga, e em edições antigas. Por isso transcreveremos na íntegra, nas notas de rodapé, os textos citados, para procurar demonstrar a tentativa de fidelidade ao texto. Além disso, utilizaremos também alguns materiais não publicados, como as cartas que recebeu de sua orientadora espiritual, Paola Antonia Negri. Muitas cartas da Negri foram publicadas em uma obra, mas as cartas dirigidas a Pagani encontram-se no Arquivo Histórico dos Barnabitas em Roma. Tais cartas são de suma importância, pois contêm o direcionamento para a centralidade em Cristo crucificado.

Atualmente há na Itália diversos estudos ainda não publicados oficialmente sobre seus escritos e a transliteração dos mesmos para o italiano corrente. Também foram realizadas teses de conclusão de curso, em diversas áreas, sobre algum aspecto da vida e das obras de Pagani. Há livros e materiais na linha da espiritualidade. Propomo-nos trazer aqui, porém, como novidade a busca de aprofundamento em parte de suas obras, para dali haurir algumas contribuições teológico-pastorais para a formação de discípulos missionários hoje. Tais contribuições serão a base de nosso terceiro capítulo.

As contribuições teológico-pastorais de Antonio Pagani podem ser fontes iluminadoras para a iniciação à vida cristã hoje. Dentre elas destacamos a centralidade do Crucificado em suas obras, que é o fio condutor do anúncio e da experiência de seguimento; a intrínseca relação entre encarnação, vida, morte e ressurreição de Jesus como atos da infinita bondade e do amor de Deus para com os seres humanos; a identidade do discípulo missionário formado a partir de Cristo crucificado; e, por fim, a aproximação com a reflexão teológica de Jon Sobrino, que passa do "Deus crucificado" aos "povos crucificados", apontando para uma prática pastoral fiel ao Evangelho no que se refere à opção preferencial de Jesus pelos pobres e oprimidos.

Após apresentar o itinerário a ser percorrido em nossa pesquisa, procuraremos desenvolvê-la de modo que não caia em dualismos ou numa teologia dolorista e do sofrimento, mas que contribua para fazer emergir a importância do significado da cruz de Jesus na formação de discípulos missionários hoje, como também para resgatar o seu sentido original que não pode ser omitido, pois comprometeria as consequências do seguimento a Jesus.

# Capítulo 1 | A missão querigmática da Igreja

A Igreja desde seu início teve como missão primordial anunciar Jesus Cristo. Ao longo dos séculos buscou-se fazer este anúncio de acordo com a realidade, através de diversas pessoas, modos, e, sobretudo, do testemunho pessoal e comunitário. A Igreja se pergunta mais uma vez como realizar esse anúncio hoje, num mundo globalizado e com diferentes perspectivas.

É sabido que Jesus não anunciou a si mesmo, mas o reino do Pai. Toda a sua vida estava voltada para a realização do reino. Nesse reino o mais importante era a vida com dignidade, em plenitude. A forma como Jesus anunciava o reino incomodou as lideranças religiosas e políticas daquela sociedade e isso o levou à condenação e morte numa cruz. Deus o ressuscita e o exalta, porém Jesus doa a sua vida pelas nossas vidas. Os primeiros discípulos não anunciaram o reino, mas o próprio Jesus, como o Messias, enviado por Deus a serviço do reino, para nossa salvação.

Este primeiro anúncio ou querigma realizado pelos discípulos é paradigmático para a Igreja hoje. A centralidade da missão da Igreja não se encontra em si mesma, mas em Jesus Cristo. É preciso ajudar as pessoas a fazer um encontro pessoal com Cristo a partir de um primeiro anúncio para pouco a pouco aprofundá-lo até chegar à maturidade na fé.

A partir do anúncio realizado pelos discípulos, muitas pessoas aderiram a Jesus e ao seu projeto. Paulo, em suas viagens missionárias, também conduziu à conversão na fé em Jesus. Diversas comunidades surgiram a partir dessa fé inicial suscitada pelo anúncio. Paulo convive nessas comunidades e ali aprofunda o primeiro anúncio. Outra forma de aprofundamento foram suas cartas enviadas às diversas comunidades nascentes.

Através das cartas de Paulo podemos detectar alguns elementos principais do querigma por ele anunciado. Na Primeira carta aos coríntios aparece um desses elementos que é a centralidade em Jesus crucificado (1Cor 1,23). Tendo como ponto de partida a cruz de Cristo, Paulo apresenta à comunidade o seu significado salvífico e como ela pode ser paradigmática para a vivência em comunidade. Em um símbolo de escândalo para os judeus ou de loucura para os gentios encontra-se a sabedoria de Deus, que confunde os fortes e sábios com um sinal de fraqueza, e é portadora de salvação.

Ao longo da história da Igreja tivemos várias interpretações sobre o sentido da morte de Jesus. Algumas devoções em torno do tema chegaram a desvirtuar o seu sentido original. Para se compreender o significado original da cruz de Jesus é preciso ter presente o seu sentido histórico e o seu sentido teológico. O sentido histórico está descrito nos evangelhos. Jesus se encarna, anuncia o reino, é perseguido e morto numa cruz. As primeiras comunidades procuraram dar um sentido teológico a esta trágica morte como um evento salvífico. Esses dois sentidos precisam estar integrados para que a morte de Jesus não seja vista apenas como um infortúnio ou como um desígnio divino.

A cruz é iluminadora de toda a vida de Jesus. É o ápice de uma vida doada para nossa salvação. Por evocar sofrimento, porém, muitas vezes se prefere não fazer um discurso sobre a cruz de Jesus. Com isso, se oculta no primeiro anúncio esse aspecto tão fundamental. Os próprios desafios que o mundo atual apresenta são promotores da negligência sobre o anúncio que comporta a cruz.

Estamos vivendo um tempo de grandes progressos, de mudanças, de avanços tecnológicos e científicos. Com isso, cada vez mais aqueles que têm o domínio desse progresso, financeiramente ou de outra forma, passam por cima daqueles que nada têm. A lei do mercado leva a uma competição e a um consumismo desenfreado. As pessoas são vistas como coisas descartáveis. Cresce a violência porque cada vez mais os pobres vão ficando mais pobres. O individualismo é outra característica desse tempo que leva as pessoas a não mais ter relações pessoais. Alguns valores cristãos como a família são deixados em segundo plano. Resumindo, nesta realidade o mais importante é a realização pessoal. Na cruz de Jesus não há nenhum poder, nem realização pessoal. Ela desmascara esse novo modo de relações, porém anunciar Jesus com sua cruz nesse contexto é "remar contra a maré".

É preciso saber aproveitar os lugares e chances do anúncio na realidade atual. No âmbito eclesial a iniciação à vida cristã é um dos lugares mais importantes para que o anúncio seja realizado. Tendo como fonte o catecumenato dos primeiros séculos, a iniciação à vida cristã busca aí alguns elementos para a realização do anúncio hoje. Mesmo diante de um mundo que leva ao individualismo ou à relativização do sagrado, muitas pessoas, especialmente os adultos, têm se aproximado ou retornado às comunidades para aprofundar o primeiro anúncio que receberam. Outro lugar para o anúncio e seu aprofundamento é a própria liturgia. As pessoas vivenciam na liturgia aquilo que aprenderam, ou aprendem vivenciando a partir dos ritos. A iniciação à vida cristã e a liturgia são vivenciadas na comunidade, por isso a comunidade é um dos lugares primordiais para o anúncio. Com o testemunho de uma vivência fraterna e da partilha da Eucaristia, num mundo que prega o individualismo, a comunidade se torna um sinal eloquente do reino de Deus anunciado por Jesus, acontecendo já aqui.

A Igreja tem valorizado a importância do primeiro anúncio e do seu aprofundamento. Como um dos aspectos da evangelização, o tema do anúncio querigmático encontra-se presente em diversos documentos atuais da Igreja, sejam eles universais ou locais. Procuraremos apontar nesses documentos a importância do anúncio na formação de discípulos missionários.

## 1.1. O anúncio como querigma e a *didaché* como seu desdobramento

Neste tópico procuraremos apresentar o que se entende por primeiro anúncio ou querigma no Novo Testamento e o aprofundamento do mesmo (*didaché*) no processo de adesão à fé em Jesus Cristo. Dentre os elementos do primeiro anúncio destacaremos a cruz de Cristo como essencial e basilar da teologia paulina. Após explicitar o seu significado em 1Cor 1,18-25 procuraremos apresentar a importância do significado da cruz no anúncio querigmático hoje.

### 1.1.1. O querigma e seu significado

Após a morte e ressurreição de Jesus encontramos no Novo Testamento a apresentação dos discípulos realizando um primeiro anúncio (querigma) sobre seu Mestre e, em seguida, os desdobramentos deste anúncio a partir de ensinamentos (*didaché*) para uma vivência cristã. Este primeiro anúncio é o núcleo e o fio condutor de um processo de evangelização que fez com que muitos judeus e gentios aderissem à fé a partir da conversão à novidade da Boa-nova de Cristo, tornando-se também seus seguidores.

O primeiro anúncio ou querigma, que expressa a noção de pregação do Evangelho pelos apóstolos e pela Igreja primitiva, é a raiz da fé cristã[1]. No centro da pregação ou do anúncio está o que Deus realizou em Jesus, que Ele é o Senhor e

---

1. Diversas são as interpretações sobre o querigma e seu conteúdo. Interessa-nos aqui ressaltar o querigma como o primeiro anúncio realizado pelos primeiros discípulos, sobre a vida, a morte e a ressurreição de Jesus, isto é, sobre o mistério pascal, para despertar a fé inicial em Jesus Cristo. O conteúdo deste primeiro anúncio é fonte para a evangelização hoje.

apresentação de sua vida, morte e ressurreição como salvação para a humanidade. O querigma é o primeiro passo para suscitar a fé inicial em Jesus Cristo, e, a partir da adesão à fé, ele será a fonte de onde emana o sentido de viver segundo os seus ensinamentos[2].

As palavras *kérygma* e *kérysso* são formadas a partir do substantivo *keryx* que significa arauto, anunciador, pregador. É aquele quem proclama. Querigma é um substantivo que indica o que o arauto anuncia, é o conteúdo da proclamação, ou seja, a mensagem, o anúncio. O verbo *kerysso* indica a ação de proclamar[3]. No mundo grego o substantivo querigma é utilizado para indicar as informações trazidas pelo arauto, tais como a notificação de um decreto, a notícia do vencedor de uma batalha e a quem se deve honrar como vencedor.

O Novo Testamento utiliza o substantivo querigma apenas oito vezes (Mt 12,41; Lc 11,32; Rm 16,25; 1Cor 1,21; 2,4; 15,14; 2Tm 4,17; Tt 1,3), porém podemos perceber o seu conteúdo em diversos textos. A finalidade do querigma é suscitar a fé em Jesus Cristo enquanto Messias e Filho de Deus. O querigma é uma proposta de adesão à fé em Jesus e evoca uma resposta pessoal. É também um elemento basilar da Igreja que pode ser definido como a proclamação da Boa-nova de Jesus e o seu conteúdo salvífico. Se Cristo não morreu e nem ressuscitou não tem razão de existir uma mensagem cristã e nem adesão à fé a partir dessa mensagem.

O Subsídio doutrinal 4 da CNBB enumera cinco definições para o querigma: a) é a proclamação de um evento histórico-salvífico (anúncio de que Jesus de Nazaré é o Filho de Deus que se fez homem, morreu e ressuscitou para a salvação de todos) e, ao mesmo tempo, um anúncio de vida (o querigma ultrapassa os limites de tempo e de espaço, abraça toda a história e oferece aos homens uma esperança viva de salvação; b) é o anúncio do nome, do ensinamento, da vida, das promessas, do Reino e do mistério pascal de Jesus de Nazaré, Filho de Deus, que acompanha todo o processo da evangelização; c) é o anúncio e proclamação para suscitar a fé nos ouvintes e manter acesa a sua chama; d) é um anúncio pelo qual se atualiza a irrupção do Espírito de Deus que transforma a face da terra e converte os corações; e) é o anúncio da chegada do Reino de Deus na pessoa de Jesus, realizando o ideal da justiça ardentemente desejado pela humanidade[4].

---

2. Como veremos mais adiante, o Documento de Aparecida afirma que o querigma não é apenas uma etapa, mas o fio condutor de todo o processo de formação de discípulos missionários (DAp 278).
3. RETAMALES et al., Kerygma, p. 9.
4. CNBB, Anúncio querigmático e evangelização fundamental, 17-21.

No Novo Testamento são diversas as formas de apresentação do querigma, mas em todas elas destacam-se alguns elementos constitutivos do mesmo: ato de comunicar em nome de Jesus por parte do arauto (apóstolo, profeta, mestre, evangelizador); uma mensagem ou conteúdo; se faz acontecimento de salvação pelo nome de Jesus em todo aquele que o acolhe com fé e conversão[5]. O querigma apresentado nos escritos paulinos e nos Atos dos Apóstolos apresentam formulações diferentes, porém o conteúdo é o mesmo.

Em 1Cor 15,3-5 temos um resumo do querigma, no qual é apresentado a morte, a sepultura, a ressurreição e as aparições de Jesus. Os elementos do querigma presentes nesse texto e também em outros escritos paulinos são retomados por Charles Harold Dodd: 1) as profecias se tornaram verdade e a nova era teve início com a vinda de Cristo; 2) ele nasceu da estirpe de Davi; 3) morreu segundo as escrituras para libertar-nos do mal da era presente; 4) foi sepultado; 5) ressuscitou ao terceiro dia segundo as Escrituras; 6) é exaltado à direita de Deus, como Filho de Deus e Senhor dos vivos e dos mortos; 7) virá de novo como juiz e salvador da humanidade[6].

Os elementos do primeiro anúncio são inegociáveis e imutáveis. Foram transmitidos pela tradição da Igreja primitiva. Paulo o recebeu e o transmitiu às comunidades por ele fundadas e o repete em suas cartas como aprofundamento do que foi recebido e acolhido. E é esse anúncio que deve ser realizado e não outro. Paulo afirma a importância dessa transmissão da fé (1Cor 15,3), na qual a morte e a ressurreição de Jesus estão inseridas nas Escrituras como um desígnio divino. Ao afirmar que Cristo morreu pelos nossos pecados é sublinhado o valor salvífico da morte de Jesus. O "segundo as Escrituras" remonta ao projeto divino salvífico de Deus anunciado anteriormente pelos profetas. Portanto, na morte e na ressurreição de Jesus realiza-se o projeto salvífico de Deus[7].

De modo semelhante a Dodd, ao analisar 1Cor 15,3-5, Bösen afirma que "a quádrupla fórmula (cf. morto – sepultado – ressuscitado – apareceu) constitui para o apóstolo 'o Evangelho' (v. 1), uma espécie de 'pequeno catecismo', contendo os principais enunciados de fé para candidatos ao batismo"[8].

Já em Atos dos Apóstolos, especialmente em 2,14-39, pode-se assim sintetizar a formulação do querigma: 1) acontece o que foi previsto pelo profeta; 2)

---

5. RETAMALES et al., Kerygma, p. 14-15.
6. DODD, C., La predicazione apostolica e il suo sviluppo, p. 19-20. Os elementos do querigma aprofundados por Dodd também são citados em AMATO, A., Gesù il Signore, p. 191-192, e em GEVAERT, J., O primeiro anúncio, p. 90-91.
7. BARBAGLIO, G., As Cartas de Paulo, p. 359.
8. BÖSEN, W., Ressuscitado segundo as escrituras, p. 112.

Deus havia prometido a Davi que um da sua descendência devia sentar sobre o seu trono; 3) Jesus de Nazaré é o homem cujo Deus dá testemunho através de milagres e sinais; 4) depois de ter sido traído vós o crucificastes e o matastes; 5) Deus ressuscitou este homem libertando-o dos laços da morte; 6) este Jesus que vós crucificastes, Deus o tornou Senhor e Cristo[9].

Esse trecho de Atos contém o primeiro discurso missionário de Pedro. Nele Cristo é anunciado como o Messias glorificado por Deus (2,22-36). Pedro convida seus interlocutores a prestar atenção em sua palavra. Em seu anúncio, baseado nas Escrituras, faz uma breve memória da vida, da morte e da ressurreição de Jesus. Essa síntese apresenta a figura e a atividade de Jesus, a sua morte ignominiosa e a sua ressurreição. O mais importante dessa síntese é o seu conteúdo: Jesus é enviado por Deus e isto é comprovado através dos sinais e gestos por ele realizados, mas foi morto de modo infame e Deus não o deixa entregue à morte ressuscitando-o[10].

Em 1Cor 15,3-5 e em At 2,14-39 a cruz aparece no querigma como um dos pontos centrais. A cruz é um elemento constitutivo do mistério de Cristo e resume este mistério: ela aponta para a morte e ao mesmo tempo para a vida, para a humilhação e para a exaltação de Jesus.

O querigma é a expressão de uma fé pós-pascal que integra o Jesus pré-pascal com o Cristo ressuscitado. À luz da cruz e da ressurreição ele retoma a memória de Jesus. O querigma não é a simples repetição de um fato ou um simples discurso, mas o tornar vivo e presente Jesus na pessoa que fala e na pessoa que escuta:

> é a proclamação de um acontecimento de vida e de salvação que se dá agora, no presente dos ouvintes. Este conteúdo proclama uma pessoa, Jesus Cristo, esta proclamação provoca e abre caminhos para uma experiência de encontro pessoal e apaixonado por Ele. Este conteúdo não é a simples explicação de conceitos. É antes de tudo, uma experiência que toca a liberdade, reorienta as escolhas e dá sentido verdadeiro à vida[11].

O querigma é uma Boa Notícia que muda a vida. "O kerigma, portanto, é a proclamação do nome (conteúdo), no nome (o arauto como enviado) e pelo nome de Jesus Cristo (atualidade de sua força salvadora)"[12]. E ainda "o kerigma é muito mais do que o entusiasmo comunicador ou do que uma lista de verdades

---

9. DODD, C., La predicazione apostolica e il suo sviluppo, p. 112-113.
10. FABRIS, R., Os Atos dos Apóstolos, p. 67-69.
11. CNBB, Anúncio querigmático e evangelização fundamental, 27.
12. RETAMALES et al., Kerygma, p. 35.

bem trabalhadas. O kerigma é a proclamação de um acontecimento de salvação que transforma a pessoa e, por meio dela, seu ambiente"[13].

Nos escritos paulinos encontramos o conteúdo do querigma em diversos pronunciamentos feitos por Paulo, pois o seu anúncio se desdobra nos ensinamentos, isto é, na *didaché*. Paulo já havia anunciado o querigma na fundação das comunidades. Em suas cartas ele retoma este anúncio para reconstituir o querigma, fazer memória do que abraçaram quando a fé foi transmitida e que no momento parecia ter sido deixado de lado.

Nos primeiros séculos da Igreja o querigma era transmitido àqueles que desejavam aderir à fé cristã. Estes eram acompanhados por alguém da comunidade. Nesse primeiro momento do caminho de iniciação cristã, aqueles que acompanhavam os iniciantes tinham a missão de fazer o primeiro anúncio, posteriormente o seu conteúdo era aprofundando ao longo do caminho.

### 1.1.2. A cruz no anúncio em 1Cor 1,18-25

Como já afirmamos, a cruz de Cristo encontra-se entre os elementos principais do querigma neotestamentário. Na 1Cor 1,18-25 ela ganha destaque em seu conteúdo tornando-se o ponto de partida e o núcleo da pregação de Paulo. Assim, o anúncio de Cristo crucificado (1,23), tema escolhido como título de nossa pesquisa, é na Carta aos Coríntios e na atualidade de fundamental importância na formação de discípulos missionários.

Na Primeira Carta aos Coríntios podemos encontrar propostas de soluções aos problemas que chegaram ao conhecimento de Paulo, através de pessoas da casa de Cloé (1,11) algum tempo após a fundação da comunidade[14]. Pelo conteúdo salta aos olhos o anúncio sobre Cristo crucificado que Paulo já havia feito antes da escrita da Carta no período da consolidação da comunidade. Ao escrever, ele não impõe o que pensa, mas procura fazer com que a comunidade adira

---

13. RETAMALES et al., Kerygma, p. 34.
14. Em At 18,1-17 temos a narrativa da chegada e da atividade evangelizadora de Paulo na cidade de Corinto, entre os anos 50-51. Ele teria ficado na cidade aproximadamente um ano e meio e por isso conhecia bem o povo e seus costumes. A 1Cor teria sido escrita entre os anos 54-55. A cidade de Corinto era muito conhecida e importante por ser portuária e centro religioso célebre. Também era muito famosa devido ao seu desregramento moral. A população de Corinto era formada por gregos, romanos e judeus. Paulo anuncia a Boa-nova a esse povo e muitas pessoas se convertem formando a comunidade cristã. Após a permanência de Paulo na cidade surgiram diversos problemas na vivência comunitária e cristã como divisões internas, problemas de lideranças, a busca pela sabedoria tão importante para os gregos, as más condutas morais, as diferenças de condição social etc. A 1Cor quer ajudar os ouvintes a ir ao centro dos problemas. Não é uma carta superficial, mas que a partir da centralidade em Cristo crucificado quer "colocá-los na parede" para uma tomada de decisão sobre a forma de ser discípulo. Para um maior aprofundamento sobre as características da comunidade corintiana indicamos BARBAGLIO, G., As Cartas de Paulo, p. 135-166.

voluntariamente ao que ensinou. A Carta é escrita para que os membros possam fazer memória do que ele havia anunciado no momento fundante, retomando a centralidade em Cristo crucificado que por diversas circunstâncias parecia ter sido colocada em segundo plano.

O anúncio de Cristo crucificado é o fio condutor do querigma realizado no início da missão em Corinto como também o fio condutor da continuidade e aprofundamento do anúncio contido na Primeira carta. Partindo do Cristo crucificado, Paulo apresenta o mistério de Cristo (1Cor 15,1-34). O conteúdo do querigma, isto é, o anúncio da vida, da morte e da ressurreição de Jesus, é retomado na carta.

Através do significado da cruz, Paulo apresenta aos coríntios o significado soteriológico, teológico e paradigmático da cruz, pois ela é a fonte da salvação e, ao mesmo tempo, faz com que a comunidade confronte com a entrega de Cristo na cruz as suas vivências problemáticas de liderança e divisão interna da comunidade (1,10-11), como também os ciúmes e os problemas familiares, doutrinários, sociais e morais. Somente a cruz de Cristo é capaz de dar respostas para tais questões.

A perícope 1Cor 1,18-25, que contém o anúncio de Cristo crucificado, "constitui a apresentação, na linha dos princípios, da teologia paulina da cruz"[15]. Paulo é herdeiro da tradição querigmática que tem como centralidade a confissão da morte e da ressurreição de Cristo como acontecimento escatológico de salvação. É a partir desse acontecimento que Paulo constrói sua teologia, interpretando-o com o auxílio do conceito de "cruz"[16]. Paulo não apresenta a cruz como suplício ou como modo de execução, mas a partir de uma leitura metafórica a utiliza para explicar um evento de salvação. Para Paulo, a cruz é o único evento da salvação.

A aceitação do Cristo crucificado é a centralidade da carta aos coríntios. O dia a dia da comunidade é iluminado por este mistério da fé, isto é, da morte e da ressurreição de Jesus. "A cruz é fidelidade à missão do anúncio, da evangelização e da libertação humana do pecado e do sofrimento. Ela é um testemunho fiel até o fim e as últimas consequências"[17].

No versículo 18, Paulo coloca em destaque "a palavra da cruz" (Ὁ λόγος γὰρ ὁ τοῦ σταυροῦ). Quem está diante deste anúncio da cruz é chamado a acolhê-lo como se estivesse fisicamente presente sobre a cruz de Jesus. A palavra da cruz tem o mesmo valor da cruz de Jesus[18]. Assim, não pode ser colocada em segundo

---

15. BARBAGLIO, G., As Cartas de Paulo, p. 182.
16. ZUMSTEIN, J., A cruz como princípio de constituição da teologia paulina, p. 313.
17. MAZZAROLO, I., Primeira Carta aos Coríntios, p. 46.
18. PENNA, R., Credere di fronte al verbum crucis secondo Paolo, p. 393-394.

plano, mas assumida com a própria vida. Sem a cruz de Jesus o anúncio do evangelho torna-se vazio.

Loucura e poder são as duas primeiras palavras que são antepostas em relação à palavra da cruz. Nesta antítese a pessoa é colocada entre a possibilidade de rejeitá-la ou de acolhê-la. A pregação sobre a cruz pode ser considerada um discurso louco, sem sentido, ou ser interpretada segundo a lógica de Deus. A loucura é para aqueles que se perdem, e é poder de Deus para aqueles que se salvam. Perder-se ou salvar-se é atitude assumida diante da cruz. O poder salvador de Deus é apresentado através do escândalo da cruz.

Para fundamentar sua argumentação, Paulo utiliza um texto de Is 29,14 sobre a destruição da sabedoria humana por parte de Deus (1,19). Ele a destrói e aniquila para demonstrar o seu poder. As três figuras que aparecem como representantes da sabedoria, o sábio, o homem culto e o argumentador, representam o mundo culto e refinado de Corinto (1,20). Ali havia os escribas e os filósofos que eram considerados os detentores do saber, mas nenhum deles foi capaz de conhecer a sabedoria de Deus, visto que confiavam em suas próprias forças.

A "loucura da cruz" e a "sabedoria do mundo" são dois temas que perpassam a Carta. A sabedoria humana e a sabedoria divina estão em antítese no texto. A partir de uma visão de fé o ser humano rejeitou o projeto de Deus e Jesus é enviado por Ele para salvar a humanidade. O desfecho da história de Jesus numa cruz representa o amor de Deus pela humanidade. Este projeto de amor não escolheu o poder para manifestar-se, pelo contrário, escolheu a cruz, sinal de fraqueza, para não constranger ninguém a acolher o amor, mas aceitá-lo livremente.

Paulo mostra que a cruz manifesta o amor incondicional de Deus. Um Deus que morre para dar a vida gratuitamente por amor. Quem faz a experiência de encontro com esse Deus, encontra a verdadeira vida. Por isso a palavra da cruz provoca a fé no Deus da vida. "A morte e a ressurreição de Cristo constituem o acontecimento através do qual Deus Pai é revelado de modo definitivo e insuperável como amor onipotente, fazendo jorrar vida eterna para Ele e para todos os que creem nele"[19].

Ele acentuou o "escândalo e a loucura da cruz", pois anunciar Cristo crucificado significava anunciar a morte de Deus. Tanto para os judeus quanto para os gregos era impossível um Deus morrer, e mais especificamente na cruz:

> A pregação de Paulo centrada inevitavelmente sobre o *kerigma* de Cristo crucificado no dúplice mundo religioso de então recebe respectivamente

---

19. MANZI, F., Prima lettera ai corinzi, p. 52. A partir deste ponto todas as citações dos livros em italiano serão traduções nossa.

uma dupla interpretação (v. 23). A cruz para os judeus é "escândalo", ou seja, constitui o elemento de obstáculo e de queda para chegar à fé plena (Is 8,14; 28,16; cf. Rm 9,33;11,9); enquanto para os gregos é tolice, como se acredita impossível que no mais aberrante instrumento de morte se manifeste a ação vivificante e salvífica de Deus[20].

A cruz de Cristo é lugar de contradição: para uns é escândalo e loucura, para outros é sabedoria. Os judeus querem sinais de Deus e os gregos querem obter conhecimento. Para os judeus o importante é o poder, para os gregos, o conhecimento de todas as coisas e de todos os mistérios. Na cruz de Cristo não se vê explicitamente beleza, nem poder, nem sabedoria. A cruz de Cristo é um escândalo e loucura porque através dela Cristo demonstrou sua fraqueza diante do poder dos judeus e do Império. Sofreu e morreu através da pior humilhação. Somente a fé na ressurreição faz com que a pessoa aceite a loucura da cruz e rejeite a sabedoria do mundo.

A sabedoria humana dos judeus buscava sinais, milagres. A cruz era um escândalo para eles no sentido de contradizer toda a sua esperança messiânica. O messias seria alguém forte e poderoso, que iria salvá-los do poder do Império Romano. Alguém morto numa cruz é um maldito por Deus (Dt 21,22-23) e não pode ser aceito como Deus.

A sabedoria humana dos gregos era a sua atividade intelectual. A filosofia grega apresentava grande superioridade em seus escritos. A intelectualidade não permitia ver na cruz o ato salvador de Deus. Para a especulação filosófica o mais importante era o conhecimento. Mesmo se chegassem a uma explicação intelectual sobre a cruz, ela não seria capaz de apresentar o seu pleno sentido. Para a cultura grega dos coríntios a fé na ressurreição também era difícil de ser aceita porque

> as divindades Greco-romanas distinguiam-se dos humanos por serem imortais. Anunciar um Deus-homem, pregado na cruz, mesmo que tivesse ressuscitado, era algo muito difícil para aqueles cujos heróis jamais perdiam uma batalha, jamais eram vencidos, e, de modo particular, por inimigos tão vis quanto os humanos[21].

Ambos, judeus e gregos, "são vistos sob o denominador comum de representantes de um horizonte existencial de autossuficiência orgulhosa, em relação à própria salvação ou à realização do próprio destino de vida"[22]. Nem a sabedoria

---

20. GRASSO, S., Prima lettera ai corinzi, p. 27-28.
21. MAZZAROLO, I., Primeira carta aos coríntios, p. 50.
22. BARBAGLIO, G., As Cartas de Paulo, p. 186.

dos judeus e nem a dos gregos são capazes de trazer a salvação, mas somente Deus. É preciso ter fé para renunciar a autossuficiência e aderir à mensagem da cruz:

> Aceitar a cruz de Cristo significa não só renunciar à imposição orgulhosa de si próprio e das próprias capacidades, no campo salvífico, mas também a desistência de depositar a confiança nas forças gratificantes de mestres e líderes humanos. A pregação de Cristo crucificado liberta, assim, também de um orgulho emprestado. E leva o homem a uma decisão de abandonar-se confiante no Deus da Graça, que misteriosamente aparece como tal no evento da morte e ressurreição de Jesus[23].

Assim, Paulo não está criticando a sabedoria em si, mas toda a arrogância e soberba daqueles que pensam que conhecem os mistérios da vida. A crítica é para aqueles que se acham sábios e por isso julgam poder prescindir de Deus, com suas respostas aos problemas da humanidade, tornando-se quase que "salvadores". Quando a sabedoria humana pretende substituir a sabedoria de Deus, ela se transforma em loucura. A verdadeira sabedoria consiste em admitir que o ser humano não tem sabedoria própria. Na comunidade de Corinto havia divisões e os diversos grupos tinham suas lideranças que se mostravam sábios (1Cor 1,12). Paulo exorta para que a centralidade esteja em Cristo e não nos líderes e em sua falsa sabedoria.

> As elites de Corinto imaginavam o sábio do seguinte modo: uma pessoa bonita, livre, famosa, rica. Alguns chegavam a afirmar que o sábio era um pouco inferior a Zeus, o deus mais importante no mundo grego. Vendia sabedoria, não devia trabalhar, vivia de privilégios e às custas das pessoas. O sábio era uma espécie de "rei dos reis", pois conhecia os mistérios do mundo e sabia interpretar os acontecimentos... Os sábios consideravam-se os intérpretes da vontade divina. Eles decidiam o que poderia vir ou não vir de Deus[24].

Devido à questão da sabedoria, a comunidade de Corinto estava passando por diversas crises e uma delas era em relação ao poder. A linguagem da cruz representa para a comunidade a eliminação de qualquer tendência ao uso do poder como dominação. Muitos pobres e pessoas marginalizadas estavam sendo dominados por aqueles que detinham o poder, que eram sábios e ricos. Paulo mostra que na cruz há o esvaziamento de todo poder. Para a comunidade, a cruz é apre-

---

23. BARBAGLIO, G., As Cartas de Paulo, p. 191.
24. BORTOLINI, J., Como ler a primeira carta aos coríntios, p. 24.

sentada tanto como portadora de salvação quanto como portadora de igualdade e fraternidade.

> A cruz de Cristo, símbolo do poderoso e sábio projeto salvífico de Deus, e expressão de impotente e infamante tolice para os homens: a) constitui o conteúdo da pregação cristã; b) configura o aspecto da comunidade dos fiéis; c) determina a forma da mensagem apostólica; d) caracteriza a própria pessoa do pregador[25].

O anúncio de mensagem que passa pela cruz tem como objetivo apresentar e aprofundar o projeto salvífico de Deus. A pregação evangélica revela o projeto de Deus. O ouvinte da mensagem é colocado diante da escolha do projeto de Deus ou do fechar-se na lógica da negação. Ao acolher o projeto de Deus entra-se na lógica do Cristo crucificado e se assume as implicações que isso acarreta para sua vida como renúncias às posições de onipotência divinizadora[26]. Não é a sabedoria deste mundo, ações ou obras humanas que são salvadoras, mas a ação de Deus que doa o próprio Filho para salvar. O absurdo da cruz, que pode ser visto como escândalo ou loucura, é, na verdade, o verdadeiro poder e sabedoria, pois é através da cruz que Deus dá a salvação aos seres humanos, ao mundo.

### 1.1.3. A importância do significado da cruz no anúncio querigmático hoje

O anúncio da cruz de Cristo é uma Boa notícia. A cruz, que à primeira vista demonstra fraqueza, escândalo, loucura, é portadora do poder salvador de Deus. Na pregação apostólica a cruz encontra-se em sua base. Nos evangelhos Jesus mesmo afirma a necessidade de aceitar a cruz, chama os discípulos a segui-lo tomando a própria cruz. Para Paulo a missão de discípulo consiste em aceitar a cruz, reconhecer as próprias fraquezas e limitações para confiar no poder e força de Deus. Por ser de suma importância na vida do discípulo, Paulo tenta combater os que ameaçam esvaziar o significado da cruz (Gl 5,11; 1Cor 1, 23ss).

Partir do significado da cruz de Cristo para anunciar o mistério pascal é um grande desafio. Diversos são os fatores pelos quais a palavra da cruz não é tão aceita em nossos dias. Num mundo onde a crucificação em diversas vertentes acontece a cada dia parece mais importante exaltar a ressurreição, e assim o sentido da cruz é colocado à parte ou em segundo plano no anunciar Jesus. É

---

25. BARBAGLIO, G., As Cartas de Paulo, p. 191.
26. BARBAGLIO, G., As Cartas de Paulo, p. 184.

preciso compreendê-la, porém, para que o seguimento a Ele seja autêntico. Sem cruz não há seguimento.

O significado da cruz de Jesus foi interpretado de várias maneiras ao longo dos séculos. Dependendo da forma como é compreendida será a forma de seguimento a Jesus. Podemos vê-la a partir de diversos ângulos: como desígnio de Deus, de forma devocional, como consequência de sua vida etc. Tais definições quando vistas isoladamente, em desarmonia, podem correr o risco de desviar o sentido originário da cruz de Jesus.

O sentido originário da cruz de Jesus encontra-se em seus sentidos histórico e teológico. Para compreender o sentido histórico da cruz é preciso analisar as causas da morte de Jesus e perguntar primeiramente "por que matam Jesus?" Os evangelhos relatam a vida e a missão de Jesus e delineiam tanto o sentido histórico de sua morte quanto as razões teológicas da mesma. Já nos escritos paulinos sobressai mais o sentido teológico para responder à pergunta "por que Jesus morreu?"

Vejamos então o sentido histórico. Jesus morre como um condenado. Condenado à morte e morte de cruz. Castigo de escravos e subversivos segundo a lei romana para os que houvessem cometido crimes atrozes como assassínio, furto grave, traição e rebelião. Introduzida no Ocidente pelos persas a crucificação era a condenação mais cruel e vergonhosa da época. Era uma forma de pena oriental pouco utilizada pelos gregos, mas muito usada pelos cartagineses e romanos[27]. Por direito, os cidadãos romanos não eram crucificados, isto é, não passavam por esta humilhação, mas poderiam ser decapitados se fossem condenados.

> Não se tratava somente de uma condenação particularmente cruel, mas também de um ato profundamente discriminatório. Condenar à morte de cruz os escravos e os combatentes pela resistência aos romanos significava também o seu cruel desprezo por esta gente[28].

Os judeus não têm a morte de cruz mencionada na Lei. A pena adicional para os idólatras ou blasfemos era o pendurar no madeiro após a morte mediante apedrejamento ou decapitação (Dt 21,22-23), e assim o executado era tachado publicamente como amaldiçoado por Deus: "Maldito quem for pendurado no madeiro" (Dt 21,23b)[29].

O direito de proferir sentenças de morte (*ius gladii*) era reservado aos romanos, por isso diretamente são responsáveis pela morte de Jesus e, indiretamen-

---

27. MCKENZIE, J., Cruz, p. 203.
28. KASPER, W., Gesù, il Cristo, p. 153.
29. KESSLER, H., Cristologia, p. 256.

te os judeus, que, de acordo com a tradição talmúdica, haviam perdido, quarenta anos antes da destruição do templo (70 d.C), o direito de conduzir processos com penas capitais[30]. Se Jesus morre como um condenado houve um processo e uma razão para tal condenação à morte.

A partir da cruz de Jesus podemos olhar toda a sua vida. Ellacuría afirma que em Jesus "é sua vida que dá sentido último a sua morte"[31]. Os chefes dos judeus ficaram incomodados com Jesus desde o início de sua missão, buscando de todas as formas prendê-lo ou eliminá-lo. Por que Jesus os incomodava? Jesus tocou em pontos essenciais da tradição judaica como a Lei e sua interpretação e também se colocava como Deus ou em seu lugar. Na verdade, o que Jesus faz é anunciar o reino do Pai, as duas faces de seu amor: o centro da pregação e missão de Jesus era o reino e o Pai. A vida de Jesus está a serviço do reino.

No reino anunciado por Jesus tinham prioridade os pobres, os excluídos, os marginalizados... Em sua pregação e ações em favor desses, Jesus questionava o poder daqueles que controlavam a observância da Lei em detrimento da vida, fazendo com que ficassem cada vez mais à margem da sociedade. Para defender a vida, especialmente daqueles que não a têm em plenitude, Jesus enfrentou todo tipo de força social que, de uma forma ou de outra, mediata ou imediatamente, desumaniza o ser humano e lhe dá a morte[32].

Diretamente, alguns autores como Pagola, por exemplo, veem como possível causa para a condenação de Jesus o seu ataque ao Templo, ou seja, a causa principal da hostilidade das autoridades judaicas contra Jesus e a razão decisiva de sua entrega a Pilatos, visto que o gesto de Jesus no Templo é uma atuação grave contra o sistema[33]. As autoridades temiam que Jesus pudesse desestabilizar o sistema, cuja centralidade está no Templo. Por trás do ataque, porém, também se encontra a motivação de Jesus que é a defesa do reino do seu Pai. A exploração, principalmente aos mais pobres, exercida pelos vendedores ou cambistas no Templo, irritou profundamente a Jesus e isto fez com que denunciasse de forma radical esta situação contrária ao reino (Mt 21,12ss).

A *basileia* (reino) do *Abba* (Pai) foi o tema central da pregação de Jesus e o significado dado através de si mesmo, de suas palavras e ações denotam uma novidade. O "reino de Deus"[34] é uma expressão que ganha destaque na pregação de Jesus

---

30. MERZ, A.; THEISSEN, G., O Jesus histórico, p. 482.
31. ELLACURÍA, I., El pueblo crucificado, p. 200.
32. SOBRINO, J., Jesus na América Latina, p. 150.
33. PAGOLA, J., Jesus. Aproximação histórica, p. 453.
34. A expressão grega *basileia tou theou* (que em aramaico é *malkutha Jahwe*) é traduzida por "reino de Deus". "Reino" tem o mesmo matiz duplo que em aramaico e grego: "reinado" e "reino". "Reinado"

e como já afirmamos é a realidade que dá sentido à sua missão. Constitui o centro da vida de Jesus (Mc 1,15; Mt 4,23; Lc 4,43). Jesus anuncia a novidade da chegada do reino e seu anúncio encontra eco em seus ouvintes, pois há uma longa tradição de expectativa presente desde o Antigo Testamento onde Deus reinará como um rei verdadeiramente justo na defesa e proteção do povo. Esta expectativa de reinado de Deus faz com que a pregação de Jesus sobre o reino tenha receptividade.

A noção de "reino" encontra-se presente na visão apocalíptica do Antigo Testamento e esta visão perpassa o tempo de Jesus. De diferentes modos, as diversas correntes do judaísmo esperavam a instauração do reino de Deus, porém em nenhuma delas havia uma centralidade do anúncio do reino como Jesus o fez. Não se encontra em parte alguma uma proclamação como a efetuada por Jesus[35].

O reino é o reino do *Abba* (Pai). Refere-se a um dom paternal e à bondade de Deus. Não se trata apenas da glória e do reinado de Deus, mas da plena felicidade das pessoas. As palavras de Jesus descrevem o reino como uma sala real, na qual nós temos de reinar como corregentes (Mc 10,40), como uma sala de festa na qual um se senta à mesa (Mt 8,11) e come e bebe (Lc 22,30)[36]. Deste modo, a compreensão que Jesus tinha da *basileia* estava plasmada por sua originalíssima experiência do *Abba*, e vice-versa.

Segundo Schürmann, a *basileia* (reino) do *Abba* (Pai) foi a possível causa da morte de Jesus. A compreensão que Jesus tinha acerca da *basileia* mostra aspectos que admitem a ideia de um possível destino de morte: "Em verdade vos digo, já não beberei do fruto da videira até aquele dia em que beberei o vinho novo no reino de Deus" (Mc 14,25). Assim, se confirma que

> a maneira de falar, plasmada de novo de maneira originalíssima de Jesus, acerca da chegada da *basileia*, estava aberta para o destino de morte de Jesus. Em certo modo, o termo-símbolo acerca da "basileia de Deus" implicava já como possibilidade este destino. E, assim, depois da páscoa, o *kerigma* da ressurreição do Crucificado pode acolhê-lo e pode expressar desta forma como proclamação da *basileia* o conjunto *do kerigma* cristão, qualificando-o assim como "o evangelho" e como *symbolum*[37].

---

expressa a função que exerce um soberano real. "Reino" significa o objeto dessa função, o estado criado para esta função. Embora diferentes, esses dois conceitos não podem ser separados na linguagem de Jesus. Na maioria das passagens o significado mais indicado é o de "reino" (e também na apocalíptica do judaísmo tardio), mas o que interessa a Jesus é a ideia do reinado e senhorio de Deus. SCHÜRMANN, H., Padre nuestro, p. 70-71.

35. SCHÜRMANN, H., El destino de Jesús: su vida y su muerte, p. 151.
36. SCHÜRMANN, H., Padre Nuestro, p. 74.
37. SCHÜRMANN, H., El destino de Jesús, p. 22.

A íntima e profunda relação filial de Jesus com o *Abba* fez com que a sua vida fosse vivida em doação. Sua vida não é centrada em si mesmo, mas é para o *Abba*. Sua doação "para os outros" nasce dessa sua relação com o *Abba*. Ao anunciar a chegada do reino do *Abba* Jesus o faz com palavras e ações concretas. Sua vida é vivida em favor do reino. Assim, o reino está intrinsecamente ligado a Jesus e nele centrado de tal forma que plasmou a fundamental atitude "pró-existente" (em favor dos outros) de Jesus enviando-lhe em missão.

Jesus teria concebido a própria morte como serviço à vinda do reino de Deus. O serviço da vida terrena de Jesus se converteu no serviço da morte. O que caracteriza o serviço de Jesus é a palavra "por", que significa em favor de, que em grego é "hyper" e em latim, "pro". Jesus vivia pró-existencialmente[38] como "homem para os outros".

A vida de Jesus foi um serviço até o fim. O serviço está presente em toda a sua vida. Nos evangelhos essa conduta de Jesus está bem descrita. Jesus ensinou que quem quiser ser o primeiro que seja o último, lavou os pés dos discípulos, acolheu os excluídos da sociedade... As palavras de Jesus são mais facilmente compreendidas a partir de seus próprios atos e os próprios atos ajudam a compreendê-las.

Jesus revela sua pró-existência quando vai ao encontro do próximo numa abertura horizontal e vertical, isto é, Jesus não está centrado em si, mas sua existência é totalmente doada para Deus e para os outros. Assim, o anúncio do reino se torna compreensível a partir de suas ações. Sua pró-existência torna-se a chave de leitura de sua morte, pois a pró-existência se concretiza através da própria morte, como vida doada. A cruz é o momento culminante de uma vida doada.

No anúncio de Jesus o reino era diferente das expectativas da época. O reino não se instalará através do poder, por isso Jesus não participa de nacionalismos religiosos exaltados, nem de teocracismos políticos como o dos zelotas. O reino será de verdade, justiça e amor e será instalado diferentemente da expectativa de todos os outros grupos[39]. Ele não vem pelo esforço humano, mas vem como dom de Deus, de graça.

Diante de tudo isso, ao anunciar o reino, Jesus contava a sua morte como uma possibilidade. A morte de Jesus não foi um erro ou um engano. Antes de sua condenação e morte foi perseguido. Se Jesus foi perseguido é porque estava incomodando, isto é, sua vida apontava para outras perspectivas em todos os âmbitos

---

38. O termo "pró-existente" foi utilizado pela primeira vez por Schürmann em 1972. KESSLER, H., Cristologia, p. 267.

39. SOBRINO, J., Jesus, o libertador, p. 314.

(social, religioso, político etc.) como exigência da chegada do reino de Deus. O reino mexeu com as estruturas estabelecidas e os dirigentes daquela sociedade se sentiram ameaçados. Suas palavras e ações o levaram a entrar em conflito direto com os poderes religiosos e, indireto com os poderes políticos. Jesus falava em nome de Deus, anunciava a Deus e o seu reino propunha uma escolha desse mesmo Deus e reino. "Sua pregação e prática representou uma ameaça radical ao poder religioso de seu tempo e indiretamente a todo poder opressor, e que este reagiu"[40].

Dentre as perseguições que Jesus sofreu destaca-se no Evangelho de Lucas a primeira perseguição que está bem no início de sua missão e esta é em favor dos pobres (Lc 4,18)[41]. Marcos e Mateus apresentam o início da missão de Jesus com o anúncio da proximidade do reino (Mc 1,14; Mt 4,17). Ao longo dos Sinóticos podemos perceber que os dirigentes querem acabar com Jesus. Os Sinóticos apresentam cinco cenas nas quais Jesus corre perigo: a passagem sobre o tributo a César (Mc 12,13-17), a discussão sobre a ressurreição dos mortos (Mc 12,19-23), a expulsão dos mercadores do templo (Mc 11,15-19), a parábola dos vinhateiros homicidas (Mc 12,1-12) e Mt e Mc que introduzem neste lugar (Mc 12,28-34; Mt 22,34-35) a discussão sobre o primeiro mandamento[42].

Em diversas passagens do Evangelho de João, os judeus perseguem a Jesus: procuravam matá-lo porque não só transgredia o sábado, mas também chamava a Deus de Pai, fazendo-se igual a Deus (Jo 5,16-18); após algumas discussões com Jesus queriam prendê-lo (Jo 7,1.11.25.30.23.44; 8,20.59; 10,31); e também após os milagres por Ele realizados (Jo 9,22;11,53). Em João a responsabilidade da perseguição a Jesus é dirigida aos judeus em geral e não só aos seus chefes como aparece nos Sinóticos.

> Jesus não foi a Jerusalém com o firme propósito de coroar a sua vida mediante uma morte salvífica e de redimir, morrendo, o mundo. Sua expectativa era a chegada de Deus, o reinado de Deus e o reino de Deus, a salvação definitiva. Proclamar e apresentar isso era sua tarefa, a que permaneceu fiel até a última hora[43].

Com a perseguição, Jesus acaba sendo condenado e morto, passando primeiramente pelo julgamento do poder religioso (dos judeus) e logo em seguida pelo julgamento do poder político (dos romanos). A morte de Jesus foi uma for-

---

40. SOBRINO, J., Jesus, o libertador, p. 288.
41. SOBRINO, J., Jesus, o libertador, p. 289.
42. SOBRINO, J., Jesus na América Latina, p. 172.
43. SCHÜRMANN, H., El destino de Jesús: su vida y su morte, p. 250.

ma de silenciá-lo. "Só Jesus foi crucificado, ninguém se preocupou em eliminar seus seguidores. Isto significa que Jesus foi considerado perigoso porque, com sua atuação e mensagem, denunciava pela raiz o sistema vigente"[44].

Jesus é julgado pelos chefes religiosos do seu povo, e segundo os Sinóticos, é condenado como blasfemador (Mc 14,64; Mt 26,66) e por isso deveria morrer. Jesus não sofreu, porém, o apedrejamento que era a pena judaica prevista para os casos de blasfêmia. O segundo momento do processo religioso refere-se ao interrogatório na casa do sumo sacerdote ocorrido à noite. O processo não poderia ter ocorrido à noite, pois não era permitido pela lei do Sinédrio[45].

> A atitude de Jesus, segundo o relato, provoca o escândalo do sumo sacerdote, que grita horrorizado. Aquele pobre homem que está ali diante deles não é o Messias nem o Filho e Deus: é um blasfemo! O veredicto do Sinédrio é unânime: "Réu de morte"[46].

Por trás da condenação de blasfêmia não se encontra a preocupação por parte das autoridades judaicas de condenar Jesus por se colocar como Messias ou como Filho de Deus, mas o fato de estar se tornando uma ameaça política. Não podendo matar Jesus, os chefes religiosos dos judeus o levam ao poder romano.

Jesus foi acusado de ser um agitador político e esta se torna oficialmente a causa de sua morte. Comprova o fato a inscrição colocada na cruz pelos romanos: "Este é Jesus, o Rei dos judeus" (Mt 27,37). Jesus não foi um agitador político e não pregou nenhuma revolução contra Roma, mas suas palavras em relação ao reino do Pai e suas ações, especialmente em relação ao Templo, foram julgadas como ameaçadoras para a ordem pública: a *pax romana*[47]. Os romanos temiam uma revolta popular. Por isso a melhor opção era a morte do líder como exemplo para quem levantar-se contra Roma.

Como um justo pode morrer numa cruz, visto que é destinada aos malfeitores? Qual o sentido da cruz de Jesus? A morte de Jesus foi um escândalo para as primeiras comunidades cristãs. O Novo Testamento procurou dar respostas a essas perguntas dos primeiros cristãos que se encontravam perplexos sem compreender o sentido da cruz de Jesus. Mais do que compreender o sentido histórico era preciso dar um sentido ao seguimento a Jesus a partir do sentido teológico da

---

44. PAGOLA, J., Jesus, p. 443.
45. BOFF, L., Paixão de Cristo – paixão do mundo, p. 52.
46. PAGOLA, J., Jesus, p. 450.
47. PAGOLA, J., Jesus, p. 461.

cruz. Era preciso responder por que Jesus morreu. Com isso, algumas interpretações do sentido teológico da morte de Jesus foram formuladas.

Uma primeira interpretação do sentido teológico aparece no primeiro escrito do Novo Testamento, onde a cruz é vista como o destino de um profeta: "eles (os judeus) mataram o Senhor Jesus e os profetas, e nos têm perseguido a nós... (1Ts 2,15ss)". Outra interpretação era a argumentação de que a cruz já estava predita nas Escrituras. Assim, não precisavam se surpreender com o escândalo da cruz. O texto dos discípulos de Emaús (Lc 24,13-35) enfatiza esse anúncio. Em 1Cor 15,4 afirma-se que "Cristo morreu por nossos pecados segundo as escrituras". Em outros textos encontramos que Jesus morre "segundo os desígnios da presciência de Deus" (At 2,23; 4,28). Ou ainda "que a cruz era necessária" (Lc 24,26; Mc 8,31).

Dessas interpretações nasceram formulações soteriológicas que colocaram em Deus o sentido da morte de Jesus, ou seja, Jesus morreu por nós, para nos salvar, como já estava prescrito nas Escrituras. "A paixão e morte de Jesus são interpretadas, com base na Escritura, como 'plano salvífico de Deus'"[48]. Os modelos soteriológicos que aparecem no Novo Testamento unem cruz ao *sacrifício*, à *nova aliança* e à figura do *servo sofredor*.

> Os primeiros cristãos lançam mão de diversos modelos para explicar de alguma forma a "loucura" da crucificação. Apresentam-na como um "sacrifício de expiação", uma "aliança nova" entre Deus e os homens selada com o sangue de Jesus; gostam de descrever sua morte como a do "servo sofredor" um homem justo e inocente que segundo o livro de Isaías, carrega as culpas e pecados de outros para converter-se em salvação para os outros[49].

Encontramos também nos escritos de Paulo apresentações do sentido salvífico da cruz de maneira própria. Todas são afirmações que a cruz de Jesus é salvífica. Outros textos do Novo Testamento também atestam que pela cruz Deus nos salvou do pecado (At 5,31; Jo 11,50-52; 2Cor 5,14-15; 1Tm 2,6; Jo 6,51). A morte de cruz era "necessária" para nossa salvação. O Novo Testamento não acentua um dolorismo ou a salvação como fruto do sofrimento. O que destaca é a vida de Jesus como vida doada com amor gratuito e isto revela o amor de Deus[50]. Esta pró-existência histórica de Jesus é que permite as primeiras comunidades confes-

---

48. SCHILLEBEECKX, E., Jesus: a história de um vivente, p. 276.

49. PAGOLA, J., Jesus, p. 519.

50. Para aprofundar a reflexão sobre as interpretações da morte de Cristo nas primitivas comunidades cristãs sugerimos BOFF, L., Paixão de Cristo – paixão do mundo, p. 89-107.

sá-lo como o salvador escatológico, e assim nascem os modelos explicativos da sua eficácia salvífica[51].

No decorrer da história da Igreja, ora transpareceu mais o sentido teológico do que o sentido histórico da cruz de Jesus e vice-versa. É preciso ter uma visão integrada desses dois polos, pois ficando apenas com uma vertente estaria incompleto ou esvaziado o sentido da cruz. Sentimos uma forte tendência a afastarmos o escândalo da cruz através do ressaltar o triunfo glorioso de Jesus sobre a morte, o que pode tornar-se perigoso para o seguimento. "Na prática o que se costuma afirmar da cruz de Jesus é que com ela o homem foi salvo. A repetição irreflexiva desta afirmação chegou a uma concepção mágica da redenção, e no fundo, a eliminar o aspecto escandaloso da cruz histórica de Jesus"[52].

Para anunciar Jesus e o valor salvífico de sua cruz é preciso inseri-la no seu mistério de encarnação, vida, morte e ressurreição. A cruz sem Jesus não tem nenhum valor. Não passa de um instrumento de condenação. A cruz com Jesus só é salvadora porque é a radicalidade da entrega de sua vida que já havia sido entregue desde a sua encarnação.

A encarnação, morte e ressurreição revelam quem é Deus e como atua na história. Deus aparece aberto para a plenificação final assumindo em si o histórico. Por um lado Deus participa da história do Filho e se deixa afetar por ela e, por outro, a história é assumida no Espírito[53]. A cruz é consequência da encarnação de Jesus, por isso não é um desígnio arbitrário de Deus. A encarnação de Jesus é uma decisão trinitária que revela um grande amor. Só quem ama é capaz de ir ao encontro do outro e de dar a própria vida.

No caminho percorrido por Jesus acontece a ressurreição como fruto do amor do Pai que não o deixa entregue à morte. Deus ressuscita um crucificado. "O ressuscitado não é outro senão o Jesus de Nazaré crucificado"[54]. A ressurreição está intimamente ligada à morte de Jesus. Falar da ressurreição sem a cruz é esvaziar o seu sentido. "Sem a cruz a ressurreição é idealista; a utopia da ressurreição cristã só se torna real a partir da cruz"[55].

O Jesus que se encarna é o mesmo que morre entregando a sua vida por amor, e é ressuscitado pelo Pai. Encarnação, vida, morte e ressurreição formam um grande mistério de amor que emana da Trindade para com os seres huma-

---

51. SOBRINO, J., Jesus na América Latina, p. 60-63.
52. SOBRINO, J., Cristologia a partir da América Latina, p. 192.
53. SOBRINO, J., Cristologia a partir da América Latina, p. 236.
54. SOBRINO, J., Jesus na América Latina, p. 216.
55. SOBRINO, J., Cristologia a partir da América Latina, p. 193.

nos. A maior prova desse amor é expressa na cruz: "Deus amou tanto o mundo que entregou seu Filho" (Jo, 3,16), "O amor de Deus para conosco se manifestou por ter enviado ao mundo seu Filho unigênito" (1Jo 4,9), "Aquele que não poupou o próprio Filho, como não nos dará também todas as coisas?" (Rm 8,32). A partir destes textos podemos ver que o amor de Deus por nós não tem limites, nem mesmo poupar o próprio Filho. É um esvaziamento de Deus por amor ao ser humano.

Quando falamos em *kénosis*, esvaziamento, geralmente temos como ponto de partida o hino cristológico de Fl 2,6-11, cujas imagens são relacionadas ao esvaziamento de Jesus Cristo a partir de sua encarnação e de sua morte. Mas, toda a vida de Jesus está relacionada ao Pai e ao Espírito. Os três vivem, de certa forma, esvaziamentos que revelam um profundo amor pela humanidade. Só um Deus que ama é capaz de se esvaziar e fazer-se próximo ao Filho num itinerário de suprema doação. Nesse sentido podemos falar de uma *kénosis* trinitária na história, cujo ápice e desdobramentos se fazem presentes na cruz e ressurreição de Jesus.

No mistério pascal entrevemos a presença trinitária e seu movimento kenótico. A *kénosis* trinitária na encarnação de Jesus revela o ato de humildade do Pai em doar o Filho à humanidade por amor à mesma. "A humildade doadora do Pai corresponde à humildade acolhedora do Filho: Deus se limita dando a vida e aceitando a morte"[56]. O Espírito de Deus, que está presente em todos os momentos da vida de Jesus, também se esvazia e por isso podemos falar de "uma *kénosis* do Espírito Santo que se humilhou e desceu da eternidade de Deus e tomou morada nesse vulnerável e mortal homem Jesus"[57].

Vida, morte e ressurreição de Jesus estão intimamente ligadas ao Pai e ao Espírito Santo. A *kénosis* de Deus o apresenta como um Deus *patético* e não apático, que é capaz de sofrer com a morte do Filho. O Filho sofre a morte e o Pai e o Espírito sofrem com a morte do Filho.

> A esperança de Jesus crucificado faz que se reconheça o mistério trinitário como mistério de partilha, de fraternidade na dor, e permite ao homem encontrar espaços inesperados para viver suas condições exasperantes, pois ele sente seus limites e sua marginalidade[58].

Ao encarnar-se, Jesus assume a humanidade em si mesmo, "Deus se aproxima e se insere na realidade da vida humana, tornando-se plenamente solidário

---

56. FORTE, B., Teologia da história, p. 258.
57. MOLTMANN, J., O caminho de Jesus Cristo, p. 135.
58. PIAZZA, O., A esperança: lógica do impossível, p. 86.

e participante da nossa condição"⁵⁹. Deus se autorrenuncia saindo de si em direção aos limites humanos, pois "para chegar a estar conosco veio a ser o que não é Deus"⁶⁰. Assim, encarnar-se significa esvaziar-se.

O Deus que se encarnou na história assumiu até as últimas consequências o deixar-se afetar pela própria história e pela lei do pecado que o assassina com a morte mais cruel e vergonhosa. A cruz não foi um desígnio arbitrário do Pai, mas consequência da encarnação. Encarnar-se significa a aproximação radical com amor e por amor, e isto significa também a aceitação do sofrimento por parte de Deus⁶¹.

Os relatos evangélicos nos possibilitam olhar profundamente o itinerário percorrido por Jesus até a cruz e nele identificar a originalidade do significado de sua cruz. Toda a vida de Jesus foi uma vida doada, esvaziada de si mesma, intimamente ligada ao Pai e ao reino. Mataram Jesus porque ele se encarnou nesta história marcada pela violência, pela ganância, pelo poder autoritário, isto é, se encarnou num mundo que é antirreino.

A vida de Jesus, encarnada na história, o leva à cruz. A cruz é consequência da opção livre da solidariedade de Jesus para conosco como resposta amorosa e obediente ao Pai para que o seu reino aconteça. A cruz de Jesus evoca para quem a contempla diversas manifestações de compreensões do seu sentido. Schillebeeckx nos faz alguns questionamentos sobre o sentido da morte de Jesus e afirma que este tema é uma pergunta a Deus:

> A morte de Jesus é para nós, afinal, uma pergunta a Deus, ao Deus que Jesus anunciava. Que Jesus era solidário com todos os oprimidos e excluídos, ficou claro pela análise de sua mensagem, sua pregação, suas bem-aventuranças, e pela praxe de sua vida. Pode-se afirmar agora que Deus o colocou, também a Ele, pela sua execução, entre os oprimidos e excluídos, para fazer de sua solidariedade com os oprimidos uma verdadeira identificação? Ou será que tal visão não é antes uma blasfêmia – atribuindo a Deus o que de fato foi feito com Jesus pela história humana de injustiças?⁶²

Ao longo da história da Igreja, desde as primeiras comunidades, muitas foram as interpretações do sentido da cruz de Jesus: desígnio divino para nos salvar, vontade de Deus etc. Na verdade, todas essas interpretações buscam res-

---

59. CATALFO, C., A teologia da encarnação na cristologia de Jon Sobrino, p. 67.
60. SOBRINO, J., A fé em Jesus Cristo, p. 298.
61. SOBRINO, J., Jesus, o libertador, p. 354.
62. SCHILLEBEECKX, E., Jesus: a história de um vivente, p. 314.

postas para a esperança que temos na realização das promessas de Jesus. Em algumas interpretações da cristologia latino-americana a cruz é vista como solidariedade de Jesus para com os crucificados da história, com isso ela revela uma esperança de um futuro de plenitude e de justiça. "A cruz transforma a esperança. Ela deixa de ser apenas o desejo de sermos preservados do mal, passando a ser uma experiência nova e misteriosa de esperança em Alguém"[63].

A cruz é a forma com a qual a esperança cristã é vivida. Sem ela a esperança da ressurreição poderia se tornar desencarnada, à parte da história. Para Gutiérrez "a esperança da ressurreição não significa, de modo algum, fuga da história concreta. Ao contrário, leva a redobrar os esforços na luta contra o que essa morte injusta traz"[64]. Segundo Leonardo Boff, "assim como a morte e a cruz são consequência de um tipo de vida levada por Jesus, assim também a ressurreição significa a plenificação de um sentido e de uma vida realizados pelo Jesus terrestre"[65]. A ação de Deus de ressuscitar o Filho não é mera expressão de sua onipotência, mas uma resposta à ação criminosa e injusta pela qual Jesus passou. A ressurreição é o triunfo da justiça de Deus sobre a injustiça dos seres humanos[66].

> Ressurreição diz, portanto, antes de qualquer coisa, fazer justiça a uma vítima, não só reviver um cadáver, por mais que isto seja seu pressuposto lógico. Remete não simplesmente a uma morte, mas a uma cruz; não simplesmente a mortos, mas a vítimas; não simplesmente a um poder, mas a uma justiça[67].

A vida doada de Jesus o leva à morte, mas Deus não deixou seu Filho entregue à morte, ressuscitando-o. Como já afirmado anteriormente, o Ressuscitado não é outro senão o Crucificado. Não podemos esquecer-nos disso. Ele assumiu a realidade até as últimas consequências. Portanto, ressurreição não é apenas esperança de outro mundo melhor, mas a possibilidade de também começarmos a viver na história como ressuscitados. Assim, a esperança cristã não é apenas esperança para outro mundo, mas para esta vida, que começa neste mundo. A esperança cristã é uma esperança ativa.

> Paradoxalmente, quanto mais se aprofunda na cruz, tanto mais se aprofunda na ressurreição, quanto mais profunda é a "contraesperança" da cruz mais

---

63. PIAZZA, O., A esperança, p. 95.
64. GUTIÉRREZ, G., Beber em seu próprio poço, p. 145.
65. BOFF, L., Do lugar do pobre, p. 142.
66. SOBRINO, J., Jesus na América Latina, p. 217.
67. SOBRINO, J., Fora dos pobres não há salvação, p. 150.

viva é a "esperança" da ressurreição. O esquecimento da cruz é paradoxalmente o modo mais radical de descristianizar a esperança da ressurreição[68].

A cruz exige a todo ser humano e a todo cristão uma postura diante da vida: escolher entre a vida e a morte, amar ou odiar o irmão, ter esperança ou ficar contra ela. A cruz nos aponta para um continuar acreditando mesmo quando não se parece mais ter esperança. Por isso os crucificados da história podem ter esperança. Deus não os abandonou, mas está perto, sofrendo junto, e manterá a fidelidade à sua Palavra da participação na plenitude do reino.

Uma das grandes dificuldades em evidenciar o sentido originário da cruz de Jesus foram as devoções que nasceram em seu entorno. Ao invés de ser vista como um lugar de entrega por amor, é vista como um lugar de sofrimentos e para se chegar à ressurreição é preciso passar primeiramente por sofrimentos. Assim, falar da cruz hoje significaria falar de sofrimentos e, por isso, esse argumento é evitado.

O falar da cruz de Jesus traz certo incômodo, pois para a "atmosfera" atual é mais aceitável um discurso que fale de vitórias, de conquistas, de poder. Por isso se torna mais fácil falar de ressurreição como grande vitória do poder de Deus. A mensagem da ressurreição ligada à cruz e à encarnação de Jesus quer em primeiro lugar demonstrar o infinito amor gratuito e incondicional de Deus.

Para anunciar Jesus Cristo é preciso falar de sua cruz e de sua entrega por amor, de sua vida doada. O discipulado nasce dessa experiência de encontro com Jesus que ama. A cruz conduz para dentro do mistério de Cristo, por isso é mistagógica.

## 1.2. Um olhar sobre os desafios atuais para o anúncio querigmático

Anunciar Jesus Cristo sempre foi em todos os tempos um grande desafio. Em cada época e lugar o conteúdo do anúncio é o mesmo, mas a forma de fazê-lo depende de cada realidade. Assim, para que o anúncio seja eficaz, é preciso um olhar atencioso para a realidade que nos circunda, em todos os seus aspectos social, político, econômico, religioso. E essa foi sem dúvida uma das grandes contribuições que o Concílio Vaticano II trouxe para a Igreja, tornando sua ação coerente com o tempo presente. Do Concílio até os nossos dias surgiram muitas reflexões que contribuíram para uma melhor compreensão da realidade, visto que nela se desenvolveram e cresceram rapidamente tantas mudanças de valores. Diante dessa realidade atual nos perguntamos como anunciar Jesus Cristo.

---

68. SOBRINO, J., Cristologia a partir da América Latina, p. 240.

O Concílio propôs uma atualização na sua ação evangelizadora tendo em vista as grandes mudanças vivenciadas pelo mundo no contexto no qual se desenvolveu. A *Gaudium et Spes* afirma que o Concílio deseja expor a todos o seu modo de conceber a presença e atividade da Igreja no mundo de hoje[69]. Ela avalia o contexto histórico afirmando que

> a humanidade vive hoje uma fase nova da sua história, na qual profundas e rápidas transformações se estendem progressivamente a toda a terra. Provocadas pela inteligência e atividade criadora do homem, elas reincidem sobre o mesmo homem, sobre os seus juízos e desejos individuais e coletivos, sobre os seus modos de pensar e agir, tanto em relação às coisas como às pessoas. De tal modo que podemos já falar duma verdadeira transformação social e cultural, que se reflete também na vida religiosa[70].

Diante de todas as transformações sociais e culturais, o Concílio não hesita em apresentar Jesus Cristo como resposta e solução da problemática humana[71]. Certamente que para apresentá-lo é preciso primeiramente conhecer a realidade, mas também ter a clareza que "subjacentes a todas as transformações, há muitas coisas que não mudam, cujo último fundamento é Cristo, o mesmo ontem, hoje, e para sempre"[72]. A pergunta é como apresentá-lo numa linguagem atual como resposta a problemas que nem sempre são enfrentados, mas vistos como naturais e imersos em um novo sistema.

São elencadas pelo Concílio diversas transformações paradoxais, como a abundância de riquezas, das quais o ser humano dispõe, e ao mesmo tempo a grande quantidade de pessoas que vivem na indigência, sofrendo a fome e a miséria, e também o analfabetismo; a possibilidade maior da vivência da liberdade e ao mesmo tempo a opressão através de novas formas de servidão social e psicológica; o mundo experimenta a unidade através da solidariedade, mas ao mesmo tempo está gravemente dilacerado por forças antagônicas, e pode chegar a uma guerra por causa de conflitos políticos, sociais, econômicos, raciais e ideológicos; aumenta o intercâmbio das ideias, porém as palavras ganham novo sentido de acordo com as ideologias assumidas[73]. Enfim, muitas são as possibilidades para se ter uma vida melhor, mas falta um paradigma.

---

69. GS 2.
70. GS 4.
71. GS 10.
72. GS 10.
73. GS 4.

As transformações vivenciadas pelo mundo, principalmente em relação aos aspectos social, político e econômico, avançaram velozmente nos últimos anos. As maiores mudanças apontadas pelo Concílio ganharam grandes proporções: a evolução e domínio da técnica e da ciência; o crescimento das indústrias e como consequência o crescimento da vida urbana; uma nova forma de estrutura familiar; novos e mais perfeitos meios de comunicação social que permitem o conhecimento dos acontecimentos e a rápida e vasta difusão dos modos de pensar e de sentir; as transformações psicológicas, morais e religiosas que mudam os valores; os desequilíbrios pessoais, familiares e sociais[74].

O auge dessas mudanças vivenciadas no pós-Concílio são frutos de fenômenos que rapidamente se desencadearam: a globalização e o neoliberalismo. Intimamente interligados, o neoliberalismo contribuiu para que a globalização econômica fosse impulsionada.

A globalização é um processo social e econômico, porém este último aspecto é mais acentuado nas mais variadas definições do termo. Apesar de tantas definições é certo que a globalização estabelece uma integração entre os países e as pessoas em todo o mundo. Ela marca uma nova forma de ver, pensar e sentir. Alguns pesquisadores defendem que a globalização é muito antiga e remonta ao século XV e XVI com as descobertas marítimas. Apesar disso, o termo é utilizado a partir de 1980 para identificar o senso de unificação do mundo.

A ideia de globalização dos mercados nasce como um bem para a sociedade. A partir de 1970, no âmbito econômico, ganha destaque a vitória do neoliberalismo. Ele entra em vigor a partir de três acontecimentos: a ditadura de Pinochet (1973) e dos governos Thatcher (1979) e Reagan (1980); a interrupção da "construção nacional" no Terceiro Mundo, esmagado pelo peso insuportável da dívida externa, imposta pelas oligarquias financeiras globalizadas; a queda do muro de Berlim e a autodesintegração da União Soviética[75]. Esses acontecimentos terminaram com as alternativas ao capitalismo, pois levaram a ver o mundo como supostamente unificado e como a única solução para as crises econômicas. As antigas economias socialistas se integraram num único sistema mundial. O neoliberalismo defende a liberalização do mercado e a participação mínima do Estado na economia.

Há críticas e pontos positivos no neoliberalismo. Os críticos afirmam que a economia neoliberal só beneficia as grandes potências econômicas e as empresas multinacionais, enquanto que os países pobres ou em via de desenvolvimento são

---

74. GS 5-8.
75. CASTRO, R., Globalização.

os que vivenciam os seus resquícios: fome, desemprego, baixos salários, pobreza e miséria. Por outro lado, os defensores do neoliberalismo afirmam que o desenvolvimento social e econômico de um país é proporcionado por esse sistema que permite uma maior competição na economia fazendo com que os preços e a inflação caiam.

Também encontramos pontos positivos e críticas em relação à globalização. Os teóricos que defendem a hegemonização da globalização afirmam que ela pode ser a solução para o desenvolvimento dos países pobres. Anthony Giddens é considerado um dos representantes dessa corrente. Giddens faz uma leitura positiva da globalização. Ao contrário de muitos que negam os seus valores, ele afirma que há diversos. Para ele

> é um erro pensar que a globalização só diz respeito aos grandes sistemas, como a ordem financeira mundial. A globalização não é apenas mais uma coisa que "anda por aí", remota e afastada do indivíduo. É também um fenômeno "interior", que influencia aspectos íntimos e pessoais de nossas vidas[76].

Um dos valores da globalização é a maior possibilidade de conhecimento de outras realidades muitos distantes fisicamente, mas que por causa dos novos meios de comunicação e tecnologias se tornam próximos. Os problemas se tornam mundiais, como os riscos ecológicos e a desigualdade e devem ser enfrentados mundialmente. Outro valor é o que ele chama de "colonização ao contrário", visto que muitos países orientais que entraram no sistema econômico do Ocidente também trouxeram sua cultura para a vida ocidental. Essa colonização ao contrário também pode ser confirmada pela latinização de Los Angeles, pela emergência de um setor de alta tecnologia de orientação global na Índia e pela venda de programas de televisão brasileiros a Portugal[77].

Segundo Giddens, todas as instituições sofreram alguma mudança. Por fora parecem as mesmas, mas por dentro modificaram-se. A nação, a família, o trabalho, a tradição e a natureza contêm uma carapaça exterior e se tornaram inadequadas para as tarefas que são chamadas a desempenhar. "À medida que vão adquirindo massa suficiente, as instituições descritas neste capítulo estão a criar algo que nunca existiu antes: uma sociedade cosmopolita global"[78].

---

76. GIDDENS, A., O mundo na era da globalização, p. 23.
77. GIDDENS, A., O mundo na era da globalização, p. 24-27.
78. GIDDENS, A., O mundo na era da globalização, p. 29.

Certamente uma visão positiva se deve aos bons resultados trazidos pela globalização. Mas por outro lado encontramos grandes críticas diretas à globalização, como também aos seus resultados negativos. De um modo geral critica-se o domínio político e econômico, principalmente dos Estados Unidos e outros países do Ocidente, sobre as diversas culturas.

No livro *Globalização: desafios socioeconômicos, éticos e educativos: uma visão a partir dos sul* Leonardo Boff e Marcos Arruda apresentam uma visão crítica sobre a globalização a partir da análise dos seus vetores, principalmente o político e o econômico, na ótica dos pobres e oprimidos[79]. Eles apontam para as vantagens trazidas pela globalização para os países do Norte enquanto os países do Sul são os que mais sofrem suas consequências.

Boff afirma que "a globalização se faz, em primeiro lugar, através da economia. Todas as economias são interdependentes, os mercados regionais se integram no mercado mundial"[80]. A globalização via mercado total é realizada dentro dos quadros da ordem do capital. O capital privilegia a apropriação privada dos lucros, a concorrência e a maximização dos lucros, com isso acontece a grande exclusão de países e massas humanas. Esse tipo de mercado faz com que a riqueza fique concentrada nas mãos de alguns enquanto outros se tornam cada vez mais pobres. Com isso cresce a fome no mundo, aumenta a exclusão da maioria dos países que não controlam as tecnologias de ponta e agrava-se o déficit da terra com crises ecológicas[81].

A América Latina é vítima da globalização competitiva. Arruda elenca cinco elementos que são inerentes à globalização competitiva e que, de certa forma, são avaliados criticamente. Primeiro, como propõe a eliminação do papel regulador e orquestrador do Estado para que o mercado desenvolva seu papel, ela faz com que cada indivíduo, empresa, grupo social e nação se vejam como absolutos, e o outro seja visto como um competidor, uma ameaça, um inimigo contra quem guerrear, numa lógica de derrotar ou ser derrotado. Segundo, o consumismo desenfreado é diariamente estimulado. Somos incentivados a consumir e produzir. Terceiro, somos levados a acolher a uniformização e homogeneização dos modos de produzir, consumir, pensar, aspirar e relacionar-se. A mercantilização da vida, do trabalho e até do corpo e das suas relações são vistas como naturais. Quarto, a inovação tecnológica é ambígua. Se por um lado trouxe grandes progressos, por outro trouxe substituição do ser humano pela máquina e a perda de muitos de

---

79. ARRUDA, M.; BOFF, L., Globalização: desafios socioeconômicos, éticos e educativos, p. 30.
80. ARRUDA, M.; BOFF, L., Globalização, p. 26.
81. ARRUDA, M.; BOFF, L., Globalização, p. 30-31.

seus direitos. Quinto, a liberalização dos fluxos de capital e o surgimento do "capital virtual" que podem gerar um colapso global no sistema financeiro[82].

Nos documentos atuais da Igreja vem sendo utilizada a expressão "mudança de época" para apresentar as rápidas transformações e mudanças que o mundo vem experimentando a partir da globalização. Essa trouxe uma mudança de valores que norteiam a vida; alguns valores que eram considerados importantes, hoje são relativizados. Assim, não podemos mais pensar que a maioria já conheça a Cristo, pois esse conhecer pode ser apenas intelectualmente. "A mudança de época exige que o anúncio de Jesus Cristo não seja mais pressuposto, porém explicitado continuamente"[83].

O ser humano como centro das decisões e do poder tem vivenciado uma lógica de consumo desenfreado, de individualismo, da busca do prazer, da exploração do outro e do planeta para satisfazer o que chamamos de "necessidades". Com isso tornamos o outro e o nosso planeta como coisas utilizáveis e descartáveis. O individualismo vivenciado neste tempo traz grandes prejuízos para a vivência fraterna, pois os vínculos pessoais são quebrados em nome das necessidades pessoais, como também os vínculos familiares. Muitas famílias já não se encontram mais para as refeições ou para algum momento de lazer porque cada um tem os seus horários a cumprir.

Tudo isso é consequência de um sistema competitivo onde o que importa é ter cada vez mais. Deixamo-nos dominar e governar pelo dinheiro. É ele quem manda em nós e em nossa sociedade. Com isso, o ser humano não é mais valorizado enquanto ser, mas enquanto um bem de consumo, como se fosse descartável, pois quando se precisa é usado e depois se joga fora. Além disso, "hoje, tudo entra no jogo da competitividade e da lei do mais forte, onde o poderoso engole o mais fraco. Em consequência desta situação, grandes massas da população veem-se excluídas e marginalizadas: sem trabalho, sem perspectivas, num beco sem saída"[84].

Cada indivíduo deseja ser autorreferencial para justificar seu modo de viver e de ser. Com isso, a centralidade em Jesus Cristo torna-se ameaçada e bombardeada pela forte influência deste pensamento hodierno que penetra na vida de todos, inclusive dos cristãos. Corremos o perigo de perdermos os valores evangélicos para agirmos segundo novos critérios e valores. Presenciamos hoje algumas tendências como

---

82. ARRUDA, M.; BOFF, L., Globalização, p. 144-147.

83. DGAE 2015-2019, 41.

84. EG 53.

o laicismo militante, com posturas fortes contra a Igreja e a verdade do Evangelho; a negação da cruz e de sua força redentora; a irracionalidade da chamada cultura midiática; o amoralismo generalizado, as atitudes de desrespeito diante do povo, especialmente com os mais frágeis; uma compreensão de economia que não considera a pessoa humana e os anseios do povo[85].

Enquanto isso, milhares de pessoas continuam sendo marginalizadas, excluídas, crucificadas. Não as vemos ou as levamos em consideração devido ao anestesiamento involuntário que recebemos ao sermos inseridos na lógica atual. O que importa é o eu, o meu presente, o meu sucesso. Papa Francisco denomina este fenômeno de "globalização da indiferença"[86].

Todos passamos por momentos de cruzes na vida, então começamos a justificar nossa autodefesa para também nós sermos vitoriosos a qualquer preço, inclusive passando por cima do outro. Como consequência nos fechamos às relações e o outro passa a ser algo que não afeta. Muitas cruzes que carregamos são existenciais e estas são as que estão em destaque no momento: depressão, estresse, problemas familiares etc. Há uma grande busca de soluções imediatas para elas e assim se tornam mais evidentes. Muitas outras cruzes, porém, são estruturais e colocadas injustamente sob as costas de tantos irmãos e irmãs inocentes. A partir do momento que pensamos apenas no êxito pessoal deixamos de pensar no porquê de tantas cruzes impostas pela sociedade.

Estamos vivenciando uma era de progresso científico e tecnológico, como também de conhecimento e de informação. Esses progressos por um lado proporcionam muitos benefícios no campo da saúde, da educação, da comunicação, mas ao mesmo tempo possibilitam o domínio do poder de determinados grupos detentores dos frutos do progresso. Se por um lado o progresso trouxe muitas vantagens para a sociedade, por outro trouxe também o aumento de doenças, de violência, de medo, de desigualdade social[87].

A globalização contribuiu para que a informação e as novas tecnologias chegassem com mais rapidez em todos os cantos do mundo. A forma de viver da população, seja da zona urbana quanto da zona rural, foi afetada por um novo estilo de vida, de costumes, de horários etc., que o mundo atual respira a partir de novas informações que o bombardeiam a cada dia. Em contrapartida, nossas comunidades paroquiais não estão preparadas para atuar nessa nova realidade.

---

85. DGAE 2015-2019, 21.

86. EG 54.

87. EG 52.

Toda a sua organização ainda tem o paradigma do passado, no qual as relações eram pautadas de forma diferente e a evangelização era tida como já realizada.

Tendo em vista a história de evangelização do nosso Continente podemos afirmar que um primeiro anúncio da Boa-nova de Jesus Cristo já foi realizado. A maioria do nosso povo é formada por cristãos. De certa forma, porém, todos são afetados pela lógica atual que esta mudança de época nos apresenta. Assim, faz-se necessário um "segundo primeiro anúncio"[88] de Jesus e um aprofundamento deste anúncio. Quem faz a experiência de encontro com Jesus é convidado a "remar contra a maré". Deparamo-nos com inúmeras situações que necessitam de paradigmas evangélicos para que o reino aconteça cada vez mais. É preciso discernir o que é evangélico e o que não é.

Outros desafios que nos são apresentados hoje são os fundamentalismos, principalmente religiosos, que não aceitam a liberdade religiosa, e o surgimento de diversos movimentos religiosos que muitas vezes são fundamentalistas ou alienantes, pois levam as pessoas a entrar na lógica atual, num mundo onde o "eu" e "as minhas necessidades" são mais importantes.

Além de todas as situações e desafios aqui relatados podemos verificar que o aspecto religioso hoje é profundamente afetado pelo predomínio dos aspectos social, político e, principalmente, econômico. No Brasil a influência destes aspectos aparece nitidamente tanto nas igrejas protestantes, especialmente as pentecostais e neopentecostais, quanto na Igreja Católica, que acaba por conduzir a uma ausência da temática da cruz no contexto religioso atual.

No campo pentecostal e neopentecostal predomina a teologia da prosperidade. Ela conseguiu arrebanhar diversos fiéis que aderiram a essa proposta, levando a um crescimento das igrejas. Nessa teologia não há um discurso sobre a cruz, mas sobre a glória e a vitória de Jesus a partir de sua ressurreição. Jesus é visto mais como um vencedor do que como aquele que se colocou a serviço. Importa mais destacar a sua ascensão ao céu do que tudo o que Ele vivenciou na terra. Essa teologia diz que nascemos para "viver como filhos do Rei".

A promessa de prosperidade presente nas pregações oferece aos fiéis uma escatologia que começa a ser vivida no "já". É a esperança de uma vida melhor que

---

88. Como afirmamos, grande parte do povo latino-americano é formada por cristãos, e isto significa que o primeiro anúncio foi aqui acolhido. O primeiro anúncio é "o anúncio *principal*, aquele que sempre se tem de voltar a ouvir de diferentes maneiras e aquele que sempre se tem de voltar a anunciar, de uma forma ou de outra, durante a catequese, em todas as suas etapas e momentos" (EG 164). Em algumas ocasiões ele precisa ser retomado, especialmente para aqueles que de alguma forma estão distantes de uma profunda adesão a Jesus, e por isso que é um "segundo primeiro anúncio" ou simplesmente "segundo anúncio", como o denomina Biemmi. Segundo o autor citado, o "segundo anúncio" são propostas para reavivar a fé das pessoas que a vivem por tradição ou para aquelas que se distanciaram da fé, pois apesar de terem sido iniciadas não conhecem suficientemente o cristianismo e a Igreja. BIEMMI, E., El segundo anuncio, p. 51-52.

os faz se sentir bem e incluídos na sociedade. As pessoas que se sentem afastadas e distantes da realidade do mundo do poder e do dinheiro vivenciam nas igrejas pentecostais e neopentecostais um senso de ascensão social.

No pentecostalismo há a presença de diversas classes sociais, (hoje, especialmente no neopentecostalismo, estão presentes empresários e políticos), mas com uma predominância de uma maior parte de pessoas pobres e marginalizadas (como as pessoas negras, os presidiários etc.). Esse povo busca a prosperidade especialmente nos campos da saúde e da situação financeira. Por que falar de cruz e de sofrimento se o mais importante é ganhar de Deus a saúde e o dinheiro para se viver melhor? Neste sentido o que predomina é a lógica do lucro que leva a pessoa a uma relação comercial com Deus, inserindo, assim, a religião na lógica atual do mercado.

Nas décadas de 70 e 80 em que predominava a teologia da prosperidade nas igrejas pentecostais, na Igreja Católica destacava-se a teologia da libertação com toda a sua centralidade na opção de Jesus pelos pobres a ponto de aproximar os sofrimentos de Cristo com o sofrimento dos pobres e os excluídos. A linguagem da Igreja expressa em seus documentos oficiais, sua liturgia, seus diversos pastores, seus cantos exalavam a linguagem da cruz como proximidade e solidariedade de Deus para com o seu povo. Foram muitas as lutas sociais por justiça e pelos direitos do povo, diversas Campanhas da Fraternidade que traziam o grito dos excluídos, etc. Era uma linguagem comum na época. Falar da cruz de Jesus trazia a esperança de libertação de uma situação de miséria e de opressão. Esse foi um rosto profético da Igreja que a partir do sentido originário da cruz de Jesus denunciou diversas situações que crucificava o povo latino-americano.

Hoje essa linguagem da cruz não está mais "em alta". De certa forma entraram por outro viés alguns aspectos da pregação pentecostal e neopentecostal que a rejeitam ou a veem de forma mais devocional ou intimista, pois muitas vezes a relação com o Cristo na cruz que aparece nas pregações ou nos cantos denota uma relação pessoal: "Ninguém te ama como eu". O "outro" não é tão levado em consideração, mas o "eu". Esta relação também aparece em diversos cantos atuais para momentos litúrgicos e outros. O Jesus que aparece é muito distante do Jesus dos evangelhos.

Os aspectos mais ressaltados em Jesus, hoje, transparecem também no estilo pastoral assumido por alguns padres e lideranças da Igreja. Os serviços e ministérios em torno do altar são os mais preferidos. Com isto não queremos afirmar que outros serviços em relação aos mais necessitados não sejam realizados, mas não estão em primeiro lugar numa escala de valores. Nesse contexto está crescendo o número dos jovens que buscam esse modelo para o ministério ordenado.

Atualmente somos testemunhas de um grande distanciamento entre a teoria presente nos documentos e a prática de diversos pastores e fiéis. Apesar de termos papa Francisco que com uma linguagem atual expressa o sentido de ser Igreja e sua relação com a cruz de Cristo, e também outros documentos da Igreja, na prática o que predomina é a linguagem e as novas relações impostas pelo novo paradigma social, político, e econômico. Indo em direção contrária a esses desafios, o papa apresenta a importância da cruz como desfecho da vida de Jesus e como paradigma a ser seguido:

> A entrega de Jesus na cruz é apenas o culminar deste estilo que marcou toda a sua vida. Fascinados por este modelo, queremos inserir-nos a fundo na sociedade, partilhamos a vida com todos, ouvimos as suas preocupações, colaboramos material e espiritualmente nas suas necessidades, alegramo-nos com os que estão alegres, choramos com os que choram e comprometemo-nos na construção de um mundo novo, lado a lado com os outros[89].

Podemos concluir que se tirarmos a cruz da vida de Jesus ficaremos sem paradigma para um seguimento autêntico, pois é a cruz que aponta para a sua vida doada, partilhada com todos, principalmente com os que mais sofrem, com os excluídos, com os marginalizados etc. Ela aponta para o amor gratuito de Deus que foi capaz de doar o próprio Filho para a nossa salvação. Uma Igreja em saída, missionária, na qual os "pastores tem cheiro de suas ovelhas", é uma Igreja que mergulha no mistério de Cristo para ser como e estar como Ele a serviço da construção e realização do reino, anunciando e testemunhando o amor de Deus pelo ser humano.

### 1.3. Lugares e chances do anúncio na realidade atual

No âmbito eclesial podemos citar três lugares para a realização do anúncio hoje: a iniciação à vida cristã, a liturgia e a vida comunitária. Além desses lugares alguns elementos trazidos pela globalização nos proporcionam algumas chances para anunciar Jesus Cristo numa realidade fortemente marcada por uma tendência que caminha contrariamente aos valores cristãos.

A iniciação à vida cristã tem sido uma das prioridades da Igreja nos últimos anos e uma das "urgências" da ação evangelizadora da Igreja no Brasil. Um dos principais lugares para o anúncio, hoje, é a iniciação à vida cristã. Ela não se esgota na preparação à recepção dos sacramentos da iniciação cristã, pois se trata

---

89. EG 269.

de um caminho para chegar a uma adesão a Jesus Cristo. Nela encontra-se a catequese e o catecumenato como caminho para a iniciação cristã.

Muitas pessoas já receberam o Batismo, a Confirmação e a Eucaristia, mas ainda não tiveram um aprofundamento do sentido do que abraçaram ao receber estes sacramentos. Outras ainda os receberam, mas se afastaram e estão retornando ao seio da comunidade. Assim, temos em nossas comunidades eclesiais os seguintes grupos de pessoas que deveriam receber um primeiro ou segundo primeiro anúncio de Cristo: crianças e adolescentes batizados pequenos e que estão em idade de catequese, crianças e adolescentes não batizados que estão em idade de catequese, jovens e adultos batizados pequenos que não receberam a devida catequese, jovens e adultos não batizados. São estas as pessoas que chegam às comunidades eclesiais e que merecem atenção especial.

Para estas pessoas a catequese com inspiração catecumenal busca realizar o primeiro anúncio ou refazê-lo quantas vezes forem necessárias a fim de que seus interlocutores cheguem à adesão a Jesus Cristo e possam aprofundar o sentido desta adesão a partir de um caminho formativo e de amadurecimento de sua escolha pessoal. Este caminho onde é realizado o primeiro anúncio e todo o processo formativo e celebrativo denominamos catequese com inspiração catecumenal.

A inspiração catecumenal tem sua origem no catecumenato dos primeiros séculos. Os primeiros testemunhos da instituição do catecumenato encontram-se no século II, mas este se estrutura no século III, com a herança do processo de evangelização recebido pela missão apostólica e também pela missão do próprio Jesus. Até alcançar a estrutura catecumenal na *Tradição Apostólica* de Hipólito de Roma (séc. III) o catecumenato viveu etapas anteriores cujos traços encontramos nas Apologias de Justino, na Didaqué, no Pastor de Hermas e nas obras de Irineu de Lyon. Um dos registros mais antigos desse período inicial refere-se ao leigo e mártir Justino, filósofo e teólogo cristão do século II. Foi o mais importante apologista de seu tempo. Entre os anos 163-167 expõe o modo como o catecúmeno deve ser instruído na fé que deverá professar no batismo[90].

A palavra *"Catechumenus"* é empregada pela primeira vez por Tertuliano (séc. II), em latim, para designar o candidato ao batismo. Com Tertuliano nasce uma metodologia catequética que consiste justamente em ensinar a doutrina partindo do rito. Esta metodologia faz emergir a profunda relação entre liturgia e catequese como elemento fundamental para a iniciação à vida cristã.

No século IV já havia um itinerário de iniciação cristã bem estruturado. Destacam-se nessa época as Catequeses mistagógicas de Ambrósio de Milão, de

---

90. NOCENT, A., Batismo, p. 114.

Cirilo de Jerusalém e de seu sucessor João, a de Teodoro de Mopsuéstia e de João Crisóstomo de Antioquia. Tais Catequeses eram ministradas após a realização do batismo. Até a virada constantiniana, o batismo marcava principalmente uma mudança radical que exigia a renúncia a muitas práticas cotidianas no resto da sociedade. Após a virada constantiniana, o batismo é acentuado como participação no mistério da paixão de Cristo. Para melhor compreender essa participação no mistério pascal, as catequeses mistagógicas eram administradas após o batismo, pois primeiro o mistério deve ser experimentado antes de ser interpretado.

O catecumenato era ao mesmo tempo litúrgico e catequético. Tinha por objetivo uma preparação adequada a fim de promover uma vida cristã responsável e madura dando uma fundamentação aos que ingressavam na fé para que tivessem convicção e firmeza em relação ao que estavam aderindo pelo batismo.

Quando se fala hoje em retorno às fontes do catecumenato, não se trata de repetir ou reproduzir todo o processo catecumenal, mas deixar-se fecundar pelos principais elementos que o caracterizam: a intensidade e a integralidade da formação; o seu caráter gradual, com etapas definidas, a sua vinculação com ritos, símbolos e sinais, especialmente bíblicos e litúrgicos; a sua constante referência à comunidade cristã[91].

Os Padres da Igreja souberam com muita sabedoria articular na prática do catecumenato a íntima relação entre liturgia e catequese. O resgate dessas fontes patrísticas está possibilitando uma profunda compreensão da fundamental importância da liturgia para a vida cristã. Assumir a liturgia como cume e fonte, como fez o Concílio, traz para a missão da Igreja a vivência integrada entre aquilo que se celebra e aquilo que se vive.

A catequese prima por fazer ecoar a Palavra para que cada pessoa possa fazer uma profunda experiência com Cristo. A liturgia leva ao conhecimento de Cristo através da Palavra proclamada e de seus ritos, pois toda ação litúrgica é ação do próprio Cristo. É de fundamental importância resgatar essa profunda ligação entre catequese e liturgia, e ressaltar a liturgia como fonte da catequese para que a iniciação à vida cristã seja integrada.

Desde os primórdios da Igreja, na iniciação cristã, liturgia e catequese estão intimamente ligadas entre si. Celebração e instrução fazem parte do processo iniciático no qual a pessoa é instruída nos mistérios de Deus e no qual (a pessoa) celebra esse mesmo mistério.

No catecumenato o que era ensinado era experienciado e o que era experienciado era ensinado. Não se tratava apenas de uma instrução intelectual da fé,

---

91. DGC 91.

mas de uma instrução integral com celebrações, acompanhamento, ritos, inserção gradual na vida da comunidade etc. As celebrações eram pontos altos neste itinerário e marcavam as passagens de uma etapa para outra. Tais celebrações por si mesmas eram catequese em ato, pois através da liturgia a fé é transmitida, "não ideias ou noções, mas a sabedoria das coisas humanas inspiradas por Deus"[92].

Devido às características de ser um itinerário litúrgico e catequético, o catecumenato é hoje para nós um paradigma para iniciação à vida cristã. Nele há elementos fundamentais que estão sendo resgatados como o querigma e sua centralidade em Jesus Cristo, e o querigma é realizado através de um caminho mistagógico. Assim, destaca-se a mistagogia como elemento fundamental do catecumenato.

O termo mistagogia pode ser explicado a partir do verbo *ago* que significa *conduzir* e do substantivo *mystai* que significa "iniciados", assim, indica o processo complexivo ou integral de condução iniciática, ser conduzido para dentro do mistério. "A mistagogia está intimamente ligada à realidade do mistério de Deus, está ordenada àquele mistério do qual a liturgia é a epifania"[93].

Na Patrística, o termo mistagogia foi utilizado principalmente para designar a explicação do sentido dos sacramentos recebidos na vigília pascal na qual os catecúmenos eram iniciados nos mistérios e nos sacramentos. Através da mistagogia se conhece e se mergulha no mistério pascal. A mistagogia é aplicada em todo o processo de iniciação cristã e não apenas na explicação dos sacramentos recebidos após o tempo de preparação na catequese. Ela apresenta a valorização dos sinais sacramentais, a interpretação dos ritos à luz dos eventos bíblicos e o significado dos ritos em vista de assumir o empenho de ser e viver como cristão.

A mistagogia é, em primeiro lugar, a realização de uma ação sagrada e, em particular, a celebração dos Sacramentos da Iniciação, Batismo e Eucaristia; em segundo lugar, é a explicação oral ou escrita do mistério escondido na Escritura e celebrado na liturgia. A mistagogia não se limita apenas à explicação. Ela é também ação litúrgica. A liturgia fala por si mesma do mistério de Deus. Ela inicia ao mistério ao celebrar este mesmo mistério[94]. O que é proclamado no anúncio querigmático é celebrado na liturgia. A catequese é toda mistagógica, o anúncio nela realizado conduz para a participação no mistério de Cristo.

A catequese como caminho de inspiração catecumenal percorrido na iniciação cristã de crianças, adolescentes, jovens e adultos, como já afirmamos, deve

---

92. BOSELLI, G., O sentido espiritual da liturgia, p. 194.
93. BOSELLI, G., O sentido espiritual da liturgia, p. 17.
94. BOSELLI, G., O sentido espiritual da liturgia, p. 17.

estar intimamente ligada à liturgia. Na liturgia manifesta-se o mistério de Deus. Para contemplar esse mistério é preciso uma iniciação. Assim, no catecumenato havia esta preocupação da iniciação aos mistérios para que o que fosse celebrado fosse compreendido, e isto era realizado a partir da mistagogia. Nesse sentido, escreve Clemente de Alexandria:

> Quem está ainda cego e surdo, sem inteligência e sem o olhar corajoso e penetrante, próprio de uma alma que ama contemplar, aquele olhar que apenas o Salvador pode conceder, este deve permanecer ainda fora do coro divino [isto é, da celebração] como um não iniciado (amýeton) aos mistérios, como aquele que na dança não tem o sentido da música[95].

Precisamos ter em vista uma iniciação à vida cristã que "beba desta fonte e a ela conduza"[96]. Parafraseando o título do sexto capítulo do livro "O sentido espiritual da Liturgia", de G. Boselli, "Presbíteros formados pela liturgia", temos a expressão "Cristãos formados pela liturgia". A intuição nasce da concepção de liturgia como cume e fonte presente na *Sacrosactum Concilium* 10. Partindo desta concepção de que a liturgia é fonte de toda ação da Igreja, também o é da catequese e da iniciação à vida cristã. Todos os cristãos (e não apenas os presbíteros) bebem desta fonte quando participam de uma catequese intimamente ligada à liturgia e por isso por ela são formados.

A Constituição *Sacrosanctum Concilium*, primeiro fruto do Concílio, que ao fazer um retorno fecundo às origens do sentido da liturgia proporcionou à Igreja um revigoramento. Nela encontramos a afirmação de que "a liturgia é o cume para a qual tende a ação da Igreja e, ao mesmo tempo, é a fonte donde emana toda a sua força"[97]. Ser cume e fonte é ser ponto de chegada e de partida. Toda vivência cristã brota da liturgia, pois é ela a fonte primeira e indispensável de onde brota a força da Igreja e o cume para o qual tende sua ação. Dizer que a liturgia é fonte significa dizer que tudo o que a Igreja realiza nasce de Jesus Cristo, de sua vida, morte e ressurreição. Ela é fonte de toda a ação pastoral da Igreja, de missão, de espiritualidade, de iniciação à vida cristã, pois ao participar na liturgia cada pessoa faz a experiência de encontrar-se com Cristo e mergulhar em seu mistério pascal para Nele alimentar a sua fé e a partir desse encontro tornar-se discípulo missionário.

Um primeiro momento da recepção da *Sacrosanctum Concilium* na Igreja se deu através das mudanças nos gestos, nos ritos, nas ações litúrgicas: o uso do

---

95. BOSELLI, G., O sentido espiritual da liturgia, p. 31-32.
96. DNC 117.
97. SC 10.

vernáculo, a posição do sacerdote face a face com o povo, a participação de toda a assembleia, os ritos simplificados, os cantos inseridos etc[98]. Tais mudanças incentivaram estudos e aprofundamentos sobre a liturgia que contribuíram para a renovação litúrgica. Além disso, em muitos lugares este aprofundamento da liturgia foi realizado através de cursos para os membros das comunidades. Sabemos também que, de um lado, em algumas partes houve exageros na interpretação da *Sacrosanctum Concilium* e, de outro, em outras partes o documento ainda não conseguiu penetrar na prática. De um modo geral tudo isso contribui para que ainda hoje se tenha um vivo desejo de aprofundamento e para a redescoberta da fundamental importância da liturgia para a vivência da fé cristã.

Apesar de todo o caminho percorrido, percebe-se que muitas pessoas que participam das comunidades compreendem a importância da liturgia, mas há ainda uma grande dificuldade em compreender o sentido do que é celebrado. Para algumas pessoas é muito maior a preocupação em saber "o que pode" e o "que não se pode" fazer na liturgia do que compreender o sentido de cada ação ritual. Para a maioria há um grande abismo entre os ritos e a compreensão do que eles expressam por si mesmo.

A *Sacrosanctum Concilium* afirma que "é dever dos sagrados pastores vigiar que, na ação litúrgica, não só se observem as leis para a válida e lícita celebração, mas que os fiéis participem dela com conhecimento de causa, ativa e frutuosamente"[99]. Podemos falar de participação consciente, ativa e frutuosa quando não há compreensão daquilo que se está celebrando? Esta pergunta nos coloca diante de uma grande questão que é a formação litúrgica. Não estamos afirmando que ela não existe, pois como dissemos anteriormente há muitas iniciativas de formação. A questão é como é a realização dessa formação, o eixo, a metodologia, e se há uma integração entre formar-se "pela" liturgia e formar-se "para" a liturgia.

A formação litúrgica é necessária para todos os membros da Igreja, mas ela não deve ser apenas teórica. Em primeiro lugar a escola de liturgia é a própria liturgia[100]. A liturgia é fonte de formação. Ela não é só celebração, é catequese em ato e por isso os cristãos são formados em primeiro lugar pela liturgia que vivem e que celebram. Neste sentido é de fundamental importância o cuidado por parte de quem prepara e preside para que a qualidade da liturgia favoreça a transmissão do seu sentido.

---

98. CNBB, Doc. 43, 7.
99. SC 11.
100. BOSELLI, G., O sentido espiritual da liturgia, p. 120.

Diante desses desafios em relação à formação litúrgica, ressaltamos a importância de dois momentos que se articulam: a vivência da própria celebração que introduz na experiência do Mistério que se celebra (liturgia) e a formação sobre o sentido dos ritos vivenciados (catequese). Por serem distintos, estes dois momentos ficaram por muito tempo desarticulados, impedindo uma formação integral. A Igreja busca resgatar essa articulação hoje e tal busca está se dando principalmente a partir da iniciação cristã de crianças, jovens e adultos, para se formar cristãos pela catequese que tem como fonte a liturgia. Falar da liturgia como fonte da iniciação cristã é afirmar que a liturgia tem uma dimensão catequética:

> A liturgia é fonte inesgotável da catequese. Nela se encontram a ação santificadora de Deus e a expressão orante da fé da comunidade. As celebrações litúrgicas, com a riqueza de suas palavras e ações, mensagens e sinais, podem ser considerados como uma "Catequese em ato"[101].

O Diretório Geral para a Catequese fala de "a fonte" e "as fontes" da Catequese. É tida como fonte a Palavra de Deus contida na Sagrada Tradição e na Sagrada Escritura. As fontes são "Tradição, Escritura e Magistério, intimamente conexas e unidas, são 'cada qual a seu modo', as fontes essenciais da catequese"[102]. O Diretório Nacional de Catequese (DNC) afirma que "a fonte na qual a catequese busca a sua mensagem é a Palavra de Deus"[103]. Acrescenta, porém, que "outro lugar onde se manifesta de modo sublime a Palavra de Deus, e, portanto é fonte privilegiada de catequese, é a sagrada liturgia"[104]. O DNC retomando a SC 10 e a CR 89 diz que a liturgia é vista como

> fonte inesgotável da catequese, não só pela riqueza de seu conteúdo, mas pela sua natureza de síntese e cume da vida cristã (*SC* 10; *CR* 89): enquanto celebração ela é ao mesmo tempo anúncio e vivência dos mistérios salvíficos; contém, em forma expressiva e unitária, a globalidade da mensagem cristã. Por isso ela é considerada lugar privilegiado de educação da fé. "A proclamação da Palavra na liturgia torna-se para os fiéis a primeira e fundamental escola da fé"[105].

O DNC aponta a liturgia como fonte porque nela a Palavra de Deus é proclamada e torna-se para os fiéis a primeira e fundamental escola da fé. É na litur-

---

101. CR 89.
102. DGC 96.
103. DNC 106.
104. DNC 115.
105. DNC 118.

gia que a Palavra de Deus é proclamada e para compreendê-la é preciso a escuta junto com os irmãos da comunidade reunida. "Deus chama seu povo através de sua Palavra e o povo torna-se uma *ekklesía*, uma assembleia"[106]. Isto significa que "a assembleia litúrgica é lugar hermenêutico originário das Escrituras: elas são escutadas e compreendidas plenamente na *ekklesía*, porque nascidas da assembleia litúrgica"[107]. Esta afirmação leva-nos a refletir que a compreensão da Palavra de Deus se dá plenamente somente no interior da assembleia. Por isso a importância de conceber a liturgia como catequese em ato, como educação da fé, como transmissão da fé e não apenas como celebração da fé.

O DNC distingue a catequese como educação da fé e a liturgia como celebração da fé, como duas funções da única missão evangelizadora e pastoral da Igreja[108]. Estas são as funções principais tanto da catequese quanto da liturgia. A liturgia comunica, porém, ensinamentos através dos ritos, mesmo não sendo catequese no sentido de instruir, ensinar diretamente, pois os ritos (sinais, símbolos) também são em certo modo "palavra". A catequese expressa por meio da palavra o significado do rito tornando-o mais claro. Assim o DNC continua:

> Os sinais litúrgicos são ao mesmo tempo anúncio, lembrança, promessa, pedido e realização, mas só por meio da palavra evangelizadora e catequética esses seus significados tornam-se claros. É tarefa fundamental da catequese iniciar eficazmente os catecúmenos e catequizandos nos sinais litúrgicos e através deles introduzi-los no mistério pascal"[109].

Aplicada à catequese, como já afirmamos anteriormente, a mistagogia parte do que é celebrado para a explicação do mistério de Cristo presente nas ações litúrgicas celebradas. A catequese faz haurir esse sentido para que se compreenda o que foi vivenciado. Esta compreensão não é teórica, pois foi primeiramente experienciada.

A mistagogia não tem por objeto principal o rito em si, mas o evento da salvação que se celebra através de cada rito. Ela coloca cada um dos ritos em relação com os textos bíblicos porque o texto bíblico guarda e narra o evento da salvação que é a razão do rito celebrado[110]. É com a própria Palavra de Deus, que está nas Escrituras, que encontraremos a significação do evento da salvação.

---

106. BOSELLI, G., O sentido espiritual da liturgia, p. 107.
107. BOSELLI, G., O sentido espiritual da liturgia, p. 107.
108. DNC 120.
109. DNC 120.
110. BOSELLI, G., O sentido espiritual da liturgia, p. 129.

O Diretório Nacional de Catequese afirma que o Ritual da iniciação cristã de adultos (RICA) constitui o melhor exemplo de unidade entre liturgia e catequese[111]. Atualmente a CNBB propõe que os elementos presentes no estilo catecumenal que o RICA recupera sejam vivenciados pela catequese, como veremos mais adiante.

Realizar o anúncio de Jesus Cristo e seu aprofundamento num contexto de mudança de época requer habilidades, mas também uma Igreja missionária, que não fique apenas preocupada com a manutenção do que já tem, mas que busque sair com novo ardor para anunciar Cristo.

A valorização de um acompanhamento personalizado é o primeiro passo para que o anúncio seja acolhido e aprofundado. Este acompanhamento se dá a partir da comunidade. A vida em comunidade é de fundamental importância para o anúncio.

> A vida em comunidade acolhe e anuncia o Reino. Ao fazê-lo, se forja como comunidade: apenas em comunidade podemos escutar, acolher e anunciar o dom e a graça do Senhor – o chamado privilegiado para a superação de tudo o que quebra a comunhão fraterna (opressão, injustiça, marginalização, discriminação etc.) porque é, ao mesmo tempo, ruptura com Deus – e lutar pela implantação dos valores do Reino que Jesus anuncia[112].

O povo de Deus, reunido em nome do Senhor, celebra a vida, a morte e a ressurreição de Jesus Cristo. É nessa celebração comunitária que se encontra o sentido mais profundo do ser cristão. A comunidade reunida não é uma assembleia qualquer, nem tão pouco uma simples reunião, mas é esse "nós", que reunido para fazer a memória da morte e ressurreição do Senhor, que dá visibilidade à Igreja e a "antecipação" do reino. A vida em comunidade conduz à comunhão. Viver em comunidade é fazer a passagem do "eu" para o "nós", do egoísmo para o amor, da morte para a ressurreição. É ser uma luz para aqueles que já não têm mais esperança.

Jesus devolveu a dignidade a diversas pessoas excluídas, marginalizadas e vítimas das injustiças sociais de seu tempo. Essas pessoas tiveram predileção na missão de Jesus. A restituição de sua dignidade com a inclusão na vida social, principalmente através dos milagres realizados por Ele, era uma forma de manifestar a presença do reino que se iniciava. A vida de Jesus foi marcada por uma morte que queria silenciar esses gestos, pois foram compreendidos como um pe-

---

111. DNC 118.

112. GUTIÉRREZ, G., Beber em seu próprio poço, p. 160.

rigo contra o poder religioso e político. A comunidade reunida, ao fazer memória da vida doada de Jesus, de sua morte e de sua ressurreição, ganha a força para sinalizar que o reino de Deus se faz presente (ainda que não plenamente) na continuidade da missão de Jesus. A partilha do pão e a vivência da comunhão fraterna, que tem sua origem na comunhão com o corpo e o sangue do Senhor, são sinais do reino que já se faz presente.

A comunidade é um corpo vivo que irradia o amor do Pai, um corpo de misericórdia que cura e se faz próximo daqueles que sofrem e vivem sem esperança. A comunhão com o Senhor, que entrega a própria vida e depois é ressuscitado pelo Pai, nos convoca a vivermos como Ele viveu.

Como vimos, a iniciação à vida cristã, a liturgia e a vida em comunidade são lugares primordiais para a realização do anúncio querigmático na vida Igreja. Além de dar prioridade a estes lugares é preciso uma atenção especial às "chances" onde o anúncio pode ser realizado. O neoliberalismo e a globalização trouxeram muitas desvantagens para a realização da missão evangelizadora da Igreja, mas ao mesmo tempo trouxeram algumas vantagens, as quais chamamos de chances, para realizar o anúncio de Jesus Cristo. Algumas delas estão presentes nas consequências trazidas pela mudança de época que estamos vivenciando: "novas relações com o espaço e o tempo, novas formas de relacionamento humano e convívio interpessoal, novo jeito de compreender o ser humano e os projetos de sociedade etc."[113], como também os novos meios de comunicação e novas tecnologias.

Segundo Amado, a partir desse novo jeito de ver o mundo e as coisas, alguns elementos que eram considerados valores de grande importância, hoje já não são mais, como a instituição, a tradição, o sonho, a utopia, a renúncia, o sacrifício, o eterno, o perene, o definitivo, o estático, o fixo, a ética, a racionalidade. Tomam os seus lugares na escala de valores o indivíduo, a novidade, a escolha, a palpabilidade, a fruição, o gozo, o prazer imediato, o transitório, o movimento, a mobilidade, a transformação, a estética, a emotividade[114].

Os elementos que são mais valorizados hoje podem ser úteis para a realização do querigma e do seu aprofundamento posterior, basta pensar em como aproximar os valores que estão em alta com a vivência de Jesus. Um exemplo claro disso era o relacionamento pessoal de Jesus com cada um que dele se aproximava ou que Ele mesmo se aproximava, como a Samaritana. Hoje esse relacionamento pessoal também é de suma importância, pois a tendência é a valorização dos

---

113. AMADO, J., Catequese num mundo em transformação, p. 47.

114. AMADO, J., Catequese num mundo em transformação, p. 47-50.

grandes encontros e celebrações de massa, deixando de lado o diálogo e o acompanhamento pessoal que não são realizados como deveriam.

Os novos meios de comunicação e as novas tecnologias também quando utilizados com critérios e discernimento podem fazer com que o anúncio de Jesus chegue a diversos lugares. Quando a mídia transmite o testemunho de cristãos fazendo o bem ou lutando por determinadas causas em favor da vida, indiretamente o anúncio da Boa-nova chega e fala ao coração das pessoas.

## 1.4. O anúncio na formação de discípulos missionários à luz de documentos eclesiais pós-conciliares

O Concílio Vaticano II, realizado de 1962 a 1965, trouxe muitas luzes para a caminhada da Igreja como reposta às inúmeras preocupações pastorais da época. Retornando às origens de sua convocação e de sua realização nos deparamos com temáticas de suma importância para a vida eclesial que ainda não foram abordadas e outras que merecem ser aprofundadas. São pérolas que se encontram escondidas e precisam aparecer para que com o seu brilho iluminem a atualidade. Dentre elas destacamos uma das mais aprofundadas como grande objetivo do Concílio: a evangelização do mundo atual.

Quando o papa João XXIII convocou o Concílio, a Igreja encontrava-se em uma zona de conforto e sem dialogar com o mundo moderno e seus avanços em todos os âmbitos. Fazia-se necessária uma volta às fontes neotestamentárias e patrísticas para ir ao essencial da missão da Igreja e para ter a capacidade de dialogar com este mundo, pois nele encontra-se inserida. Muitas eram as mudanças e atualizações que o Concílio precisava promover na Igreja. Um dos objetivos era "dialogar" com o mundo. Sua linguagem, em todos os âmbitos, precisava estar atualizada para realizar sua meta de forma coerente com os novos tempos: evangelizar.

No centro da evangelização está o anúncio de Jesus Cristo. Este anúncio perpassou os séculos e chegou até nós hoje pela tradição viva da Igreja. O núcleo fundamental do anúncio não muda, mas a forma como realizá-lo. Por isso a pergunta "como anunciar Jesus Cristo no mundo atual?" torna-se a mesma para nós também hoje. Manter a fidelidade ao que nos foi transmitido para que Cristo seja anunciado com eloquência é um grande desafio.

### 1.4.1 O anúncio na Igreja universal

O tema do anúncio de Jesus Cristo encontra-se diluído nos diversos documentos, pois nenhum dos documentos conciliares trata especificamente de uma cristologia. O Concílio apresenta a encarnação, a vida, a morte e a ressurreição de Jesus dentro do projeto de salvação de Deus e neste é destacada a apresentação de Jesus Cristo como Salvador na *Lumen Gentium* 3 e 7, e também na *Gaudium et Spes* 3.

> Fiel à tradição teológica sobre o Cristo, o Vaticano II o apresenta, em primeiro lugar, como o Salvador. A questão soteriológica é extremamente importante na cristologia, não se podendo nunca separar a pessoa de Jesus de seu serviço à salvação da humanidade. Desde os primeiros textos conciliares nota-se essa preocupação dos padres: afirmar o Cristo como o redentor da humanidade, como transparece, por exemplo, na grande constituição dogmática sobre a Igreja, *Lumen gentium*[115].

O Concílio volta às fontes da Igreja e incentiva o retorno do Catecumenato como caminho catequético para o anúncio e o aprofundamento do anúncio de Jesus Cristo. No Decreto *Ad Gentes,* sobre a atividade missionária da Igreja, o catecumenato é assim delineado: "o catecumenato não é mera exposição de dogmas e preceitos, mas uma educação de toda a vida cristã e um tirocínio de certa duração, com o fim de unir os discípulos com Cristo seu Mestre"[116].

Os documentos conciliares abriram as portas para um aprofundamento sobre a missão de anunciar Jesus Cristo e deram as bases para a reflexão posterior da Igreja em seus documentos. Uma das responsáveis pelo anúncio de Jesus Cristo é a catequese[117]. Dentre os textos escritos para toda a Igreja sobre a catequese e sua missão destacamos: Ritual de Iniciação Cristã de Adultos (1972), Exortação Apostólica *Catechesi Tradendae* (1979), Catecismo da Igreja Católica (1992) e Diretório Geral para a Catequese (1971 e 1997). Para a evangelização e o tema do anúncio temos como fontes a Exortação Apostólica *Evangelii Nutiandi* (1975), a Carta Encíclica *Redemptoris Missio* (1990) e a Exortação Apostólica *Evangelii Gaudium* (2013).

O Ritual de Iniciação Cristã de Adultos, conhecido como RICA[118], foi fruto da solicitação da restauração do catecumenato pelo Concílio Vaticano II. Publicado em 1972, e no Brasil foi editado um ano depois, o RICA não é documento de estudo sobre o catecumenato, é um ritual que traz um itinerário formativo para aqueles que desejam aderir à fé. Este itinerário é dividido em tempos (mo-

---

115. MANZATTO, A., O paradigma cristológico do Vaticano II e sua incidência na cristologia latino-americana, p. 209.

116. AG 14.

117. Entende-se por catequese não somente o itinerário formativo para crianças, mas para todas as idades.

118. Em latim o título é Ordo Initiationis Christianae Adultorum (OICA).

mentos formativos) e etapas (momentos celebrativos). Os tempos previstos são: pré-catecumenato, catecumenato, tempo de purificação e iluminação e tempo de mistagogia. As etapas são: celebração de entrada no catecumenato – Rito de acolhida e Liturgia da Palavra; Rito de eleição ou inscrição do nome; celebração dos Sacramentos do Batismo, Confirmação e Eucaristia. Há outras celebrações e ritos presentes nos tempos de formação. Em relação ao nosso tema, o anúncio, é realizado conforme o ritual no tempo do pré-catecumenato que

> é o tempo da evangelização em que, com firmeza e confiança, se anuncia o Deus vivo e Jesus Cristo, enviado por Ele para a salvação de todos. Da evangelização realizada com o auxílio de Deus brotam a fé e a conversão inicial, pelas quais a pessoa se sente chamada do pecado para o mistério do amor de Deus[119].

Nesta etapa, aqueles que se aproximam pedindo o Batismo, são chamados de "simpatizantes", e são trazidos pelos "introdutores"[120]. Os introdutores são os responsáveis em anunciar Jesus Cristo neste primeiro momento. A partir da adesão a Jesus este anúncio será aprofundado em todo o processo formativo a partir de conteúdos e momentos celebrativos. O catecumenato supõe fé em Jesus Cristo, oração pessoal, conversão inicial e senso de Igreja, por isso é precedido pelo tempo de evangelização no qual os introdutores exercem um papel de suma importância no acompanhamento dos candidatos.

Essa restauração do catecumenato proporcionou à Igreja uma volta às fontes bíblicas e patrísticas. O Ritual de Iniciação Cristã está centrado na teologia do mistério pascal e de nossa participação existencial e sacramental nele. A iniciação cristã é a "primeira participação sacramental na morte e ressurreição de Cristo"[121].

A Exortação Apostólica *Catechesi Tradendae* (sobre a catequese no nosso tempo), escrita pelo papa João Paulo II, em 1979, dá grande importância à catequese. Foi fruto da Assembleia Sinodal convocada por Paulo VI em outubro de 1977, que tinha a catequese como tema de análise e reflexão episcopal. A Exortação coloca Jesus Cristo como centro e fonte de toda catequese:

> Deseja-se acentuar, antes de mais nada, que no centro da catequese nós encontramos essencialmente uma Pessoa: é a Pessoa de Jesus de Nazaré, "Filho único do Pai, cheio de graça e de verdade", que sofreu e morreu por

---

119. RICA, Introdução, 9-10.

120. Introdutores são os cristãos responsáveis pelo acompanhamento inicial daqueles que pedem o batismo.

121. RICA 8.

nós, e que agora, ressuscitado, vive conosco para sempre. É este mesmo Jesus que é "o Caminho, a Verdade e a Vida", e a vida cristã consiste em seguir a Cristo, "sequela Christi"[122].

A missão da catequese é "de fazer amadurecer a fé inicial e de educar o verdadeiro discípulo de Cristo, mediante um conhecimento mais aprofundado e mais sistemático da Pessoa e da mensagem de Nosso Senhor Jesus Cristo"[123]. Essa especificidade é distinta do primeiro anúncio do Evangelho que suscita conversão[124]. A catequese aprofunda o anúncio recebido para que se chegue a uma adesão madura a Jesus Cristo.

> Assim, portanto, graças à catequese, o "kerigma" evangélico — aquele primeiro anúncio cheio de ardor que um dia transformou o homem e o levou à decisão de se entregar a Jesus Cristo pela fé — será pouco a pouco aprofundado, desenvolvido nos seus corolários implícitos, explicado mediante explanação que também faz apelo à razão e orientado para a prática cristã na Igreja e no mundo[125].

A catequese deve levar em consideração que nem sempre esse primeiro anúncio é realizado, ou não é devidamente realizado, pois muitos chegam à comunidade eclesial sem ter recebido uma iniciação na fé ou sem terem feito uma adesão pessoal à Cristo. A catequese deve sempre retomar este primeiro anúncio, pois

> muitas vezes há de ter a preocupação, não somente de alimentar e ilustrar a fé, mas também de a suscitar incessantemente com a ajuda da graça, de abrir os corações, de converter e preparar naqueles que ainda estão no limiar da fé uma adesão global a Jesus Cristo[126].

O Catecismo da Igreja Católica, fruto do Concílio Vaticano II e do desejo dos bispos reunidos em 1985, tem a marca de ser bíblico e litúrgico e de tratar de matéria de fé e de moral. Foi elaborado em seis anos, após consulta a diversos bispos, e publicado em 1992. Está dividido em quatro partes: A profissão de fé, a celebração do mistério cristão, a vida em Cristo e a oração cristã. Na parte que trata da profissão de fé encontramos uma síntese de cristologia no segundo capítulo. Para anunciar Cristo é preciso conhecê-lo. O conteúdo deste capítulo contribui

---

122. CT 5.
123. CT 19.
124. CT 19.
125. CT 25.
126. CT 19.

para que o anúncio e a catequese tenham a centralidade em Cristo, pois "aquele que é chamado a 'ensinar o Cristo', deve portanto primeiro procurar 'este ganho supereminente que é o conhecimento de Cristo'"[127].

Em 1971 foi promulgado o Diretório Catequético Geral. Até 1997 era o documento orientativo para as Igrejas particulares no longo caminho de renovação da catequese. Nesse ano é lançado um novo Diretório Geral para a Catequese que atualizou o anterior. O primeiro Diretório Catequético Geral da Sé Apostólica foi publicado para tratar dos princípios e do ordenamento fundamentais da formação cristã. O Diretório de 1997 veio consagrar o Catecismo da Igreja Católica de 1992, e oficialmente ratificado em 1997, e seu Compêndio em 2005[128]. No Diretório aparece a valorização do catecumenato e este é visto como paradigma para as diversas modalidades de catequese e também para a formação dos catequistas que ainda não têm uma fé madura[129]. O Diretório faz uma distinção entre primeiro anúncio e catequese, mas os vê na complementariedade:

> O primeiro anúncio se dirige aos não fiéis e àqueles que, de fato, vivem na indiferença religiosa. Ele tem a função de anunciar o Evangelho e de chamar à conversão. A catequese, "distinta do primeiro anúncio do Evangelho", promove e faz amadurecer esta conversão inicial, educando à fé o convertido e incorporando-o na comunidade cristã. A relação entre estas duas formas do ministério da Palavra é, portanto, uma relação de distinção na complementariedade[130].

A Exortação Apostólica *Evangelii Nuntiandi*, de 1975, sobre a evangelização no mundo contemporâneo, é um documento pontifício de grande valor no pós-Concílio, pois nela o papa Paulo VI trata da evangelização a partir de um diálogo com a modernidade e com a nova realidade na qual a Igreja encontra-se inserida, dando a todos os seus membros a responsabilidade de evangelizar como um ato eclesial.

O documento destaca a importância do anúncio como parte da evangelização. No primeiro capítulo do documento é apresentada a passagem de Cristo evangelizador a uma Igreja evangelizadora. Jesus anuncia o reino e a Igreja é continuadora deste anúncio. Já no segundo capítulo o tema sobre a evangelização é desenvolvido e encontramos uma definição sobre o que é evangelizar: "Evan-

---

127. CEC 428.
128. DNC, Introdução, 1, 4.
129. DGC 247.
130. DGC 61.

gelizar, para a Igreja, é levar a Boa Nova a todas as parcelas da humanidade, em qualquer meio e latitude, e pelo seu influxo transformá-las a partir de dentro e tornar nova a própria humanidade: 'Eis que faço de novo todas as coisas'"[131]. Esse anúncio da Boa Nova se dará a partir do testemunho que deve vir acompanhado do anúncio claro e inelutável do Senhor Jesus[132].

O documento apresenta algumas preocupações da Igreja em cada momento histórico em relação ao anúncio: "Quem enviar a anunciar o mistério de Jesus? Com que linguagem anunciar tal mistério? Como fazer para que ele ressoe e chegue a todos aqueles que hão de ouvi-lo?"[133]. O anúncio sobre Jesus é um aspecto da evangelização[134] que tem como centro da mensagem a salvação em Jesus Cristo[135]. O primeiro anúncio deve chegar àqueles que não conhecem Jesus e seu Evangelho, mas também deve ser realizado novamente onde há situações de descristianização como, por exemplo, para

> multidões de homens que receberam o batismo, mas vivem fora de toda a vida cristã, para as pessoas simples que, embora tendo certo grau de fé, conhecem mal os fundamentos dessa mesma fé, para intelectuais que sentem a falta de um conhecimento de Jesus Cristo sob uma luz diferente daquela dos ensinamentos recebidos na sua infância, e para muitos outros ainda[136].

O documento incube a responsabilidade do primeiro anúncio e da evangelização à Igreja, isto é, a todos os seus membros, pois aquele que é evangelizado se torna um evangelizador. "Está nisso o teste de verdade, a pedra-de-toque da evangelização: não se pode conceber uma pessoa que tenha acolhido a Palavra e se tenha entregado ao reino sem se tornar alguém que testemunha e, por seu turno, anuncia essa Palavra"[137].

A Carta Encíclica *Redemptoris Missio* (1990), do papa João Paulo II, foi publicada na ocasião dos 25 anos do Decreto *Ad Gentes*, e nos 15 anos da *Evangelii Nuntiandi*. A Carta convida a Igreja a um renovado empenho missionário e afirma que "a tarefa fundamental da Igreja de todos os tempos e, particularmente,

---

131. EN 18.
132. EN 22.
133. EN 22.
134. EN 22.
135. EN 27.
136. EN 52.
137. EN 24.

do nosso é a de dirigir o olhar do homem e orientar a consciência e experiência da humanidade inteira para o mistério de Cristo (RH 10)"[138].

Um dos elementos que contribuem para a centralidade no mistério de Cristo é o primeiro anúncio de Cristo Salvador, que é ressaltado na Carta[139]. Ela convoca a Igreja a realizar dentro de sua missão o primeiro anúncio, que "tem um papel central e insubstituível, porque introduz 'no mistério do amor de Deus, que, em Cristo, nos chama a uma estreita relação pessoal com Ele'"[140]. Nesse anúncio o objeto é

> Cristo crucificado, morto e ressuscitado: por meio d'Ele se realiza a plena e autêntica libertação do mal, do pecado e da morte; n'Ele Deus dá a "vida nova", divina e eterna. É esta a "Boa Nova", que muda o homem e a história da humanidade, e que todos os povos têm o direito de conhecer[141].

Seguindo o a reflexão sobre a missão, expressa na *Evangelii Nutiandi* e na *Redemptoris Missio,* temos a *Evangelii Gaudium,* de 2013, do papa Francisco, sobre o anúncio do Evangelho no mundo atual. O fio condutor do documento é a alegria que deve estar presente em todos os cristãos. Isto pode ser confirmado pelo parágrafo que abre o documento:

> A Alegria do Evangelho enche o coração e a vida inteira daqueles que se encontram com Jesus. Quantos se deixam salvar por Ele são libertados do pecado, da tristeza, do vazio interior, do isolamento. Com Jesus Cristo, renasce sem cessar a alegria. Quero, com esta Exortação, dirigir-me aos fiéis cristãos a fim de convidá-los para uma nova etapa evangelizadora marcada por esta alegria e indicar caminhos para o percurso da Igreja nos próximos anos[142].

O documento exorta a todos os cristãos a renovar o seu encontro pessoal com Jesus Cristo ou de se deixar encontrar por Ele, de O procurar dia a dia sem cessar[143]. A centralidade em Cristo gera a alegria de ser discípulos e o desejo ardente de evangelizar. No documento, a Igreja é convidada a ser uma Igreja "em saída", não ficar presa em si mesma, uma Igreja que evangeliza onde for necessário

---

138. RM 4.
139. RM 44-45.
140. RM 44.
141. RM 44.
142. EG 1.
143. EG 3.

e principalmente nas periferias. A evangelização deve ser feita a partir do coração do Evangelho, isto é, da vida de Jesus Cristo.

Toda a Igreja é chamada a evangelizar, mas a catequese é um dos lugares primordiais para a realização do anúncio e do seu aprofundamento: "voltamos a descobrir que também na catequese tem um papel fundamental o primeiro anúncio ou *querigma*, que deve ocupar o centro da atividade evangelizadora e de toda a tentativa de renovação eclesial"[144].

O anúncio ou querigma também é visto como o fio condutor de um processo, pois "ao designar-se como 'primeiro' este anúncio, não significa que o mesmo se situa no início e que, em seguida, se esquece ou substitui por outros conteúdos que o superam"[145]. O querigma é o primeiro anúncio, ou anúncio principal, fundamental, que deve orientar não somente a catequese, mas toda a missão da Igreja, pois ele "é o primeiro em sentido qualitativo, porque é o anúncio *principal*, aquele que sempre se tem de voltar a ouvir de diferentes maneiras e aquele que sempre se tem de voltar a anunciar, de uma forma ou de outra, durante a catequese, em todas as suas etapas e momentos"[146]. Para uma melhor compreensão do querigma como fio condutor é preciso conhecer o seu significado. O papa Francisco assim o descreve:

> O *querigma* é trinitário. É o fogo do Espírito que se dá sob a forma de línguas e nos faz crer em Jesus Cristo, que, com a sua morte e ressurreição, nos revela e comunica a misericórdia infinita do Pai. Na boca do catequista, volta a ressoar sempre o primeiro anúncio: "Jesus Cristo ama-te, deu a sua vida para te salvar, e agora vive contigo todos os dias para te iluminar, fortalecer, libertar"[147].

Se no centro do anúncio encontra-se o mistério pascal, isto significa que este anúncio será retomado em todo o processo catequético, pois Jesus Cristo é o seu conteúdo principal. Assim, pode ser afirmado que "não se deve pensar que, na catequese, o *querigma* é deixado de lado em favor de uma formação supostamente

---

144. EG 164.
145. EG 164.
146. EG 164.
147. EG 164. A afirmação de que o querigma é trinitário aponta para o seu núcleo que é o anúncio de Cristo a partir do mistério pascal, e este é revelação do amor e da bondade do Pai e do Espírito, que se doam através da entrega do Filho. Certamente essa cristologia trinitária merece ser aprofundada, mas não temos como objetivo realizar este aprofundamento aqui, visto que no terceiro capítulo procuraremos apresentar a revelação do amor e da bondade de Deus a partir da reflexão teológica de Antonio Pagani sobre a cruz de Cristo.

mais 'sólida'. Nada há de mais sólido, mais profundo, mais seguro, mais consistente e mais sábio que esse anúncio"[148].

O anúncio de Jesus Cristo se faz a partir de uma experiência de encontro com Ele, por isso a pessoa que anuncia precisa conhecê-lo para que o anúncio não seja apenas uma doutrinação, mas que favoreça o encontro verdadeiro. O anúncio hoje precisa exprimir o amor salvífico de Deus como prévio à obrigação moral e religiosa; não impor a verdade, mas fazer apelo à liberdade; que seja pautado pela alegria, o estímulo, a vitalidade e uma integralidade harmoniosa que não reduza a pregação a poucas doutrinas, por vezes mais filosóficas que evangélicas[149].

### 1.4.2. O anúncio na Igreja latino-americana

Outros documentos importantes para a missão da Igreja na América Latina foram frutos das Conferências Gerais do Episcopado Latino-americano. Suas conclusões tinham como escopo a evangelização neste Continente. O primeiro fruto do Concílio na América Latina foi a II Conferência Geral do Episcopado Latino-Americano realizada em Medellín, na Colômbia, no período de 24 de agosto a 6 de setembro de 1968.

Os bispos da América Latina participantes do Concílio, ainda em Roma, concordaram com D. Manuel Larraín, presidente do Conselho Episcopal Latino-Americano (CELAM) sobre a realização desta Conferência. Sentiram a necessidade de reunir a Igreja da América Latina para que as decisões do Concílio fossem concretizadas à luz das novas situações sociais, econômicas e religiosas do Continente.

O tema da Conferência decidido em 1967 foi "A Igreja na atual transformação da América Latina à luz do Concílio". Com Medellín inicia para a Igreja da América Latina um novo período na história do Continente latino-americano como afirmou papa Paulo VI no discurso de abertura da Conferência[150].

O Concílio Vaticano II abre-se ao mundo moderno e Medellín destaca dentro do mundo moderno o "mundo dos pobres". A realidade do Continente latino-americano caracterizada, de um lado, por miséria, opressão, dependência econômica, política e cultural e, de outro, por um desejo de mudança, de transformação, questionou a Igreja sobre sua atuação e presença nessa mesma realidade. A América Latina percebe que não é pobre, mas empobrecida, e por isso faz-se necessário libertar-se da dependência dos países do Primeiro Mundo. Vive-se,

---

148. EG 165.
149. EG 165.
150. Discurso de Paulo VI na abertura da segunda Conferência de Medellín.

então, anos de uma dura repressão militar que terá uma repercussão importante na reflexão teológica e eclesial.

Retomando as orientações Conciliares, a Conferência de Medellín abre-se aos grandes desafios presentes no Continente. Para uma atuação mais eficaz da Igreja nessa sociedade fortemente marcada pela injustiça social, Medellín acentua o papel da Igreja no "mundo dos pobres". Apesar desse ponto estar em maior destaque, outros temas também são tratados em Medellín. O documento conclusivo é composto por 16 capítulos divididos em três partes com seus subitens:

a) Promoção humana: justiça; paz; família e demografia; educação; juventude.

b) Evangelização e crescimento na fé: pastoral popular; pastoral de elites; catequese; liturgia.

c) A Igreja visível e suas estruturas: movimentos de leigos; sacerdotes; religiosos; formação do clero; pobreza da Igreja; pastoral de conjunto; meios de comunicação social.

No documento conclusivo encontramos uma grande preocupação com a realidade de época, especialmente com o número crescente de empobrecidos gerados por um sistema de opressão e repressão. Nesse contexto, anunciar Jesus Cristo significava ser presença dele, agir como Ele, de modo libertador, de toda opressão. O próprio documento vai dizer que "é preciso agir. Esta não deixou de ser a hora da *palavra*, mas tornou-se, com dramática urgência, a hora da *ação*"[151].

O Deus criador "é o mesmo Deus que, na plenitude dos tempos, envia seu Filho para que feito carne, venha libertar todos os homens, de todas as escravidões a que os sujeitou o pecado: a fome, a miséria, a opressão e a ignorância"[152]. Assim, para que haja essa libertação é preciso primeiramente uma profunda conversão. Certamente a necessidade de uma mudança estrutural seria de suma importância para que o reino pudesse ser mais visibilizado, porém a preocupação maior não está centrada apenas no ponto de vista social e econômico, mas na necessidade de conversão do ser humano. O documento está mais focado no chamamento à conversão que leva a viver como Cristo, pois a originalidade da mensagem cristã para a América Latina "não consiste diretamente na afirmação da necessidade de mudanças estruturais, mas na insistência que devemos por na conversão do homem"[153].

O eixo de Medellín não é apresentar uma metodologia para o anúncio de Jesus Cristo ou para a catequese, mas fazer com que o ser humano tenha o mesmo

---

151. DM, Introdução, 3.
152. DM, 1, II, 3.
153. DM, 1, II, 3.

olhar de Cristo para com aqueles que sofrem e com a realidade que o circunda. Nos diversos capítulos é ressaltada a necessidade de se posicionar diante da sociedade através de denúncias das injustiças e das desigualdades excessivas entre ricos e pobres. No capítulo sobre a catequese isto fica bem evidente:

> De acordo com esta teologia da Revelação, a catequese atual deve assumir totalmente as angústias e esperanças do homem de hoje, para oferecer-lhe as possibilidades de uma libertação plena, as riquezas de uma salvação integral em Cristo, o Senhor. Por isso, deve ser fiel à transmissão, não somente da mensagem bíblica em seu conteúdo intelectual, mas também à sua realidade vital encarnada nos fatos da vida do homem de hoje[154].

A palavra catequese ganha destaque no documento, enquanto as palavras anúncio e evangelização não são tão utilizadas. Por sobressair mais o tema de uma catequese encarnada na realidade, nas entrelinhas percebe-se que o primeiro anúncio já conta-se como realizado a partir de uma tradição cristã presente no Continente. Também a religiosidade popular é vista como ponto de partida para o anúncio da fé. O que se faz necessário é um aprofundamento dessa fé a partir da realidade. A fé deve estar intimamente ligada à vida a fim de que a "pregação, catequese e liturgia tenham em conta a dimensão social e comunitária do cristianismo, formando homens comprometidos na construção de um mundo de paz"[155].

Fica evidente no documento uma preocupação com a catequese com jovens e adultos, pois no início do capítulo sobre a catequese eles aparecem como personagens principais da recepção do Evangelho e da missão da Igreja que é "educar eficazmente a fé dos jovens e dos adultos, em todos os ambientes. Falhar nisto seria trair ao mesmo tempo a Deus que confiou sua Mensagem e ao homem que dela necessita para salvar-se"[156]. Constata-se que muitos são batizados quando crianças, mas não são devidamente evangelizados. Nesse sentido o documento apresenta que há uma necessidade de revisão na pastoral da confirmação e da implantação do catecumenato para adultos[157], como já havia solicitado o Concílio. Este será um tema retomado na reflexão posterior dos documentos da Igreja.

---

154. DM 8, III, 6.
155. DM 2, III, 24.
156. DM 8, I, 1.
157. DM 8, III, 9.

Outro elemento importante no documento é a inter-relação entre catequese e liturgia que começa a aparecer de forma tímida: "a catequese prepara para o desenvolvimento progressivo do povo de Deus para sua realização escatológica que agora tem sua expressão na Liturgia"[158]. Essa relação também será mais aprofundada nos documentos posteriores e mais atuais.

O documento convida a realizar, de acordo com cada realidade, uma renovação da catequese e propõe alguns elementos para isto como organização, formação dos catequistas, linguagem adequada etc. Há uma valorização dos leigos como protagonistas da ação catequética. Para além de todos os avanços em relação a uma renovação da catequese o documento reafirma a necessidade de um olhar sobre a realidade: "a catequese não pode, pois, ignorar em sua renovação as transformações econômicas, demográficas, sociais e culturais sofridas na América Latina"[159].

Em síntese, embora no documento de Medellín não apareça explicitamente os temas do anúncio ou da evangelização, em seu conteúdo eles podem ser reconhecidos, como a urgência de se formar verdadeiros cristãos na América Latina, comprometidos com o reino. Por isso, podemos afirmar que Medellín foi de grande importância para a abertura à reflexão e às mudanças numa forma de ser Igreja mais presente na vida do povo.

Após onze anos da realização da II Conferência, os bispos reúnem-se novamente em 1979, em Puebla, no México, para traçar o perfil da Igreja na América Latina, tendo em vista a urgência da evangelização, missão fundamental da Igreja, a partir da opção preferencial pelos pobres e pelos jovens. Puebla segue as linhas mestras de Medellín.

O documento conclusivo de Puebla teve como tema "A evangelização no presente e no futuro da América Latina", e é dividido em cinco partes: visão pastoral da realidade latino-americana; desígnio de Deus sobre a realidade da América Latina; a evangelização na Igreja da América Latina: comunhão e participação; Igreja missionária a serviço da evangelização na América Latina; sob o dinamismo do Espírito: opções pastorais. Assim, podemos afirmar que Puebla é um documento de cunho pastoral, cujo eixo é a evangelização e a linha transversal é a opção preferencial pelos pobres. A Exortação Apostólica *Evangelii Nuntiandi* foi o fio condutor de toda a Conferência.

Em relação ao tema do anúncio, temos na segunda parte o conteúdo da evangelização e o que é evangelizar. No centro do capítulo sobre o conteúdo

---

158. DM 8, II, 4.

159. DM 8, II, 5.

da evangelização encontra-se Jesus Cristo, porém não é um tratado de cristologia, mas a apresentação de elementos principais de uma cristologia, com uma síntese sobre a encarnação, vida, morte e ressurreição de Jesus. Ele é apresentado como "o Salvador que anunciamos"[160]. A intenção da Igreja na América Latina é "anunciar, portanto, a verdadeira face de Cristo, porque n'Ele resplandecem a glória e a bondade do Pai que tudo prevê"[161].

Há uma profunda preocupação com um anúncio duvidoso ou equivocado sobre Jesus Cristo[162] e ao mesmo tempo um convite para anunciá-lo de acordo com o que a Igreja afirma sobre Ele: "Vamos falar de Jesus Cristo. Vamos proclamar uma vez mais, a verdade da fé a respeito de Cristo"[163]. O mistério de Jesus de Nazaré, Filho de Deus, é o que a Igreja tem de específico e deseja dá-lo ao povo, sendo solidária com seus sofrimentos e aspirações[164].

Ainda tratando do capítulo sobre Jesus Cristo, podemos identificar nele o conteúdo do querigma neotestamentário, expressos aqui com uma linguagem para a realidade da época: Deus não abandona o ser humano ao poder do seu pecado enviando um Salvador[165]; Jesus se encarna, nasce e vive pobre no meio do seu povo Israel[166]; Ele anuncia o reino[167]; as forças do mal rejeitam este serviço de amor[168]; Jesus entrega-se livremente à morte na cruz[169]; o Pai o ressuscita[170]; Jesus é exaltado, mas não se apartou de nós, vive no meio de sua Igreja[171]; infunde o seu Espírito[172].

É reconhecido que, "profundamente religioso ainda antes de ser evangelizado, o povo latino-americano, na sua grande maioria, crê em Jesus Cristo, verdadeiro Deus e verdadeiro homem"[173]. O documento apresenta uma

---

160. Evita-se aqui o uso do título "libertador", comumente conhecido pela Teologia da Libertação.
161. DP 189.
162. DP 175.
163. DP 180.
164. DP 181.
165. DP 187.
166. DP 188.
167. DP 190.
168. DP 192.
169. DP 194.
170. DP 195.
171. DP 196.
172. DP 198.
173. DP 171.

necessidade de aprofundamento desta fé a partir de uma evangelização profunda. Tendo definido o conteúdo da evangelização, que é Jesus Cristo, o documento pergunta: "o que é evangelizar?", e com esta pergunta surgem tantas outras que serão desenvolvidas ao longo do segundo capítulo da segunda parte:

> Quem espera o nosso anúncio de salvação? Qual é a transformação das pessoas e das culturas que a semente do Evangelho tem de fazer germinar? O que é que nos ensina a Igreja sobre a autêntica libertação cristã? Como evangelizar a cultura e a religiosidade de nosso povo? O que diz o Evangelho ao homem que anseia por sua promoção e quer viver seu compromisso político-social?[174]

Todos esses questionamentos revelam uma grande preocupação com a evangelização. O documento afirma que mesmo com cinco séculos de evangelização na América Latina ela não chegou a sua maturidade "e está ameaçada pela pressão secularista, pelos abalos provocados pelas mudanças culturais, pelas ambiguidades teológicas existentes em nosso meio e pelo influxo de seitas proselitistas e de sincretismos que vêm de fora"[175].

É reconhecido o "abnegado trabalho" do clero e das congregações religiosas, o desenvolvimento das instituições católicas e dos movimentos apostólicos dos leigos, dos grupos de jovens e das comunidades eclesiais de base no que se refere à evangelização, principalmente após Medellín[176]. Além destes, outro elemento que ganha destaque é a catequese, promotora da evangelização e atividade prioritária para uma vivência mais profunda da fé:

> A catequese "que consiste na educação ordenada e progressiva da fé" (Mensagem do Sínodo de Catequese, 1) deve ser atividade prioritária na América Latina, se quisermos conseguir uma renovação profunda da vida cristã e, com esta, uma nova civilização que seja participação e comunhão de pessoas na Igreja e na sociedade[177].

A catequese é uma das responsáveis pelo aprofundamento do primeiro anúncio, por isso o documento enumera alguns pontos positivos na sua vivência nos últimos anos, e elenca alguns critérios teológicos para se fazer uma catequese autêntica: comunhão e participação, fidelidade a Deus, fidelidade à Igreja, fidelidade ao homem latino-americano, conversão e crescimento, catequese integradora[178].

---

174. DP 341.
175. DP 342.
176. DP 173.
177. DP 977.
178. DP 992 – 999.

Por ser um documento de cunho pastoral, Puebla abre os horizontes para a vivência de uma Igreja mais inserida na vida do povo, e suas reflexões sobre a evangelização serão retomadas na IV Conferência do Episcopado Latino-americano, que aconteceu em Santo Domingo, por ocasião da celebração dos 500 anos da Evangelização na América Latina e é fruto de um convite de João Paulo II a uma "nova evangelização", com um "novo ardor".

O tema definitivo da IV Conferência foi: "Nova Evangelização, promoção humana, cultura cristã"; com o tema evangelizador: "Jesus Cristo ontem, hoje e sempre" (Hb 13,8). O próprio título deixa transparecer a centralidade no anúncio de Jesus Cristo na América Latina, como afirma o papa João Paulo II em seu discurso inaugural:

> Esta Conferência Geral reúne-se para preparar as linhas mestras de uma *ação evangelizadora*, que ponha Cristo no coração e nos lábios de todos os latino-americanos. Esta é a nossa tarefa: fazer com que a verdade sobre Cristo e a verdade fundamental sobre o homem penetrem ainda mais profundamente em todos os segmentos da sociedade e a transformem[179].

A cristologia presente no documento é o pilar para a "Nova Evangelização". O documento reconhece que um primeiro anúncio já foi realizado nestes 500 anos de evangelização do Continente, porém é preciso fazer uma "nova evangelização". A nova evangelização não é o fazer novamente um primeiro anúncio, mas retomá-lo, pois se constata que muitos conhecem a Jesus Cristo, mas ainda não aderiram ao seu projeto, por isso é preciso anunciá-lo novamente.

Com o tema *"Discípulos e Missionários de Jesus Cristo, para que Nele nossos povos tenham vida"* foi realizada em 2007, no Brasil, em Aparecida – SP, a V Conferência Geral do Episcopado Latino-Americano e do Caribe. O documento conclusivo está dividido em três partes: a) a vida de nossos povos hoje; b) a vida de Jesus Cristo nos discípulos missionários; c) a vida de Jesus Cristo para nossos povos.

Através do tema e dos títulos das partes podemos constatar a centralidade em Jesus Cristo na vida e missão da Igreja. Ele aparece em todo o documento como a motivação principal na vida do discípulo missionário. Não encontramos no documento um tratado de cristologia, mas alguns elementos primordiais para se compreender quem é Jesus Cristo que somos chamados a anunciar, tornando-se a base para o anúncio e para a catequese.

Diferentemente dos documentos anteriores, Aparecida não utiliza muito a palavra "evangelização". O texto repete muitas vezes a necessidade da formação de

---

179. DSD, Discurso inaugural, 5.

discípulos missionários. Para isto é necessário partir do encontro com Cristo. As palavras do papa Bento XVI resumem bem o que o documento quer expressar em relação a isto: "Não se começa a ser cristão por uma decisão ética ou uma grande ideia, mas através do encontro com um acontecimento, com uma Pessoa, que dá um novo horizonte à vida e, com isso, uma orientação decisiva"[180]. Para auxiliar neste encontro é preciso anunciadores que também já tenham feito sua experiência de encontro com Cristo. Por isso uma das preocupações do documento é a formação:

> Missão principal da formação é ajudar os membros da Igreja a se encontrar sempre com Cristo, e assim reconhecer, acolher, interiorizar e desenvolver a experiência e os valores que constituem a própria identidade e missão cristã no mundo. Por isso, a formação obedece a um processo integral, ou seja, compreende várias dimensões, todas harmonizadas entre si em unidade vital. Na base dessas dimensões está a força do anúncio querigmático[181].

O documento destaca cinco aspectos fundamentais no processo de formação de discípulos missionários: O encontro com Jesus Cristo, a conversão, o discipulado, a comunhão e a missão[182]. Para fomentar o encontro com Cristo os discípulos missionários têm uma grande responsabilidade, pois precisam dar testemunho pessoal, anunciar o querigma e agir em comunidade no que se refere a ações missionárias[183].

O anúncio ou querigma é ressaltado em Aparecida como de fundamental importância para todo o processo de formação de discípulos missionários: "O querigma não é somente uma etapa, mas o fio condutor de um processo que culmina na maturidade do discípulo de Jesus Cristo"[184]. O querigma é visto como fio condutor de todo o processo formativo. Esta novidade trazida por Aparecida desperta a necessidade de aprofundamento sobre o mesmo, pois

> sem o querigma, os demais aspectos desse processo estão condenados à esterilidade, sem corações verdadeiramente convertidos ao Senhor. Só a partir do querigma acontece a possibilidade de uma iniciação cristã verdadeira. Por isso, a Igreja precisa tê-lo presente em todas as suas ações[185].

---

180. DCE 1.
181. DAp 279.
182. DAp 278.
183. DAp 278.
184. DAp 278.
185. DAp 278.

O documento apresenta diversos elementos e grupos da vida eclesial que são necessários para a formação de discípulos missionários, mas coloca em destaque a iniciação à vida cristã e a catequese permanente. A expressão iniciação à vida cristã é uma novidade ressaltada em Aparecida como os diversos processos para a formação de discípulos missionários. Dentro da iniciação à vida cristã, que é mais ampla, encontra-se a iniciação cristã, no seu sentido mais estrito de iniciar nos mistérios da fé tendo como meta a recepção dos sacramentos da iniciação cristã. "A iniciação cristã, que inclui o querigma, é a maneira prática de colocar alguém em contato com Jesus Cristo e introduzi-lo no discipulado"[186]. Assim, o documento ressalta que há uma "urgência de desenvolver em nossas comunidades um processo de iniciação na vida cristã que comece pelo querigma e que, guiado pela Palavra de Deus, conduza a um encontro pessoal, cada vez maior, com Jesus Cristo, perfeito Deus e perfeito homem"[187].

A partir do encontro com Jesus Cristo o documento destaca alguns elementos que são indispensáveis no processo formativo dos discípulos missionários: alimentar-se com o Pão da Palavra... para que seja a alma da própria evangelização e do anúncio de Jesus a todos[188]; encontrar-se com Jesus na Sagrada Liturgia[189] e na Eucaristia como lugar privilegiado no qual os cristãos celebram e assumem o mistério pascal, participando n'Ele[190]; encontrar-se com Jesus Cristo através dos pobres.

### 1.4.3. O anúncio na Igreja no Brasil

O Concílio e as Conferências do Episcopado Latino-americano suscitaram na Igreja no Brasil um movimento de renovação. Em relação à evangelização ganha destaque a catequese como uma das responsáveis pelo anúncio de Jesus Cristo e por isto ela também precisava se renovar para falar ao mundo com uma linguagem atual[191].

Muito contribuiu para a renovação da catequese o influxo da VI Semana Internacional de Catequese e da II Conferência Geral do Episcopado da América

---

186. DAp 288.
187. DAp 289.
188. DAp 248.
189. DAp 250.
190. DAp 251.
191. Com este intuito de renovação foi criado em 1963, no Rio de Janeiro, o Instituto Superior de Pastoral Catequética (ISPAC), para formar os responsáveis pela catequese em nível nacional, regional, diocesano e escolar.

Latina, ambas em Medellín (1968). A partir delas "a catequese tomou novos rumos à luz de uma eclesiologia e cristologia mais voltadas para a situação difícil vivida pelo povo"[192].

Alguns documentos e estudos foram de suma importância para a renovação catequética. Dentre eles destacam-se: Catequese Renovada, Semanas brasileiras de Catequese, Diretório Nacional de Catequese, Estudo 97 e Itinerário Catequético. São documentos e estudos importantes que levaram ao amadurecimento de uma reflexão sobre a iniciação à vida cristã e dos temas a ela relacionados como o querigma, até a chegada do documento 107 da CNBB, Iniciação à Vida Cristã em 2017.

Os primeiros documentos da CNBB relacionados à catequese foram Pastoral da Eucaristia e Pastoral dos Sacramentos da Iniciação Cristã. Esses estavam mais preocupados com a recepção dos sacramentos, mas já apontavam para algumas mudanças na forma de preparação para a recepção dos mesmos, passando de uma forma doutrinária para uma autêntica iniciação, isto é, "à introdução na vida comunitária, de fraternidade cristã e de participação na missão eclesial"[193].

O documento Catequese Renovada é o primeiro passo enquanto documento para uma mudança sobre as orientações e o conteúdo da catequese. Nele temos diretrizes catequéticas de natureza teológico-pastoral que nortearam as primeiras mudanças em como fazer o anúncio da Boa Nova na catequese.

O documento é fruto de experiência eclesial que se vivia na década de 80. A forma de reflexão, a metodologia, a linguagem da época foi assumida pelo documento. Podemos notar isso a partir de um dos princípios do documento que é a interação entre fé e vida. E isto era realizado a partir do método ver-julgar-agir assumido pelo documento. Para confirmar esses elementos vivenciados na época diz o Diretório Nacional de Catequese:

> Nascia ali um novo modelo de catequese que, para melhor encarnar a doutrina, acentuava também a dimensão situacional, transformadora ou libertadora. As comunidades eclesiais passaram a favorecer uma educação da fé, ligada mais à vida da comunidade, aos problemas sociais e à cultura popular. A opção pelos pobres fez a catequese rever sua metodologia e, sobretudo, seus conteúdos[194]

Outras características do documento são: catequese como processo de iniciação à vida de fé; iniciação à vida de fé em comunidade; processo permanente

---

192. DNC, Introdução 10.

193. CNBB, Estudo 97, Introdução 1.

194. DNC, Introdução 10.

de educação da fé; catequese cristocêntrica; ministério da Palavra: a catequese é considerada anúncio da Palavra de Deus; coerência com a Pedagogia de Deus; catequese transformadora e libertadora; catequese inculturada; catequese integrada com as outras pastorais; fonte de espiritualidade; opção preferencial pelos pobres; temas e conteúdo[195].

Não encontramos no documento orientações sobre como realizar o querigma, mas a centralidade em Cristo é evidenciada: "a unidade do conteúdo da catequese se faz ao redor da pessoa de Jesus Cristo"[196]. O documento explicita essa centralidade:

> "Cristocentrismo" significa não só que Cristo deve aparecer na catequese como "a chave, o centro e o fim do homem, bem como de toda história humana" (GS 10), mas que a adesão à sua pessoa e à sua missão, e não só a um núcleo de verdades, é a referência central de toda a catequese (cf. EN 22)[197].

Um dos temas fundamentais para uma catequese renovada é Jesus Cristo como centro do plano de salvação, e este tema será tratado do número 185 ao 197. Aqui é feita uma síntese da encarnação, da vida, da morte e da ressurreição de Jesus, tendo como fonte principal o conteúdo da cristologia presente no Documento de Puebla, que acentua uma cristologia a partir da leitura latino-americana.

A preocupação com os adultos é uma das novidades que aparece no documento: "a catequese comunitária de adultos, longe de ser apêndice ou complemento, deve ser o modelo ideal e a referência, a que se devem subordinar todas as outras formas de atividade catequética"[198]. O documento convida a Igreja a orientar seus melhores agentes na direção dos adultos[199], pois por muitos anos a catequese se dedicou quase que exclusivamente às crianças numa preparação à Primeira Eucaristia e de forma doutrinária[200].

Um dos objetivos da 1ª Semana Brasileira de Catequese, realizada em 1986, foi avaliar a caminhada da catequese no Brasil a partir do documento Catequese Renovada. A Semana teve como tema "Fé e Vida em Comunidade: Renovação da Igreja, Transformação da Sociedade". Nessa Semana foi confirmada a profunda mudança vivenciada pela Igreja no Brasil, na qual a palavra "renovada" foi colo-

---

195. DNC 13.
196. CR 95.
197. CR 96.
198. CR 120.
199. CR 130
200. CR 131.

cada em prática[201]. Não mais de uma forma doutrinária, mas vivencial, partindo da realidade, se fazia o anúncio de Jesus na catequese, na interação entre fé e vida.

A temática da catequese com adultos foi retomada de modo particular na 2ª Semana Brasileira de Catequese, em 2001, que teve como tema "Com adultos, uma catequese adulta". Essa Semana foi uma busca de retorno às fontes do catecumenato, no qual os adultos tinham prioridade na formação para a vida cristã para se chegar à maturidade na vivência da fé. A principal preocupação com os adultos é o aprofundamento do querigma. Muitos adultos receberam um primeiro anúncio, mas não foram suficientemente ajudados para aprofundá-lo a ponto de atingir a maturidade na fé. Esta Semana foi de grande valor, pois desencadeou a reflexão sobre a importância da recuperação do catecumenato e de suas fontes. Além disso, um dos frutos da 2ª Semana foi a reedição, no Brasil, do Ritual da Iniciação Cristã de Adultos (RICA).

O Diretório Nacional de Catequese (DNC), de 2006, "foi solicitado pela Sé Apostólica à Conferência Episcopal por meio do Diretório Geral para a Catequese (DGC), em 1997"[202]. Ele é um esforço de adaptação à realidade do Brasil. O documento está em sintonia com o Catequese Renovada, porém com avanços na reflexão catequética que busca no catecumenato elementos necessários para o anúncio, evangelização e catequese. O documento propõe grandes orientações e linhas de ação para a catequese e segue o esquema geral do Diretório Geral para a Catequese.

Dentre os desafios apresentados no DNC destacamos o assumir o processo catecumenal como modelo de toda a catequese e, consequentemente, intensificar o uso do Ritual de Iniciação Cristã de Adultos (RICA) e passar de uma catequese só orientada para os sacramentos, para uma catequese que introduza no mistério de Cristo e na vida eclesial[203]. Todos os processos de iniciação à vida cristã devem procurar ter cada vez mais a inspiração catecumenal.

O documento confirma que "a Igreja 'existe para evangelizar', isto é, para anunciar a Boa Notícia do Reino, proclamado e realizado em Jesus Cristo (EN 14): é sua graça e vocação própria"[204]. Mas distingue dois momentos da evangelização que são complementares: o primeiro anúncio e a catequese.

> A evangelização é uma realidade rica, complexa e dinâmica, que compreende momentos essenciais, e diferentes entre si (CT 18 e 20; DGC 63): o pri-

---

201. CNBB, Estudo 55, Objetivos da 1ª Semana Brasileira de Catequese 1.
202. DNC, Apresentação.
203. DNC 14.
204. DNC 30.

meiro momento é o anúncio de Jesus Cristo (querigma); a catequese, um desses "momentos essenciais", é o segundo, dando-lhe continuidade. Sua finalidade é aprofundar e amadurecer a fé, educando o convertido para que se incorpore à comunidade cristã. A catequese sempre supõe a primeira evangelização[205].

A catequese sempre deve retornar "ao núcleo do Evangelho (querigma), ou seja, ao mistério de Jesus Cristo em sua Páscoa libertadora, vivida e celebrada continuamente na liturgia"[206]. No centro do primeiro anúncio (querigma) encontra-se a pessoa de Jesus Cristo. O DNC destaca alguns elementos essenciais do primeiro anúncio querigmático, segundo o DGC 102[207]:

a) em Jesus, que anuncia a chegada do Reino, Deus se mostra Pai amoroso. Na vida e mistério pascal de Jesus, o Pai o revela como seu único Filho eterno, feito homem no qual o Reino já está realmente presente;

b) a Salvação, em Jesus, consiste na acolhida e comunhão com Deus, como Pai, no dom da filiação divina que gera fraternidade. É uma Salvação integral que começa aqui e se projeta na eternidade;

c) Deus, que nos criou sem nós, não quer salvar-nos sem nossa participação e responsabilidade (Santo Agostinho): somos chamados à conversão e a crer no Evangelho do Reino, que é um Reino de justiça, amor e paz, e à luz do qual seremos julgados;

d) o Reino que se inaugura em Jesus, constituído Senhor por seu mistério pascal, já está presente em mistério aqui na terra e será levado à plena realização quando se manifestar na glória (GS 39);

e) a Igreja, comunidade dos que creem em Jesus, constitui o germe e o início desse Reino, que, como fermento na massa ou pequena semente, torna-se imensa árvore, vai crescendo e se expressando na cultura dos povos, no diálogo com eles;

f) nossa vida e história não caminham para o nada, mas, em seus aspectos de graça e pecado, são assumidas por Deus para serem transformadas no futuro glorioso no qual Deus será tudo em todos (1Cor 15,28; Cl 3,11; Rm 9,5): essa é a nossa feliz esperança.

As Diretrizes Gerais da Ação Evangelizadora da Igreja no Brasil (2015-2019) retomam do Documento de Aparecida e da *Evangelii Gaudium* a cen-

---

205. DNC 33.
206. DNC 33.
207. DNC 131. A citação está na íntegra.

tralidade do querigma ou primeiro anúncio na missão da Igreja[208]. Essa centralidade encontra-se principalmente na missão da Iniciação à Vida Cristã que é tida como uma das urgências da ação evangelizadora. Uma das respostas a esta urgência foi vista no Estudo 97, sobre a Iniciação à Vida Cristã, de 2009, que tinha a preocupação de

> como levar as pessoas a um contato vivo e pessoal com Jesus Cristo, como fazê-los mergulhar nas riquezas do Evangelho, como iniciá-los verdadeira e eficazmente na vida da comunidade cristã e fazê-los participar da vida divina, cuja expressão maior são os sacramentos da iniciação? Como realizar uma iniciação de tal modo que os fiéis perseverem na comunidade cristã? Como formar verdadeiros discípulos-missionários de Jesus?[209]

Um dos frutos da reflexão sobre a Iniciação à Vida Cristã foi a elaboração de um "Itinerário Catequético"[210] realizada pela Comissão Episcopal Pastoral para a Animação Bíblico-Catequética da CNBB. A partir de suas linhas gerais tem possibilitado uma linguagem comum sobre a temática e a formação para os catequistas, assim como uma orientação para uma melhor preparação dos subsídios locais.

Em 2017 nasce o Documento 107, com o título Iniciação à Vida Cristã. Ele apresenta um ponto significativo sobre o querigma[211], retomando também as definições do Documento de Aparecida e da *Evangelii Gaudium*. O paradigma do anúncio no documento é o encontro de Jesus com a Samaritana. Assim como Ele foi ao encontro dela, dialogou e ouviu suas necessidades, cada cristão é chamado a ir ao encontro das pessoas para anunciar Jesus Cristo. Encontramos hoje diversas pessoas que já receberam um primeiro anúncio, mas não aderiram a ele; por isso é preciso fazer um "segundo primeiro anúncio", isto é, anunciar novamente Jesus Cristo a estas pessoas, já que o querigma ou primeiro anúncio é um conteúdo fundamental que precisa ser repetido continuamente.

Apesar de afirmar que o querigma deve ser retomado quantas vezes forem necessárias por não se tratar apenas de um primeiro momento, o Documento 107 dá ênfase a este primeiro momento, pois diversas pessoas, especialmente os adultos, não foram devidamente iniciadas na fé, outras se afastaram da vida da Igreja,

---

208. DGAE 2015-2019, 44.
209. CNBB, Estudo 97, Introdução 2.
210. COMISSÃO EPISCOPAL PASTORAL PARA A ANIMAÇÃO BÍBLICO-CATEQUÉTICA. Itinerário Catequético. Iniciação à vida cristã – um processo de inspiração catecumenal.
211. CNBB, Doc. 107, 154-163.

e outras ainda possuem uma formação insuficiente. Por isso, é a estas pessoas que deve chegar um primeiro anúncio e um acompanhamento.

Para essa missão, o Documento reafirma a necessidade de formação dos catequistas e principalmente dos introdutores[212], pois são esses que diretamente são chamados a realizar o querigma. O ministério de introdutor ainda não é muito conhecido e colocado em prática pela Igreja no Brasil. Algumas dioceses já iniciaram essa experiência. Por isso ele precisa ser mais divulgado, como também ser proporcionada maior formação para saber o que se é feito e como fazer neste primeiro momento. O Documento aponta para uma preparação que leve o catequista e o introdutor a considerarem a situação de cada um dos candidatos à iniciação à vida cristã, a partir de uma proximidade com eles, para compreendê-los e ajudá-los numa vivência madura da fé, sem julgá-los.

## 1.5. Síntese conclusiva

O anúncio querigmático realizado pelos primeiros discípulos apresenta uma síntese da vida de Jesus a partir de alguns elementos: encarnação, vida pública, condenação, morte de cruz, ressurreição e exaltação. A morte de cruz é um desses aspectos, mas para a teologia paulina é o seu elemento basilar.

Na Primeira carta aos coríntios temos Jesus crucificado como centro do anúncio (1,23). Paulo faz uma reflexão sobre o sentido da cruz a partir da realidade da comunidade que estava colocando outros valores no lugar daqueles que a cruz porta. Exemplo disso era a importância dada mais ao evangelizador que tem sabedoria do que ao próprio Cristo. A comunidade também estava passando por problemas de dominação e lutas pelo poder. Paulo mostra que na cruz não há nenhum poder do tipo que estavam procurando. O poder de Deus é diferente, porque através de um símbolo de fraqueza, de humilhação, de não poder, traz a salvação.

Paulo não apresenta a cruz como símbolo de sofrimento, fazendo uma teologia dolorista da cruz, mas faz uma leitura metafórica de seu significado apresentando o seu valor salvífico. Na comunidade de Corinto, porém, esse significado estava sendo esvaziado para se viver outros valores. Em nossa realidade atual o mesmo acontece. Hoje, porém, o que é mais acentuado é a cruz como sofrimento e por isso se quer a todo custo afastar-se do sofrimento. Foge-se da cruz porque o povo já passa por diversas situações de pobreza, violência, guerras, doenças... Nesse contexto a linguagem da ressurreição é mais utilizada e tem mais êxito em

---

212. CNBB, Doc. 107, 159-163.

nossa pastoral do que a linguagem da cruz. A linguagem da ressurreição evoca vitória, poder, realização pessoal. Valores em alta em nossa sociedade.

Quando um dos aspectos da vida de Jesus é ressaltado em detrimento de outros temos aí sérios problemas na vida pastoral e na formação de discípulos missionários. A forma como é compreendida a vida de Cristo será a forma como o discípulo missionário o seguirá. Quando falamos que a cruz é um dos elementos do anúncio querigmático não queremos sobrepô-lo aos outros, mas a partir da cruz iluminá-los. A encarnação e a vida doada de Jesus o levam à cruz. A ressurreição vem depois da cruz. Nela se expressa o amor gratuito da Trindade pela humanidade.

Paulo anuncia Cristo a partir da fé que recebeu, assim o conteúdo do anúncio querigmático não muda, mas a forma como realizá-lo. A Igreja hoje continua a realizar esse mesmo anúncio, buscando uma forma atualizada e coerente com a realidade.

No primeiro anúncio e em seu desdobramento e aprofundamento não pode faltar o significado da cruz. Ele pode ser o ponto de partida para a pessoa fazer o seu encontro pessoal com Cristo que dá a própria vida por amor, que se faz próximo, que se faz solidário nos sofrimentos e na fraqueza. É este Cristo que Paulo apresenta à comunidade corintiana e que tantos outros discípulos missionários ao longo da história da Igreja procuraram anunciar.

Diversos seguidores de Cristo vivenciaram uma experiência profunda de mergulho no mistério pascal. Um deles foi Antonio Pagani. No próximo capítulo apresentaremos a teologia da cruz de Antonio Pagani, homem de profunda fé do século XVI, que soube com as palavras e com a própria vida realizar o anúncio querigmático. Neste anúncio não transcurou em nenhum momento da importância da integração de todos os elementos do querigma, mas, como Paulo, teve Jesus crucificado como eixo de sua teologia.

Pagani escreveu diversos livros que orientaram os cristãos a terem uma vida cristã cujo fundamento é a cruz de Cristo. Com a linguagem de sua época, as indicações de como abraçar e carregar a cruz levam o cristão a uma mística que, a nosso ver, pode ser fonte para uma práxis cristã hoje. Ao contemplar o crucificado os nossos olhos se abrem para reconhecer os crucificados e nos fazer próximos deles.

# Capítulo 2 | Cristo crucificado: fio condutor do anúncio na teologia de Antonio Pagani

O anúncio da Boa-nova realizado pelos discípulos de Jesus Cristo após a sua morte fez com que muitos dessem o primeiro passo no seguimento a Ele e na formação de diversas comunidades cristãs. Os textos bíblicos apresentam a importância do anúncio e como era realizado. Ele se tornou em todos os tempos o ponto de partida da missão de inúmeros seguidores de Jesus.

No século XVI surge na Itália um franciscano menor que assume a missão de anunciar Jesus Cristo através de seus escritos e de sua prática. Seu nome é Antonio Pagani[213]. O fio condutor de seu anúncio é o Cristo crucificado. Pagani tem como eixo os escritos paulinos e o testemunho de Francisco de Assis. Nos ensinamentos contidos em suas obras transparecem a firmeza de Paulo e a ternura de Francisco.

O anúncio realizado por Paulo proporcionou para os primeiros cristãos o conhecimento de Cristo e o encontro com Ele. Paulo afirma: "anunciar o evangelho não é título de glória para mim; é antes, uma necessidade que se me impõe. Ai de mim se eu não anunciar o Evangelho!" (1Cor 9,16). No centro do anúncio encontra-se o Cristo crucificado (1Cor 1,23). É a partir dele que Paulo apresenta a lógica do amor de Deus por nós, na qual, através da fraqueza, Deus manifesta o seu poder, o que pode ser considerado escândalo, loucura ou sabedoria.

A reflexão teológica sobre a cruz nas cartas de Paulo é fonte em diversos períodos da Igreja para escolas de espiritualidade, movimentos heréticos, Ordens

---

213. O processo de beatificação de Antonio Pagani está em Roma. A *Positio*, documento que expõe as teses para provar que ele viveu as virtudes da fé, contém mais de 1000 páginas que apresentam um aprofundamento sobre sua vida. CONGREGATIO DE CAUSIS SANCTORUM, Positio.

religiosas, Reforma Protestante etc. Não somente as cartas, mas a figura de Paulo é paradigmática. Pagani, antes de ser franciscano, foi ordenado sacerdote entre os Barnabitas, uma nova Ordem nascente que tinha São Paulo como patrono e a espiritualidade centrada em Cristo crucificado e na Eucaristia a partir dos escritos paulinos. Com isso se torna herdeiro dessa espiritualidade.

Já na experiência franciscana, Pagani herda a valorização da centralidade do mistério da encarnação de Cristo, a contemplação das criaturas para alcançar o conhecimento da bondade do Criador e o amor pelo Crucificado como o de Francisco.

Como em Paulo e em Francisco, Pagani assume que o ponto de partida para se chegar ao mistério de Deus é Cristo crucificado. Ele anuncia aos seus contemporâneos que o caminho de seguimento se inicia com o encontro com Cristo crucificado e ensina a trilhar esse caminho através de diversas práticas de virtudes.

Através da produção de diversas obras, Pagani apresenta Cristo crucificado como o "tesouro" a ser encontrado. No encontro cada um é chamado a contemplar a vida, a paixão, a morte e a ressurreição de Jesus. Momentos interligados que revelam a bondade e o amor de Deus para conosco, pois ao contemplar toda a vida de Jesus podemos perceber que Deus nos doa primeiramente o seu Filho em sua encarnação e depois em sua morte. Só quem ama é capaz de dar-se.

Ao contemplar toda a vida do Filho, salta aos olhos que ela foi exemplar em todos os sentidos. Ele viveu uma vida virtuosa e nos deixou como paradigma a pequenez, a minoridade e o despojamento vivenciados na cruz. É preciso uma prática de superação de si mesmo para dar a própria vida. Por isso, o ser humano é convidado a uma prática de autossuperação até conformar-se a Cristo.

Para conformar-se a Cristo a pessoa precisa exercitar-se nas virtudes. Há as virtudes teologais vividas segundo a graça de Deus e há também as virtudes humanas ou cardeais nas quais o ser humano as adquire por atos bons e são purificadas e elevadas pela graça divina. Elas "são perfeições habituais e estáveis da inteligência e da vontade, que regulam os nossos atos, ordenam as nossas paixões e orientam a nossa conduta em conformidade com a razão e a fé"[214].

Na espiritualidade franciscana, da qual Pagani é herdeiro, as virtudes são vivenciadas por adesão pessoal a partir da experiência de encontro com Cristo. Elas são vistas como o equilíbrio vivenciado pela pessoa. É um eliminar dos excessos para se superar os vícios, e para isso é necessária a vontade humana. É preciso desejar e querer vencer a si mesmo para se tomar a forma de Cristo.

---

214. CEC 378.

Como veremos a seguir, a conformidade a Cristo crucificado desenvolvida nos escritos de Pagani terá a marca de sua época, mas com uma visão para além de seu tempo. Sendo filho do século XVI, Pagani revela em seus escritos muitos resquícios da espiritualidade da época e a influência das dos séculos imediatamente anteriores, principalmente no que se refere à imitação de Cristo e ao combate espiritual.

Pagani retoma em suas obras a doutrina do combate espiritual para se adquirir as virtudes. Tal doutrina foi muito difundida nas obras de fr. Battista da Crema, do qual Pagani é conhecedor. É a partir da experiência de contemplação de Cristo que a pessoa será capaz de desejar combater a si mesmo para ser como Aquele que foi capaz de dar a própria vida para nossa salvação.

No final do século XVI alguns homens e mulheres aderiram com maior radicalidade à reflexão de Pagani a ponto de viverem unidos em fraternidade laicais, testemunhando com a própria vida a conformidade a Cristo crucificado e reconhecendo nos pobres da época o rosto do Crucificado, para ajudá-los com ensinamentos e ações caritativas.

## 2.1. A cruz na teologia e mística do século XVI

Em cada período da história da Igreja as formulações teológicas para se explicar o mistério pascal recebem seu teor a partir do contexto no qual elas se desenvolvem. Nesse sentido, para uma melhor compreensão da teologia e mística da cruz difundidas no século XVI, no qual viveu nosso autor, Antonio Pagani, é preciso elucidar alguns elementos políticos, religiosos e culturais que permearam o pensamento e a reflexão no referente tempo histórico, que apesar de estar situado no período moderno, ainda possui muitos resquícios medievais.

O século XVI é para a história da Igreja um período fortemente marcado por grandes mudanças, conflitos, fundações e reformas de ordens religiosas, expansão nas terras descobertas, divisão da Igreja etc. Apesar de todos esses eventos o último é o mais acentuado, por isso alguns historiadores o denominam século da Reforma e da Contrarreforma para ressaltar dois momentos significativos: a ruptura da Igreja Católica realizada pela Reforma Protestante e a reação da Igreja numa busca de reforma interna.

Todos os eventos acima citados ocorridos no século XVI têm seu germe nos séculos anteriores. Na Idade Média a Igreja tentou enfraquecer o poder do Império assumindo o comando político do mundo ocidental, mas posteriormente o contrário também aconteceu, pois se iniciou uma exigência de autonomia do Estado frente ao poder religioso.

Após o cisma (1378-1417; 1449) e depois do Concílio de Basileia, os papas tiveram que buscar reconhecimento junto aos príncipes, imperadores e reis, concedendo ao Estado grandes poderes sobre a Igreja. O resultado foi o surgimento das Igrejas territoriais, isto é, de Igrejas dependentes do poder secular, que tanto podia ser representado pelo rei, pelo príncipe como pelos conselhos municipais. Sem esse desenvolvimento não podemos entender a geografia religiosa criada em toda a Europa desde fins do século XV e ao longo do século XVI[215].

Cada país europeu possuía, no século XVI, características políticas, sociais, culturais e religiosas próprias. Politicamente a Europa estava dividida. As ameaças de invasões externas, principalmente a dos turcos mulçumanos, e guerras internas eram constantes. Os países procuravam fazer alianças para se tornarem mais fortes, alguns a partir de conquistas territoriais e outros por meio de casamentos entre os herdeiros dos tronos. Algumas alianças também tinham cunho religioso, pois eram feitas com o Estado Pontifício.

A Espanha e a França conseguiram conquistar uma unidade política e eram fortes em seus domínios, mas se encontravam em grandes conflitos entre si. A Espanha tinha como base uma unidade religiosa que garantia a unidade política. Apesar de ter recebido o direito de padroado régio a Espanha tinha grande fidelidade ao papa, porém era ela quem determinava a vida religiosa e os cargos eclesiásticos em seu território e nas terras conquistadas por ela.

Diferentemente, a Alemanha e a Itália não eram unificadas. Havia diversas formas de governo em cada região. Na Alemanha os poderes dos príncipes eram submetidos ao Imperador e este procurava cada vez mais aumentar o seu poder. A Alemanha tinha grande resistência ao poder papal. Na Itália as lutas em cada região eram muito constantes e as formas de governo variavam muito de acordo com os que detinham a hegemonia do poder. Temos ali repúblicas como Veneza, condados em Milão etc. Acontece neste contexto um grande conflito entre os governantes e as famílias nobres que estão no comando. A unidade na Itália se dava a partir da figura do papa, que como governante do Estado Pontifício também agia politicamente como os imperadores da época, fazendo suas alianças políticas.

Em meio a todos esses conflitos quem sofria era o povo com a pobreza e a miséria geradas pela luta de poder e pela exploração religiosa e política realizada por príncipes que detinham o poder religioso e por bispos com poder temporal. Crescia, assim, a revolta popular e nasciam muitos grupos que lutavam contra o poder do Império e da Igreja. Nasciam também grupos que não romperam com

---

215. DREHER, M., A crise e a renovação da Igreja no período da Reforma, p. 14-15.

a Igreja e buscaram viver o Evangelho de acordo com as espiritualidades nascidas na época. Esses grupos foram fortemente influenciados não apenas pelo contexto político como também pelas mudanças culturais e religiosas vivenciadas na transição da Idade Média para a Idade Moderna.

Nos séculos XIV e XV a mística se destaca como fenômeno religioso de maior amplitude. Ela se desenvolveu especialmente na região renana e nos países baixos. Seus maiores expoentes foram Eckhart (+1327), Suso (+1361) e João Van Ruysbroeck (+1381). Eles deram origem a escolas de espiritualidade, das quais se destaca a *devotio moderna* (devoção moderna) onde Geert Grote (+1383) foi mestre espiritual. Grote deixou o conforto do mosteiro para viver como pregador itinerante no meio do povo. Em seu modo de ver, o clero e o povo deviam ser bem instruídos e conhecedores da Palavra. Nasce com esta mística uma fraternidade conhecida como *Fratres de Vita Communis* (Irmãos da Vida Comum). Nela se vive a pobreza, a obediência, a humildade e a abnegação. Todos, clérigos ou leigos, poderiam transformar a sua vida espelhando-se em Cristo.

"A Devoção Moderna ensinava uma vida de autossantificação, pela abnegação de si mesmo e meditação sensitiva da paixão de Cristo"[216]. Um dos livros mais lidos nesse período será o atribuído a Tomás de Kempis (1380-1471), a *Imitação de Cristo*. Nele o protagonista é uma alma iludida da vida mundana e distraída das coisas no espírito, que deseja configurar-se a Cristo através dos sofrimentos e das tribulações experienciadas por amor a Ele. A obra tem como conteúdo principal uma experiência pessoal de conversão sempre mais profunda em direção a Deus[217]. Diversos personagens, como Inácio de Loyola, foram leitores e receberam forte influência da obra *Imitação de Cristo*.

A renovação da piedade cristã é devedora à *devotio moderna*, pois ela propagou de modo acessível ensinamentos ao povo, o acesso à Palavra, a interiorização, a prática de devoções e a frequência aos Sacramentos da Eucaristia e da Penitência. Ganha destaque na *devotio moderna* um cristocentrismo prático no qual a humanidade de Cristo é o paradigma a ser imitado. A oração e a meditação são meios para se contemplar Cristo. O mais importante é conseguir viver uma vida virtuosa como a de Cristo. A *devotio moderna* vai dar origem à mística nupcial ou mística da união divina dos séculos XIV e XV, e vivenciada no século XVI. A cruz e a paixão de Cristo são muito meditadas porque o povo se identificava nos sofrimentos de Cristo. Eram muitas as práticas de contemplação dos sofrimentos de Cristo.

---

216. MATOS, H., Introdução à História da Igreja, p. 64.
217. ZOVATTO, P., Experiência espiritual na história, p. 147.

Outros fenômenos importantes foram o Renascimento e o Humanismo. As mudanças culturais foram trazidas pelo Renascimento e influenciaram na reflexão teológica e na espiritualidade dos séculos XV e XVI. Chama-se Renascimento porque é um renascer da "Antiguidade" a partir da retomada das línguas antigas e da literatura clássica, e com essa retomada nasce uma nova forma de pensar e de ver o mundo. Seu objetivo era superar o pensamento filosófico e teológico da época. O Renascimento abriu para o mundo moderno uma nova forma de ver o sujeito como autônomo, principalmente insubordinado à religião. Acentua-se a individualidade do sujeito e cresce a importância da história, da técnica e da sensibilidade para o belo[218].

Nas universidades europeias da Idade Média se ensinava e se conservava a doutrina da Igreja. A mudança antropocêntrica proporcionou a criação de movimentos dentro das universidades que buscavam a modernização dos estudos, propondo o ensino de novas disciplinas, denominadas "estudos humanos". Este movimento ligado ao Renascimento ficou conhecido como Humanismo. Ele buscava suas fontes na cultura clássica, a partir de textos filosóficos que acentuavam principalmente a valorização do ser humano.

Além da Reforma Protestante desencadeada no século XVI a partir de todos esses acontecimentos, destaca-se na Igreja o Concílio de Trento, iniciado em 1545 e após quatro retomadas terminou em 1563, que tentou frear a doutrina de Lutero. Além disso, contribuiu para rever o campo doutrinal e disciplinar que precisava de uma séria mudança. O objetivo era parar a rápida difusão do protestantismo e corrigir as atitudes e formas de vida de muitos eclesiásticos, o acúmulo de benefícios, a não residência dos bispos em suas dioceses, o relaxamento dos mosteiros e os grupos hereges.

Destaca-se também o surgimento de diversos movimentos leigos, nascimentos de novas ordens religiosas (algumas mais conhecidas como os Capuchinhos, os Teatinos, os Barnabitas, as Angélicas, os Jesuítas, a reforma do Carmelo etc.; outras menos conhecidas como os institutos fundados por Pagani: as Dimesse e os Irmãos da Santa Cruz). Um ponto em comum entre o protestantismo nascente e a espiritualidade das novas ordens é a centralidade em Cristo crucificado. Dentre elas destacam-se, porém, na história da Igreja duas expressões do significado da cruz de Jesus e a experiência de encontro com o Crucificado: no mundo protestante, na teologia de Lutero (1483-1546) e no mundo católico, na mística espanhola de Teresa d'Ávila (1515-1582) e São João da Cruz (1542-1591).

---

218. DREHER, M., A crise e a renovação da Igreja no período da Reforma, p. 11-12.

O contexto político, religioso e cultural do século XVI proporcionou a Reforma Protestante conduzida por Lutero. Vendo o sofrimento do povo e os abusos vivenciados pelo clero, principalmente com o comércio das indulgências, Lutero propõe uma profunda revisão para a Igreja e para sociedade. Ele faz essa evangélica proposta num contexto de grandes mudanças, de crise política, principalmente entre os príncipes que disputavam o poder entre si na Alemanha, de revolta dos camponeses etc.

Após a ruptura com a Igreja, continua a escrever diversas obras, e sua teologia parte da centralidade na cruz de Cristo. Em 1513, antes mesmo da Reforma, Lutero já lecionava sobre a cruz a partir das lições sobre os Salmos e, em 1515, sobre a Carta aos Romanos. Segundo Lutero a cruz é o eixo de toda a teologia, pois "no Cristo crucificado é que estão a verdadeira teologia e o verdadeiro conhecimento de Deus"[219].

> O que Lutero vê no Cristo crucificado? Ele vê o próprio Deus que se tornou homem, leva nossos pecados sobre si mesmo, dando-se como um sacrifício pascal. A cruz é, portanto: a máxima expressão do amor de Deus; o Deus que se doa à humanidade, tornando-se homem; a acusação de nossos pecados[220].

A espiritualidade que alimentava o povo na época fazia com que vivenciasse diversas devoções em relação a Cristo crucificado, pois o povo identificava-se com seus sofrimentos. A teologia da cruz de Lutero quer também apresentar um verdadeiro sentido da cruz para o povo, pois buscava essas devoções para se obter salvação. Ele destaca em seus escritos o sofrimento de Cristo e dos cristãos, mas não para serem "imitados", como era difundido na época. Lutero abandona a ideia de "imitação" de Cristo e fala de "conformação com Cristo", isto é, o assumir a mesma forma de Cristo:

> enquanto no termo "imitação de Cristo" é sugerida uma capacidade humana de repeti-lo, a expressão "conformação com Cristo" indica que aquele que crê é colocado por Deus no caminho da nova vida, graças à dádiva incondicional de Cristo. Livre do cativeiro, livre do pecado, da morte e da maldição, a nova vida expressa-se em conformidade com a cruz de Cristo, no mesmo movimento descendente do amor de Deus até as profundezas do mal e do sofrimento, no mesmo esvaziamento de misericórdia, no mesmo carregar as cargas alheias, na mesma solidão solidária. Sofrer, segundo

---

219. LUTERO, M., Obras Selecionadas, p. 50.
220. KAMPEN, D., "Theologia crucis" – un altro modo di pensare la fede, p. 42.

Lutero, é o ornamento régio do cristão. Agora, conformidade na cruz; na consumação, conformidade na glória[221].

Lutero assumiu a teologia de Paulo, que a partir da cruz tem uma nova compreensão de Deus. Nos escritos de Martinho Lutero as palavras de uma "teologia da cruz" estão em oposição à "teologia da glória". "A teologia da cruz oferece um critério hermenêutico, estabelecendo uma leitura teológica original da existência humana"[222]. Lutero apresenta um Deus que não se revela na glória, mas na pequenez, no sofrimento e às margens. É um esvaziamento pleno. A cruz é a máxima revelação de Deus. É uma revelação "contrária à espécie" e, portanto, é acessível somente pela fé. A sabedoria da cruz é loucura para a sabedoria humana (1Cor 1,18-25).

Na elaboração de sua teologia, Lutero tem como base sua experiência monástica, profundamente enraizada na tradição patrística, especialmente em Santo Agostinho. Além da patrística, também tem em Bernardo de Claraval, um dos teólogos monásticos, grande consideração, a ponto de se assemelhar à forma de interpretação das escrituras como lugar de encontro com Deus e com os seres humanos. Outro elemento importante em sua formação foi o contato com a mística. As leituras e comentários de Tauler[223] demonstravam seu interesse pela mística[224].

> Nas *Operationes in Psalmos* de 1519/21, Lutero dá a sua explicação da relação entre a mística e a Teologia da cruz. Ele admite ser devedor deste tipo de mística que enuncia a descida na escuridão infernal, mas acrescenta: "não sei se (os místicos) entendem bem a eles mesmos, quando atribuem a descida a atos (humanos) ao invés de crer que dessa são simbolizados os sofrimentos da cruz, da morte e do inferno. A Cruz somente é a nossa teologia"[225].

A teologia da cruz de Lutero tem sua origem na Bíblia, especialmente nas cartas de Paulo. Apesar de ter estudado a mística de Tauler e de ter tido contato em seus estudos com a espiritualidade *devotio moderna*, a teologia de Lutero se

---

221. ALTMANN, W., Lutero e libertação: releitura de Lutero em perspectiva latino-americana, p. 70.
222. VOGEL, L., La nascita della Teologia della croce, p. 34.
223. Johannes Tauler (1300 – 1361), também conhecido como Juan Taulero, foi um grande místico alemão, frade dominicano e discípulo de Meister Eckart. "Sua notável atividade, dedicada à pregação, contribui para libertar a vida espiritual do acessório devocional e canalizá-la para o que é essencial. Pregação que, além das qualidades formais da retórica do seu tempo, está repleta de apelos líricos e de ardorosos apelos aos fiéis para que se dediquem à renúncia ao mundo e retornem a Deus". SECONDIN, B; GOFFI, T. (Orgs.), Curso de Espiritualidade, p. 144.
224. PONTIFÍCIO CONSELHO PARA A PROMOÇÃO DA UNIDADE DOS CRISTÃOS E FEDERAÇÃO LUTERANA MUNDIAL. Do conflito à comunhão. Comemoração conjunta católico-luterana da Reforma em 2017, p. 98-100.
225. VOGEL, L., La nascita della Teologia della croce, p. 39.

distancia da mística. A espiritualidade mística contempla a cruz, mas tem algo de subjetivo, uma experiência pessoal. A diferença em Lutero está no ver a cruz a partir do Evangelho, pela fé. O ser humano não chega a Deus pelas obras nem pela contemplação, mas pela fé. Nenhuma prática devocional externa levará à salvação. Além da contemplação, Lutero também combate a teologia em vigor, a escolástica, afirmando que a especulação não pode ser utilizada na teologia da cruz:

> A teologia da cruz rejeita a especulação como caminho para o conhecimento. Metafísica não conduz à intuição do verdadeiro Deus. Para Lutero especulação religiosa é teologia da glória. O que faz condenar esta teologia é a inegável impressão de que nela não é devidamente reconhecido o significado fundamental da cruz de Cristo para todo pensamento teológico. A cruz de Cristo deixa claro que para o ser humano não há conhecimento direto de Deus[226].

Para Lutero "a cruz de Cristo e a cruz do cristão formam uma unidade"[227], por isso não se pode conhecer a Deus apenas pela especulação, mas somente fazendo parte dos sofrimentos de Cristo. Ninguém deve buscar, porém, sofrimentos para se salvar, pois a salvação já foi dada em Cristo. A teologia de Lutero foi muito combatida no século XVI, principalmente pelos grupos religiosos que tinham como escopo o ensinamento da doutrina católica. A mística era o fio condutor desses diversos grupos que anunciavam Cristo e como segui-lo a partir da experiência de encontro com Ele, e de modo particular através dos sacramentos.

Outra expressão da teologia da cruz do século XVI vem da mística espanhola que se deu no chamado "século de ouro" espanhol. Como já afirmamos anteriormente, no século XVI a Espanha viveu o auge de sua unidade religiosa e política, como também grandes mudanças sociais a partir do Humanismo. Nesse contexto, os escritos dos carmelitas Teresa d'Ávila[228] e João da Cruz foram muito difundidos[229] e muito contribuíram para uma experiência pessoal com Deus. A mística espanhola

---

226. LOEWENICH, W. v., A teologia da Cruz de Lutero, p. 21.

227. LOEWENICH, W. v., A teologia da Cruz de Lutero, p. 111.

228. Santa Teresa d'Ávila ingressou em 1535 no convento da Encarnação das Carmelitas. Desejosa de ver uma vida religiosa mais autêntica quis reformar o Carmelo e, em 1562, fundou em Ávila o convento de São José, primeira comunidade das Carmelitas Descalças. Nele se procurava vivenciar as regras iniciais da Ordem. Com a ajuda de São da Cruz organizou também o ramo masculino do Carmelo. Essas reformas muito contribuíram para a vida da Igreja espanhola. Entre os escritos de Santa Teresa destacam-se Castelo Interior, de 1577, O Livro das Fundações, entre 1573 a 1582, e Caminho da Perfeição, de 1583. Os escritos de São João da Cruz mais conhecidos são Subida do Monte Carmelo, entre 1578 e 1589; Noite escura, depois de 1584; e Cântico espiritual, entre 1584 e 1586.

229. O advento da imprensa foi de suma importância para a divulgação dos livros, e de modo particular para a divulgação da espiritualidade e mística.

pode ser definida como a espiritualidade da intimidade divina. Na penosa subida até Deus, ela dá relevo particular à oração habitual, mesmo se a sua aspiração fundamental continua sendo sempre a contemplação. São João da Cruz teorizou este itinerário ascendente até Deus, com princípios que continuam atuais e fundamentais. Por sua vez Santa Teresa descreveu, com vigorosa eficácia, as etapas do caminho da alma em direção a Deus. As obras destes dois grandes místicos adquiriram uma autoridade tal, a ponto de marcar, até hoje, toda a literatura ascética e mística[230].

Santa Teresa e São João da Cruz apresentam um itinerário para se chegar à união mística com Deus. É preciso trilhar um caminho pessoal de ascese e de despojamento para se chegar à contemplação. A contemplação da humanidade de Cristo, e nela da paixão de Cristo, é um dos estágios da mística para se chegar à união com Deus. Nesse caminho de imitação de Cristo devem ser vivenciados a humildade, o amor, a obediência, o sacrifício, assim como Cristo os viveu. Não há conhecimento de Cristo sem experiência pessoal.

Para Teresa, contemplar a humanidade de Cristo era de fundamental importância para se conhecer a Deus. Em sua época uma das correntes de espiritualidade difundia a ideia de que contemplar a humanidade de Cristo era prejudicial para a experiência religiosa. Em suas obras leva "a humanidade de Cristo até o último grau da contemplação, à 'sétima morada', onde se encontram a Trindade e a 'sagrada Humanidade'"[231]. Primeiramente a própria Teresa vivencia uma experiência de autoconhecimento e de encontro com Cristo muito chagado que marcou profundamente a sua vida. No *Livro da Vida* ela afirma:

> A minha alma já estava cansada e, embora quisesse, seus maus costumes não a deixavam descansar. Aconteceu-me de, entrando eu um dia no oratório, ver uma imagem guardada ali para certa festa a ser celebrada no mosteiro. Era um Cristo com grandes chagas que inspirava tamanha devoção que eu, de vê-Lo, fiquei perturbada, visto que ela representava bem o que Ele passou por nós. Foi tão grande o meu sentimento por ter sido tão mal-agradecida àquelas chagas que meu coração quase partiu; lancei-me a seus pés, derramando muitas lágrimas e suplicando-lhe que me fortalecesse de uma vez para que eu não O ofendesse[232].

---

230. ZOVATTO, P., Experiência espiritual na história, p. 147.

231. PÁDUA, L., Santa Teresa de Jesus, p. 54.

232. TERESA de Ávila, Obras Completas de Teresa de Jesus, Livro da Vida, p. 66.

Em *Caminho de Perfeição* Teresa ensina a utilizar as imagens de Cristo na contemplação para a partir delas se meditar sobre o grande amor de Deus e as consolações que somente Ele pode oferecer àqueles que não abandonam a cruz[233]. Ela também expressa através da poesia a importância da cruz no caminho do seguidor de Cristo, como podemos confirmar na poesia *À cruz*:

"Gostosa quietação da minha vida,
Sê bem-vinda, cruz querida."

Ó bandeira que amparaste
O fraco e o fizeste forte!
Ó vida da nossa morte,
Quão bem a ressuscitaste!
O Leão de Judá domaste,
Pois por ti perdeu a vida.
Sê bem-vinda, cruz querida.

Quem não te ama vive atado
E da liberdade alheio;
Quem te abraça sem receio
Não toma caminho errado.
Oh! ditoso o teu reinado,
Onde o mal não tem cabida!
Sê bem-vinda, cruz querida.

Do cativeiro do inferno,
Ó cruz, foste a liberdade;
Aos males da humanidade
Deste o remédio mais terno.
Deu-nos, por ti, Deus Eterno
Alegria sem medida.
Sê bem-vinda, cruz querida.[234]

Teresa deixa grandes tesouros de espiritualidade escritos para as suas irmãs e para toda a humanidade. Ela coloca a vida cristã novamente sobre o essencial e a abre para a experiência de Deus: "frequentação do Evangelho, imitação de Cristo,

---

233. TERESA de Ávila, Obras Completas de Teresa de Jesus, Caminho de perfeição, p. 375-378.
234. TERESA de Ávila, Obras Completas de Teresa de Jesus, Poema XVIII, p. 997.

prática da oração, simplesmente, mas profundamente compreendida como 'uma íntima relação de amizade na qual nos entretém frequentemente em solidão com Deus de quem nos sabemos amados"[235].

Além de Lutero, Santa Teresa e São João da Cruz, também na Itália surge uma figura (não muito conhecida universalmente como os místicos carmelitas) que morre com fama de santidade na região de Vicenza, província da Sereníssima República de Veneza: Antonio Pagani. Ele desenvolverá o tema da cruz em seus escritos ascéticos-místicos. A espiritualidade vivenciada por Pagani ajudou a muitos em sua pequena região a fazerem uma experiência com Cristo. Tal espiritualidade, porém, não foi difundida em outros lugares como aconteceu com a mística espanhola.

No século XVI a literatura ascética italiana é rica de escritos autobiográficos, didáticos, catequéticos, pastorais, mas não tem uma fisionomia literária própria. Encontramos como ponto comum entre os diversos autores uma forte reação contra o humanismo literário e naturalista. Reconhece-se nele o valor da tomada de consciência do ser humano, de sua história, natureza, excelência e dignidade, como também o ponto negativo de não ter levado o ser humano a superar a bondade puramente humana para descobrir a bondade cristã. A ascética italiana ajuda o ser humano a abrir-se ao sentido do divino e do sobrenatural e para isso apresenta um forte espírito de mortificação e de penitência, através dos quais o cristão renuncia os bens deste mundo e cultiva o desejo de sofrer humilhações e sofrimentos por amor e imitação a Cristo crucificado[236].

A ascética italiana será desenvolvida a partir da doutrina do "combate espiritual" que consiste numa luta interior para combater as paixões e os vícios, como o amor-próprio, a tepidez, a negligência espiritual, a curiosidade, pois são incompatíveis com a perfeição cristã. O fruto do combate é a fusão da própria vontade com a pura vontade de Deus, numa vivência de paz interior que levará à união mística com Deus[237].

## 2.2. A "herança paulina" na teologia e mística da cruz de Antonio Pagani

Marco Pagani[238] formou-se em Direito civil e eclesiástico na Universidade de Pádua em 1545 e trabalhou como advogado na Nunciatura Apostólica de Ve-

---

235. PELLETIER, A.-M., Il cristianesimo e le donne, p. 104.
236. ZOVATTO, P., Storia della spiritualità italiana, p. 275.
237. ZOVATTO, P., Storia della spiritualità italiana, p. 275.
238. Quando Marco Pagani fez os votos entre os franciscanos recebeu o nome Antonio Pagani.

neza. Um ano após, atraído pelo exemplo de vida e pela pregação dos membros, entrou na Ordem dos Barnabitas em Milão, onde recebeu formação espiritual e teológica, sendo ordenado sacerdote em 1550. A Ordem era recém-fundada e Pagani bebeu na fonte de um novo modelo de vida religiosa.

A ordem religiosa dos Barnabitas deu-se início em Milão, em 1530, hoje reconhecida oficialmente como Clérigos Regulares de São Paulo, fundada por Antonio Maria Zaccaria (1502-1539) juntamente com outros milaneses. Em 1533 a ordem recebeu a aprovação oficial da Igreja e foram reconhecidos como clérigos regulares. Inicialmente eram chamados de "Filhos de Paulo" ou "Filhinhos de Paulo Santo". Em 1545 se estabeleceram na Igreja de São Barnabé em Milão e ficaram conhecidos pelo povo como "Barnabitas".

O fundador Zaccaria se formou em Medicina em 1524, em Padova, e ao retornar a Milão ajudou muitos pobres com a Medicina e com suas palavras sábias. Não quis exercer a profissão porque seu desejo era dedicar-se à vida espiritual, assim colocou-se sob a direção espiritual dos dominicanos e iniciou os estudos teológicos. Entre os dominicanos conheceu fr. Marcello que o iniciou especialmente na Sagrada Escritura, nos Santos Padres e na Suma Teológica de Tomás de Aquino. Dentre todas as temáticas, as cartas de São Paulo estavam no centro de seu pensamento. Depois de fr. Marcello o acompanhou fr. Battista Carioni da Crema ($\pm$1460-1534), que se tornou seu diretor espiritual e o conduziu ao sacerdócio. Fr. Battista da Crema muito contribuiu na formação e reflexão do pensamento de Zaccaria. Também fazia parte do aprofundamento de fr. Battista a teologia paulina. Ele a transmite a Zaccaria, que havia uma grande devoção por São Paulo, devido o seu exemplo de conversão e de discípulo. Assim, São Paulo se torna o modelo inspirador para a nova ordem e Zaccaria a coloca sobre sua proteção.

Em 1535, dois anos após a fundação da Ordem, deu-se início ao ramo feminino, fundado também por Antonio Maria Zaccaria e a condessa Ludovica Torelli di Guastalla (1500-1569), sob a orientação de fr. Battista da Crema. O ramo feminino é chamado de Angélicas de São Paulo. Os Clérigos e as Angélicas tinham um objetivo comum que era a conversão, por isso a grande referência nas duas Ordens a São Paulo, o convertido por paixão a Jesus Cristo. Nasce também ligado ao ramo masculino um grupo de leigos casados chamado "Coniugati" ou "Maritati di São Paulo".

A condessa Torelli ganha a permissão de erigir um mosteiro feminino dedicado a São Paulo Converso para ser a sede do grupo. No ramo feminino uma das primeiras e grandes mulheres foi Paola Antonia Negri (1508-1555). Após a morte de Zaccaria em 1539, Paula Negri continuou como formadora dos dois ramos. Era conhecida como a "Divina Madre".

A nova espiritualidade proposta pelos grupos atraía cada vez mais pessoas de ambos os sexos a vivenciar tal experiência. Além de recuperar e adaptar a religiosidade já experimentada na cidade de Milão, também vivenciavam as procissões penitenciais, a prática litúrgica das Quarenta horas, ligadas à centralidade do culto eucarístico e à pregação sobre Cristo crucificado. Assim, houve um progressivo crescimento nos grupos a ponto de se ter uma sistematização para acolher os novos membros.

Marco Pagani entrou na ordem dos Barnabitas em 1546 e saiu em 1552. Na formação inicial todos eram convidados a estudar os livros de fr. Battista, portanto, nesse período recebeu toda uma formação com a espiritualidade difundida pela Ordem. Não conviveu com o fundador Zaccaria, mas recebeu uma tradição que se iniciava. Nesse sentido, podemos afirmar que para Pagani foi de suma importância a herança da teologia de Batttista da Crema e de Antonio Maria Zaccaria difundida na nova congregação, como também toda a formação transmitida pela Negri. Veremos a seguir alguns elementos importantes para a teologia da cruz de frei Battista da Crema, Antonio Maria Zaccaria e Paola Negri que influenciaram a teologia da cruz de Pagani.

### 2.2.1. A cruz nas obras de Battista da Crema

Frei Battista Carioni da Crema pertencia à Congregação Dominicana da Lombardia. Nos séculos XIV e XV ela se distinguia pela observância, pelo bom espírito e por grandes nomes na reflexão teológica. O seu nome era um deles. Foi guia espiritual de Gaetano Thiene (fundador dos Teatinos), Antonio Maria Zaccaria (fundador dos Barnabitas) e de muitas outras pessoas. Pelos seus escritos e por sua escolha de vida em vagar como "apóstata" foi condenado pela inquisição. Para o bispo de Chieti, o teatino Gian Pietro Carafa (que mais tarde se tornou o papa Paulo IV), apóstatas eram os freis que vagavam fora dos conventos ou moravam com famílias nobres.

Desde 1527 frei Battista tornou-se guia espiritual e confessor da condessa de Guastalla, Ludovica Torelli, e nos últimos anos de sua vida, o frei vivia na casa dela exercendo sua missão. Foi autorizado para residir com a Torelli devido a uma concessão feita a ela pela "Penitenciária apostólica"[239].

"Battista da Crema era um daqueles 'bons médicos espirituais' que acreditavam profundamente na utilidade da leitura devota individual, na possibilidade

---

239. PAGANO, S., La condanna delle opere di Fra' Battista da Crema, p. 221-225.

de guiar através da palavra escrita"²⁴⁰. Ele escreveu diversos livros que contribuíram para tal orientação espiritual, visto que seus escritos tinham fundamentos teológicos renomados:

> A base doutrinal da espiritualidade de frei Battista, ligada sem dúvida a Santo Tomás de Aquino (+1274), revela também uma notável familiaridade com a Sagrada Escritura (em particular com os livros sapienciais e das cartas de São Paulo) e os Padres da Igreja (além de Cassiano, recordamos: São João Crisóstomo, São Jerônimo, Santo Agostinho, São Gregório Magno e Santo Ambrósio). Não faltam referências a autores medievais, como Riccardo di san Vittore, e a Santa Catarina de Sena²⁴¹.

Em 1500 o livro era um componente fundamental na vida religiosa italiana²⁴², e se tornou o lugar do confronto, a única ocasião para estabelecer uma relação com experiências individuais que inevitavelmente, através da prática da leitura, acentuavam o seu caráter subjetivo. Era melhor um livro do que um mau conselheiro²⁴³, pois era difícil encontrar bons confessores. Além de conter uma profunda espiritualidade baseada nas Escrituras e nos Padres da Igreja, sua doutrina também apresenta outros elementos:

> alguns elementos da sua formação cultural remetem ao platonismo e ao neoplatonismo, emprestados de Marsilio Ficino e de João Pico della Mirandola (pelos quais retoma, empregando em sentido ascético, a ideia de "virtus", entendida como valor e potência, e o conceito de homem, como microcosmo colocado entre céu e terra e obra-prima de Deus). Todavia, mostra uma particular afinidade de temperamento e de atitude espiritual com Jerônimo Savanarola (+1498), do qual partilha o desprezo pela pompa exterior e a superficialidade da vida, não apenas do laicato, mas também dos eclesiásticos; a violência da linguagem no estigmatizar a tepidez dos cristãos; e o forte chamado à Paixão de Cristo como fonte de seriedade e austeridade de vida²⁴⁴.

Sendo condenado por Roma e acusado de semipelagianismo²⁴⁵, suas obras ficaram no Index até 1900. Afirma-se que os livros levavam o leitor a fazer uma

---

240. BONORA, E., I conflitti della Controriforma, p. 167.
241. ZOVATTO, P., Storia della spiritualità italiana, p. 278.
242. BONORA, E., I conflitti della Controriforma, p. 168.
243. BONORA, E., I conflitti della Controriforma, p. 167.
244. ZOVATTO, P., Storia della spiritualità italiana, p. 278.
245. Para o semipelagianismo a pessoa pode contribuir com sua própria salvação através de obras boas, sem a graça de Deus.

experiência direta com Deus, sem a mediação da Igreja. Ao ler as obras, porém, podemos notar uma profunda relação com a Igreja a partir da vivência dos sacramentos, com os textos bíblicos e com os Padres da Igreja. Numa leitura atual não encontraríamos fundamentos para a acusação de heresia.

Nos textos era afirmado que a experiência de Deus era concedida a poucos. Isto levava a Igreja a ter dúvidas em relação à sua doutrina, pois só alguns seriam escolhidos. Para Battista, só os que se exercitam através do combate espiritual é que conseguem chegar ao conhecimento das coisas de Deus:

> Sim que estes tais graus parecem a muitos impossíveis e não lhes entendem, que coisa, portanto, seria ó Senhor querido se Tu quisesses falar ainda um pouco mais alto? Todo o mundo não te entenderia. Sim o melhor é que tais documentos não digam publicamente a todos, mas Tu fales tais palavras secretamente e a poucos, os quais tenham os seus sentimentos exercitados nas coisas altas, porque tais entenderão muito bem e farão tudo aquilo que os ensinarás[246].

Os escritos de Battista da Crema convidam "à ascese, à luta contra os vícios e as paixões, e à árdua busca da mortificação da vontade". É uma experiência individual de oração mental e de contemplação que leva a uma relação individual com Deus, na qual Ele fala diretamente a algumas pessoas que recebem o dom da "santificação". Para a Igreja isso era um perigo porque essa relação homem-Deus transcendia a doutrina revelada nos textos sagrados e a mediação da Igreja e dos seus ministros[247].

Suas obras são abertas a todos. Escreve não apenas para religiosos, mas também para leigos. Segundo Battista, o conhecimento de Deus se dá a partir da experiência pessoal com Ele a partir do combate espiritual e não apenas a partir do conhecimento intelectual, por isso todos, leigos ou religiosos, poderiam ter essa experiência.

> Os nós teóricos e grandes temas doutrinais afrontados por Battista da Crema eram todos: a "santa loucura" indicada como momento essencial da experiência religiosa, a polêmica anti-intelectualística contra doutos e sábios,

---

246. BATTISTA da Crema, Filosofia Divina, p. 119. Texto original: "Si che questi tal gradi paiono a molti impossibili, et non li intendono, che cosa adonque seria ò Signor caro se tu volesti parlare anchora un pocho piu alto? Tutto il mondo non te intenderia. Si che meglio é, che tali documenti non dichi publicamente à tutti: ma tu parli tal parole secretamente, et à pochi: liquali habino li suoi sentimenti ezercitati nelle cose alte: perche tali te intenderanno molto bene, et faranno tutto quello che gli insegnarai".

247. BONORA, E., I conflitti della Controriforma, p. 170.

a conquista – conseguida através da iluminação interior – do estado de impecabilidade e de liberdade, do espírito na união com Deus[248].

Frei Battista foi um dos autores mais lidos no período pré-tridentino. O combate espiritual estava no centro de seus ensinamentos e é um tema muitas vezes recorrente nas cartas de Paulo (Ef 6,10-20; 2Cor 10,3-5; Rm 13,12-14). O combate espiritual foi muito difundido na espiritualidade do século XVI. As pessoas deviam estar numa constante batalha para superar tudo o que fosse contrário ao amor, através de exercícios e práticas contra os pecados e os vícios, e também através da prática dos sacramentos.

O combate espiritual é uma acentuação da ascética evangélica da abnegação vivida primeiramente por Jesus em toda a sua vida, e depois pregada por Ele, que nos convida a vir atrás dele, renegar a si mesmo, tomar a nossa cruz e segui-lo[249]. E segui-lo é visto como martírio: "martírio sangrento, na perseguição, ou martírio sem sangue, fora da perseguição, mas sempre martírio"[250]. Não existe vida cristã sem cruz. Ela é escândalo para o mundo, mas sabedoria divina. Portanto, a doutrina do combate espiritual em Battista da Crema consiste em acolher e compreender o significado da cruz para vivenciar uma verdadeira devoção[251].

O otimismo cristão presente nas obras de Battista mostra que Cristo morreu, mas ressuscitou. A morte, com a dor e o pranto, foi vencida para sempre pela alegria. Por isso a dor é só um caminho, um instrumento, mas não a meta a ser alcançada. O combate espiritual não é para fazer a pessoa sofrer ou ficar no sofrimento, mas para que ela, ao vencer a si mesma, possa ter a experiência da alegria de viver como pessoa ressuscitada. Para isso é preciso confiar em Deus e em sua misericórdia para atingir a perfeição.

De acordo com os elementos presentes em seus escritos, podemos concluir que são três os principais da doutrina de Batttista: o combate espiritual (a combatividade volitiva), os sacramentos e o Cristo crucificado:

> A combatividade volitiva é a cor, o tom, o modo, os sacramentos são os meios, mas Cristo crucificado é a meta final, o centro substancial da ascética battistiana. Tirar o Crucificado da sua doutrina espiritual equivale a aniquilá-la. Jesus crucificado é ao mesmo tempo, modelo, condutor, causa eficiente e final, da sua ascética... Profundamente cristocêntrica porque tem

---

248. BONORA, E., I conflitti della Controriforma, p. 178.
249. BOGLIOLO, L., Battista da Crema, p. 31-32.
250. BOGLIOLO, L., Battista da Crema, p. 32.
251. BOGLIOLO, L., Battista da Crema, p. 32.

no Cristo crucificado a pedra angular da sua arquitetura, o centro vital da sua organicidade[252].

Todas as obras de frei Battista tem o Crucificado como centralidade. Dentre elas destacamos as de indiscutível autenticidade que são: *Aperta Verità* (Aberta Verdade), *Della Cognitione e Vittoria di se stesso* (Conhecimento e vitória de si mesmo), *Filosofia Divina o Historia della Passione del nostro Signor Jesu Christo* (Filosofia Divina ou História da Paixão de nosso Senhor Jesus Cristo) e *Specchio interiore* (Espelho interior). Essas três últimas formam uma trilogia.

Na obra *Aperta Verità*, a necessidade do combate espiritual é recordada desde o início; em *Cognizione e Vittoria di se stesso* ele analisa minuciosamente o combate espiritual; em *Filosofia Divina* analisa a Paixão de Jesus em vista do combate espiritual; a *Specchio Interiore* (Espelho interior) é um exame interior que tem por finalidade o combate espiritual[253].

A *Aperta Veritá*[254] se diferencia dos outros três livros por não ser uma obra unitária, mas por conter quatro tratados pequenos e uma carta familiar que responde a algumas perguntas de São Gaetano Thiene sobre a vida religiosa. Os quatro tratados são:

a) *De la Professione* (Da Profissão). Trata dos votos e virtudes a serem vividos na vida religiosa para se ter uma perfeita vida virtuosa.

b) *De li Confessori et Confitenti* (Dos Confessores e dos que se confessam). Escreve exortando aos confessores e aos penitentes como é um meio de perfeição o uso do Sacramento da Penitência e expõe o valor de sua natureza, pois afasta do pecado.

c) *De la S. Comunione* (Da Santa comunhão). Aqui é proposta a frequência cotidiana à Eucaristia, pois ela é um meio poderoso de defesa contra as seduções das doutrinas heréticas e das tentações do demônio. Ela aproxima a Deus. A comunhão frequente não era um costume na época. Diversos autores escrevem após Battista sobre a frequência à Eucaristia. A comunhão deve ser feita em memória da Paixão de Cristo. Ela reproduz em nós a vida e as virtudes de Cristo crucificado.

d) *Del modo di acquistar devotione et conservala* (Do modo de adquirir devoção e conservá-la). Encontra-se aqui o eixo de sua doutrina espiritual.

---

252. BOGLIOLO, L., Battista da Crema, p. 51.

253. BOGLIOLO, L., Battista da Crema, p. 31.

254. Este livro foi publicado pela primeira vez sem a autorização do autor em 1523, por um admirador, o eremita Ver. Don Girolamo Regino. Como se tratava de um manuscrito a publicação saiu com alguns erros. Posteriormente o autor tentou recuperar parte de seus manuscritos para corrigi-los. Na publicação feita por fr. Battista o livro é iniciado pelo último tratado.

Trata das causas dos males e dos vícios e indica possíveis formas de combatê-los[255]. Esse tratado ganha destaque na obra, sendo o primeiro a ser desenvolvido. A devoção

> importa e significa um ser pronto nas coisas de Deus. E quanto um é mais pronto nas coisas de Deus, tanto diremos que ele é mais devoto. Assim que quando vemos um frade solícito ao ofício, frequente à oração, obedientes aos superiores, todos dizemos este é um devoto frade. Pelo contrário quando vemos um tardo e negligente nestas coisas, dizemos que tem pouca devoção. Assim, ser prontos às coisas de Deus importa e significa ser devoto[256].

A verdadeira devoção consiste no vencer a si mesmo até a morte completa do amor-próprio, ou melhor, do "eu". Na obra *Della Cognitione e Vittoria di se stesso* (1531) o tema sobre o combate a si mesmo será mais desenvolvido. Essa é uma obra ascético-mística e é uma obra-prima de frei Battista. O combate espiritual se dá contra si mesmo, pois ninguém conseguirá vencer o maligno se não vencer a si mesmo. "A 'Vitória de si mesmo' é uma luta a fundo, implacável contra o egoísmo. Tal interpretação da abnegação cristã ocorre sempre ter presente para compreender a contínua tensão dialética existente entre amor-próprio e amor de Deus"[257].

Na obra *Della Cognitione e Vittoria di se stesso*, frei Battista tem como ponto de referência João Cassiano. Ele segue um esquema preciso para procurar as origens dos maus morais pelos quais o ser humano é ameaçado. Faz uma análise das paixões humanas, "antes ainda sobre a estrutura psicológica da natureza humana, entendida segundo o esquema da tricotomia platônica, adaptada à concepção cristã dos filósofos e teólogos cristãos"[258].

Das três partes emergem as paixões humanas que são a fonte para o combate espiritual: a parte concupiscível (fundada sobre os sentidos), a parte irascível (fundada dobre os humores) e a parte racional (fundada sobre a vontade) da alma. Delas nascem as paixões humanas. Afirma Battista que a primeira parte concupiscível é uma inclinação às coisas deleitáveis e convenientes. A segunda parte irascível é o apetite de remover as coisas contrárias. A terceira racional é o

---

255. BOGLIOLO, L., Battista da Crema, p. 16.
256. BATTISTA da Crema, Aperta Veritá, trattato primo, p. 4. Texto original: "Importa et significa un esser pronto nelle cose di Dio. Et quanto uno è piu prônto nelle cose di Dio, tanto diremo quello esser piu devoto. Cosi che quando vedemo uno frate solicito al officio, frequente à la oratione, de primi à le obedienti, tutti dicemo questo é un devoto frate. Per contrario quando vedemo uno tardo et negligente in quelle, dicemo che ha poca devotione. Siche esser pronto à le cose divina importa et significa esser devoto".
257. BOGLIOLO, L., Battista da Crema, p. 32.
258. BOGLIOLO, L., Battista da Crema, p. 33.

apetite da excelência[259]. Como em todas as obras, Cristo crucificado aparece também aqui como centralidade para se fazer a experiência de transformação pessoal e conhecimento de si:

> quando o homem tem firmemente determinado vencer a si mesmo, e plantou a Cruz e o Crucificado no seu coração, aquilo que em princípio lhe parece difícil e quase impossível, começa a fazer-se fácil, porque passado que tenha este princípio por força de ânimo, começa a ver o belo estado e jardim florido de tantas graças, quais lhe são dadas, que por amor de cada uma daquelas passaria por todo fogo e espada... Passado o princípio de vencer a si mesmo, se vê o repouso, se vê abundar as graças de compunções e doces meditações e assim se faz fácil o vencer a si mesmo. Passado o meio e aproximando-se à perfeita vitória, cada coisa retorna em festa, riso e canto; as tribulações lhes são consolações, as dores alegria, os cuidados se convertem em alegria[260].

Para combater as paixões é preciso uma forte vontade. A volitividade será aqui o elemento necessário. Para Battista, a vontade do ser humano é quase onipotente e para superá-la só por Deus mesmo. A Graça de Deus "previne, acompanha e segue", todas as nossas boas obras[261]:

> se quiseres conhecer o término e o fim das suas consolações, mais rápido poderás numerar a areia do mar do que terminar de conhecer as consolações de um perfeito vitorioso de si mesmo, porque tal é feito receptáculo do Espírito Santo, no qual é puro contento e infinito bem... Se sois recebido aos confins desta vitória de si mesmo, tu és feito Deus e verdadeiro filhinho do Onipotente[262].

---

259. BATTISTA da Crema, Della Cognitione e Vittoria di se stesso, proêmio, cap. I.

260. BATTISTA da Crema, Della Cognitione e Vittoria di se stesso, p. CLXVII. Texto original: "quando lhomo ha fermamente determinato di vincere si stesso, e ha piantata la Croce, e crucifixo nel suo core: quello, che in principio glie apparso difficile, e quase impossibili: comincia farsi facile: perche passato che habbia qllo principio per forza di animo, incomincia vedere il bello stato, e giardino fiorito de tăte gratie: le quale li sono date che p amore di ogni una de qlle passeria ogni focho, e spade... passato che sia il principio di vincer si stesso, si vede il riposo, sivede abbundare le gratie di compuctione, e dolce meditatione: e cosi si fa facile il vincere si medemo. Passato il mezzo, e approximadosi ala perfetta vittoria, ogni cosa ritorna in festa, riso, e canto: le tribulationi gli sono cõsolatione: li dolori gaudio: li affari si convertiscono in alegreza".

261. BOGLIOLO, L., Battista da Crema, p. 35.

262. BATTISTA da Crema, Della Cognitione e Vittoria di se stesso, p. CLXVII. Texto original: "E voi conoscer il termine e il fine dele sue cõnsolationi: piu presto tu potrainumerare lharena del mare, che finire di conosce: le cõsolatione di uno perfetto vittorioso di si stesso: perche tale e fatto receptaculo del Spirito Santo: il quale e puro cõtéto e infinito bene. Se sei pervenuto ali confini di qsta vittoria di si stesso tu sei fatto uno altro Dio e vero figliolo de lo omnipotéte".

Para cada paixão (ou mal moral) é apresentado um remédio espiritual com o objetivo de vencer os males, como a soberba e a tepidez. Muitas vezes fala-se da necessidade da vontade para lutar contra a tepidez para não se tornar pessoa morna na relação com Deus. A tepidez é contrária a toda ideia de perfeição cristã. E também quer se combater a pusilanimidade, que leva a ser pessoa desencorajada e paralisada espiritualmente na fé. A obra, enfim,

> examina os sinais da nova condição da alma purificada, pelas quais se reconhece a ocorrida vitória do homem sobre si mesmo. Isto determinaria, no pensamento do autor, a passagem da fase ascética àquela mística, onde a alma se nutre somente da especulação da verdade e do puro amor de Deus, evitando cair no orgulho e na pusilanimidade – gerada pela ciência especulativa – com a imitação, na própria alma, da paixão de Cristo através da oração e da prática dos sacramentos[263].

A obra *Specchio Interiore* foi publicada em 1540, alguns anos após a morte do autor. Ensina o caminho de imitar a Cristo até chegar ao ápice da perfeição. Apresenta 62 capítulos que contêm um exame de consciência sobre aspectos da vida espiritual. A obra trata especialmente da via unitiva, pois ensina o modo com o qual se possa habitar em contínua consideração e sempre fazer proveito na divina união[264].

A frase que abre o *Specchio Interiore* é um convite a olhar-se no espelho para ver mais profundamente: "é preciso que o homem abra bem os seus olhos e frequentemente olhe neste espelho, se quiser ver as manchas da sua alma"[265]. Cada um deve examinar-se olhando no espelho para através dos ensinamentos lá contidos trilhar um caminho de mortificação e aniquilamento do "eu". Ao olhar para o espelho a pessoa descobre o seu estado de pecado confrontando as suas trevas com o rosto luminoso de Cristo.

A *Filosofia Divina* ou *Historia della Passione del nostro Signor Jesu Christo* (1531) é de suma importância para a centralidade da cruz presente no carisma dos Barnabitas. A Filosofia Divina é a sabedoria da cruz. A obra diz que a nossa vitória consiste na fé e na cruz. O ser humano é chamado a carregar a cruz com Jesus pacientemente, subindo de virtude em virtude até chegar a um grau de perfeição que se pode ter nesta vida mortal.

---

263. ZOVATTO, P., Storia della spiritualità italiana, p. 277.

264. BOGLIOLO, L., Battista da Crema, p. 22.

265. BATTISTA da Crema, Specchio interiore, p. 17. Texto original: "Bisogna che l'huomo apra bene li occhi suoi, e spesso risguardi in questo specchio, se vuole vedere le macchie dell'anima sua".

A meditação sobre a Paixão tinha como objetivo fazer com que os leitores se arrependessem e se consolidassem nas virtudes a partir da imitação de Cristo em sua Paixão: "um cristão deveria sempre ter em sua memória a vida de Cristo, não apenas para conhecê-la somente, mas para medir quanto é distante do viver de Cristo"[266]. Pela contemplação da cruz e do Crucificado se chega mais eficazmente à verdadeira sabedoria do que pela leitura de livros, apta a orientar e regular a vida do homem mais do que qualquer filosofia ou sabedoria humana[267].

A *Filosofia Divina* se inicia com um diálogo com as três Marias aos pés da cruz. Battista as interroga por que estão ali. Logo a seguir dá repostas sobre o significado da cruz: "e depois começaremos a estar à cruz, que tanto parece áspera e cruel, e faz conhecer, que é mais doce que o mel, e que nela somente está todo gosto e deleite, que ela somente estabelece e fortifica todos corações fracos"[268]. Assim, "do primeiro capítulo ao último, depois da memória do quadro histórico da paixão, segue a consideração e a aplicação à vida do cristão... Em cada capítulo uma virtude do Crucificado a imitar; aparecem todas: as teologais e as morais"[269].

A fé, a esperança e a caridade são as três principais virtudes do cristão e são destacadas na *Filosofia Divina*[270]. A fé deve ensinar a vencer a si mesmo e todas as paixões e más inclinações. A esperança faz experienciar aqui na terra a vida eterna porque a pessoa se coloca nas mãos de Deus. A caridade é aprendida na cruz. Cristo se dá gratuitamente na cruz. A cruz é uma escola onde se aprende a vencer a si mesmo[271].

Em síntese, para Battista da Crema, a cruz de Jesus é o espelho para o qual olhar e comparar até que ponto o cristão está agindo como Jesus. Através desse espelho chega-se ao conhecimento de si mesmo, por isso a cruz também será o motor que move o cristão no combate contra tudo aquilo que é contrário a uma vida virtuosa como a de Cristo. Como veremos mais adiante esses elementos aparecem na teologia de Pagani, porém sem citar o frei Battista cujos livros foram condenados.

---

266. BATTISTA da Crema, Filosofia Divina, p. 81. Texto original: "un Christiano doveria haver sempre nella sua memoria la vita di Christo, non per saperla solamente, ma p misurarse quanto é distante dal viver di Christo".

267. ZOVATTO, P., Storia della spiritualità italiana, p. 277.

268. BATTISTA da Crema, Filosofia Divina, p. 5. Texto original: "e poi cominciaremo a star àla Croce, che tanto pare aspera e crudele, et fa conoscere, che é piu dolce che mele, che in quella sola é ogni gusto: et deletatione, et che quella sola stabilisce et fortifica ogno cor debile".

269. BOGLIOLO, L., Battista da Crema, p. 53.

270. BATTISTA da Crema, Filosofia Divina, p. 11.

271. BOGLIOLO, L., Battista da Crema, p. 53.

## 2.2.2. A cruz em Antonio Maria Zaccaria

Antonio Maria Zaccaria fundou os "três colégios" dedicados a São Paulo: os Barnabitas, as Angélicas e o grupo laical conhecido na época como *Maritati*. Tendo São Paulo como paradigma e seus escritos como fonte inspiradora, também "anuncia Cristo e este crucificado", e tem o Crucificado como centro da espiritualidade e missão dos grupos por ele fundados. Assim dizia:

> No trabalho da conversão das almas, procurem fazê-las apaixonarem-se por Cristo crucificado, e que não se preocupem muito com outra coisa; pois, quando uma pessoa se apaixona por Jesus crucificado, por si mesmo, depois, detesta e abomina toda vaidade, delícias supérfluas, e qualquer outra coisa não condizente com a boa conduta cristã[272].

Em seus estudos teológicos aprofundou a *Suma Teológica* de Tomás de Aquino, porém não deixou muitos escritos. São eles alguns Sermões, algumas cartas espirituais e as Constituições da Ordem. Neles há uma forte influência da teologia de frei Battista da Crema. Cristo crucificado é o eixo desses escritos, pois para ele a imitação do Crucificado era garantia da vida cristã. Outro tema muito recorrente, junto ao tema da cruz, era a Eucaristia, visto como alimento para combater a tepidez e outros males. Encontramos nos textos de Zaccaria o uso corrente da Sagrada Escritura, principalmente das cartas de Paulo.

Na primeira Constituição da Ordem não aparece diretamente a centralidade em Cristo crucificado como carisma. Ela está diluída nas regras a se seguir para ser e agir como o Crucificado, inclusive em relação aos estudos, pois exorta que tudo seja feito "com a verdadeira imitação de Jesus Cristo crucificado, com a vitória completa e total de vós mesmos, com a domação das vossas paixões"[273].

Suas cartas são endereçadas a diversos destinatários. Nelas também encontramos referências a Cristo crucificado, não de uma forma sistemática ou explicativa sobre o mesmo, pois elas são mais exortativas. Ao padre Bartolomeu Ferrari e aos seus colaboradores em Vicenza, escreve que é Jesus crucificado quem precede e acompanha as intenções, as palavras e as obras dos missionários:

> Tenham a certeza que o Cristo crucificado tomará a iniciativa antes que vocês falem e estará ao seu lado em todas as palavras e boas intenções. Paulo dizia (2Cor 10,13) que chegaria até os limites que o Cristo marcasse. Ora,

---

272. GENTILI, A., I Barnabiti, p. 45.
273. ZACCARIA, A., Primeira constituição, Capítulo VIII, do Estudo, 30805.

> o limite que Jesus crucificado lhes prometeu é que as forças de vocês irão penetrar os corações até o mais profundo (Hb 4,12)[274].

Na carta a Carlo Magni ele apresenta a centralidade em Cristo crucificado para aprender dele o que falar e ensinar: "Eu tenho rezado sempre por você diante do Cristo crucificado, porque preciso aprender primeiro o que eu quero ensinar-lhe". E aconselha o amigo a fazer o mesmo:

> Experimente, então, meu caro amigo, dialogar familiarmente com o Cristo crucificado, por um espaço de tempo curto ou longo, conforme a oportunidade, como você faria comigo – e converse com Ele sobre suas coisas e também Lhe peça conselhos, sejam quais forem os assuntos: pessoais, materiais, seus ou dos outros. Se você usar este método, eu lhe garanto que conseguirá grande progresso e sentirá nascer em si maior união com o Cristo e maior amor por Ele. Não digo mais nada, pois só a experiência será suficiente[275].

Às suas Angélicas escreve com muita alegria pela renúncia que fazem de si mesmas para levar as pessoas a Cristo crucificado, ajudando-as a se tornarem mais fervorosas e animadas em relação à fé:

> e, mais ainda, porque vocês – não uma só e sim todas – deixando de lado toda estima própria e consolação interior, tornaram-se apóstolas, não só para acabar com a idolatria e outros defeitos grandes e graves das pessoas, mas também para destruir esta peste, a maior inimiga de Jesus Crucificado, que predomina nos nossos dias: a Dona Tibieza[276].

A memória do Cristo crucificado está presente em todas as cartas. Zaccaria desejava fazer com que as pessoas se apaixonassem por Ele e o colocassem como centralidade de sua vida. O mesmo ocorre em seus *Sermões*, que possuem a característica do "Evangelismo", pois ele recorre ao texto sagrado, como ponto de partida de cada catequese e é acompanhado de uma consciente austeridade de moral[277]. "Os grandes temas dos seus Sermões trazem além da *Suma Teológica* o esquema, a lógica estrutura, na qual sob a casca de um estilo deliberadamente negligenciado, se vê o temperamento do estudioso"[278].

---

274. ZACCARIA, A., Cartas. Sexta carta, 10602.
275. ZACCARIA, A., Cartas. Terceira carta, 10306.
276. ZACCARIA, A., Cartas. Quinta carta, 10502.
277. GENTILI, A., I Barnabiti, p. 28.
278. GENTILI, A., I Barnabiti, p. 40.

Nos *Sermões* encontramos diversas expressões que marcam a centralidade em Cristo crucificado. Os demais temas presentes nos *Sermões* se completam, pois seguem a doutrina do combate espiritual para vencer a si mesmo num caminho de perfeição. Os cinco primeiros *Sermões* tratam dos mandamentos e o sexto da tepidez. Já o sétimo é diferente dos outros seis, pois é uma exortação à confiança em Deus e à imitação de Cristo, escritos no início da Ordem.

Apesar de não terem sido muitos os escritos de Zaccaria, o estilo de vida centrado em Cristo crucificado e na Eucaristia será a herança transmitida a Pagani, que mais tarde fundará duas companhias com o mesmo objetivo inicial de Zaccaria. Seus membros são convidados a viver como Cristo crucificado e anunciá-lo ao mundo.

### 2.2.3. A cruz nas cartas de Paola Antonia Negri

Paula Antonia Negri foi uma mulher de grande importância para as duas Ordens e para o grupo laical fundados por Antonio Maria Zaccaria. Antes de entrar na Ordem chamava-se Virginia Negri. Nascida em 1508, em Castellanza, chega a Milão muito jovem no início de 1520 juntamente com sua família. Alguns anos depois, ali entra em contato com a nova Ordem que nascia no início de 1530. Assim, teve diversos contatos com frei Battista da Crema, orientador espiritual de Antonio Maria Zaccaria e da Condessa Torelli, e que também passou a orientar através de sua doutrina. Tal doutrina era

> centrada na imitação de Cristo e no sacrifício da cruz (muitas vezes evocada nos seus aspectos emocionalmente envolventes com uma linguagem rica em imagens, metáforas, símiles, oxímoros) e, portanto, na insistente solicitação a uma militância severa no combate espiritual e a uma piedade apaixonada e ativa, fundada não em um saber de livros, mas em uma "experiência" pessoal de fé, na "medula" e não nas "cascas" da Escritura, no "gosto interior das coisas espirituais": com todos os riscos da anomia religiosa que isso implicava, até o espiritualismo extremo de um "silêncio mental" e de uma liberdade interior tão perfeita e absoluta que escapava de qualquer autoridade externa e de todo vínculo de obediência[279].

A Negri forma-se nesta doutrina através dos textos de Frei Battista. Sobre a guia de Frei Battista conhece a condessa Torelli que a convida a participar do ramo feminino. Em 1536, dois anos após a morte do frei, faz a profissão e logo em

---

279. FIRPO, M., Paola Antonia Negri, da "divina madre maestra" a "spirito diabolico", p. 19.

seguida se destaca por sua profunda espiritualidade ganhando grande estima dos fundadores e de seus membros. Ela se tornará em um ano formadora das noviças e dos noviços[280].

Paula Negri tinha grande influência nas duas Ordens, na tomada de decisões, no acolhimento dos noviços e noviças etc. sem nunca ter sido superiora da Ordem. Nos atos dos capítulos, as atas das reuniões comunitárias, que eram frequentes, registram a importância da Negri no interno das Ordens. Ela era quase uma santa para os grupos a ponto de ser chamada "Divina Madre" e "Divina Mestra". "Eclesiásticos e leigos, homens de governo e do mundo, se voltavam a ela 'como a um oráculo', pelas qualidades superiores que a vinham unanimemente reconhecidas"[281]. No final de sua vida, porém, passa a ser perseguida pelas autoridades eclesiásticas, e até mesmo um de seus discípulos mais fiéis a desmoraliza e a denuncia.

Devido à questões políticas, os chefes da Sereníssima República de Veneza acusaram os Barnabitas e as Angélicas de serem espiões do governo de Milão, por isso os expulsam de Veneza e das regiões do domínio veneziano. Eles conseguem a expulsão através da acusação de heresia por serem seguidores de Battista da Crema cujas obras tinham sido condenadas como heréticas[282]. Roma intervém nas duas Ordens separando-as e colocando as mulheres na clausura. A Negri foi colocada em clausura estrita e foi proibida de ter qualquer contato com os Barnabitas ou com as Angélicas. Após sua morte, um de seus discípulos fez fortes acusações contra ela, denegrindo a sua imagem.

Como já afirmamos anteriormente, antes de sua história como perseguida, a Negri destacava-se por ser uma grande mulher na Igreja. Podemos conhecê-la principalmente por suas inúmeras cartas a diversos destinatários, com um teor ascético-místico, onde a temática principal é o combate espiritual como caminho de perfeição para o seguimento a Jesus.

Essas cartas foram publicadas em um volume alguns anos após sua morte, em 1576, com o título *Lettere spirituali*. Com um pouco mais de 700 páginas a obra é uma coleção de 133 cartas. Não entraram nessa obra 68 cartas destinadas a algumas pessoas. As cartas eram necessárias principalmente para manter a orientação espiritual daqueles que se encontravam em outros lugares mais distantes e onde ela não conseguia acompanhar pessoalmente, e também para a animação vocacional.

---

280. TOFFOLO, A., Servire a Dio in l'habito mio seculare, p. 40-41.

281. ERBA, A.; GENTILI, A., Lettere spirituali, p. 21.

282. ERBA, A. M., Il "caso" di Paola Antonia Negri nel Cinquecento italiano, p. 194-195.

Pelo conteúdo das cartas podemos identificar seu pensamento, sua teologia e sua mística. É "um epistolário rico de doutrina bíblica, teológica, pastoral, de cultura paulina, uma mina de exortações e de ensinamentos que não hesitamos aproximar às obras dos grandes escritores e escritoras de espiritualidade"[283]. Destacam-se como temas centrais a cruz e o Crucificado, a Eucaristia, a Confissão, os trechos sobre São Paulo e as temáticas que recordam os escritos de frei Battista da Crema no que se refere ao combate espiritual[284].

As cartas são marcadas por referências bíblicas e por ricas atualizações cativantes, "através do ciclo das festas cristãs. A sua intenção vai além da simples recuperação da prática sacramental, sobre qual também insiste tanto, especialmente com os correspondentes leigos, e aponta para um cultivo adulto e consciente da fé"[285]. Elas ensinavam, exortavam, explanavam, moralizavam e alegorizavam[286].

O conteúdo das cartas levava a uma contemplação do mistério e ao combate espiritual para vencer a si mesmo e assim ganhar outros para Cristo, numa luta contra os pecados, os vícios e os prazeres materiais. Usa-se nelas "o recurso constante à palavras e frases tiradas da linguagem militar e cavalheiresca: o 'prêmio da força e potestade do espírito', a 'contínua batalha' contra as paixões, o 'castelo da nossa alma', os 'assaltos' das tentações"[287] etc. Os paradoxos também são muito utilizados: "feliz culpa", "bem-aventurada morte", "glorioso mártir" etc.

Num contexto de combate espiritual as cartas contribuem para se vencer toda inclinação ao pecado através do ódio de si mesmo, de domínio dos vícios e paixões, e a renúncia ao que é supérfluo e pomposo. A partir de uma doutrina centrada sobre a imitação de Cristo e sobre o sacrifício da cruz são textos escritos

> sobre o plano de uma contínua e apaixonada exortação à pratica rigorosa das virtudes e do sacrifício, ao sentir-se 'lixo do mundo', à luta incessante contra os vícios e pecados, à imitação de Cristo crucificado abstendo de toda exterioridade e "apatia", segundo um modelo tradicional variamente modulado em páginas frequentemente redundantes de fórmulas retóricas, metáforas, alegorias, assonâncias, símiles, e substancialmente repetitivas no apelo à mortificação pessoal, no recordar a mudar de vida dirigido a tímidos, negligentes, "inchados e soberbos espirituais", no incitamento a perseverar, na evocação de palpitantes imagens da vida de Cristo e dos santos

---

283. ERBA, A.; GENTILI, A., Lettere spirituali, p. 8.
284. ERBA, A.; GENTILI, A., Lettere spirituali, p. 8.
285. ERBA, A.; GENTILI, A., Lettere spirituali, p. 66.
286. ERBA, A.; GENTILI, A., Lettere spirituali, p. 65-66.
287. FIRPO, M., Paola Antonia Negri, da "divina madre maestra" a "spirito diabolico", p. 9.

capazes de inspirar uma piedade ascética e mística animada por "luzes e experiência e ciência espiritual"[288].

É surpreendente como nas cartas transparece uma teologia do mistério pascal. Encarnação, morte e ressurreição aparecem inter-relacionadas. A encarnação de Jesus foi um ato da bondade de Deus para nos "livrar da culpa". Sem a encarnação não haveria a redenção. Toda a vida de Jesus culmina na sua dolorosa morte, cheia de sofrimentos. Contemplar e meditar sobre a cruz de Jesus é o ponto de partida para a experiência de encontrar-se com Cristo. Ao escrever sobre a ressurreição, dirige sua carta aos "ressuscitados por graça". A "imitação" de Cristo toma lugar no objetivo principal das cartas e por isso a necessidade de combater a si mesmo, os vícios e os pecados para ser como Cristo. As longas reflexões nas cartas, porém, não estão centradas no combate espiritual, mas na experiência de encontro com Cristo a partir do combate espiritual.

Nas cartas editadas em *Lettere spirituali* encontramos temas como as festas do Senhor, as festas de Nossa Senhora e dos santos, e sobre diversos propósitos a serem seguidos[289]. Em relação às festas e solenidades os destinatários das cartas são chamados a meditar sobre os mistérios celebrados nelas. Há também alusões a ideias luteranas mal-interpretadas que levavam alguns a não fazer nada, pois afirmam que as obras humanas não salvam. A Negri afirma que as obras nascem somente de Cristo, por sua graça e não por méritos nossos, e segundo Paulo, quem não quer trabalhar também não deve nem comer[290].

Escreve aos Filhos de São Paulo, por ocasião do Advento, fazendo uma meditação sobre a proximidade da chegada de Jesus como ser humano que é apresentado como aquele que veio para nos salvar. Ele é pobre e humilde, que passou por diversas provações e assim também nós não devemos ter desejos grandiosos: "Poderão ainda (ter lugar) em nós as ambições, as vaidades, a avareza, os ódios, as pompas? Queremos ser grandes, sendo Tu feito assim pequeno? Seremos rígidos, duros, e odiosos, fazendo-te Tu assim amável, benigno, e manso?"[291]. Jesus é colocado como modelo para que também nós sejamos como Ele, através da mortificação dos desejos de grandeza e no combate aos vícios.

---

288. FIRPO, M., Paola Antonia Negri, da "divina madre maestra" a "spirito diabolico", p. 8.

289. ERBA, A.; GENTILI, A., Lettere spirituali, p. 405.

290. ERBA, A.; GENTILI, A., Lettere spirituali, p. 363-364.

291. CONTI, B. F. de', Lettere spirituali della divota religiosa Paola Antonia de' Negri Milanese, lettere 3, 20 dicembre 1549, p. 12. Texto original: "Potranno ancora in noi le ambizioni, i fumi, l'avarizia, gli odii, le pompe? Vorremo esser grandi, essendoti tu fato sì picollo? Saremo rigidi, e duri, e odiosi facendoti tu sì amabile, benigno e mansueto?".

Antes do término da carta ela se alegra porque vê o caminho percorrido pelos membros da ordem e escreve confirmando seu crescimento espiritual, pois assim os percebe: "já preparados e dispostos de fazer-vos pequenos com o vosso pequeno Senhor, e de fazer-vos participantes da sua divindade, como Ele se fez participante da nossa humanidade"[292]. Conclui a carta fazendo uma analogia do novo nascimento do ser humano com o nascimento de Jesus, pois deseja que os membros da Ordem sejam diante de Jesus como pessoas nascidas, que não estão num ventre de carne, mas do Espírito, e que não se alimente de "nutrimento corrupto", mas de "leite razoável", não mais de "alimentos sujos, mas puros, limpos e castos"[293].

Por ocasião da festa da Anunciação faz uma meditação sobre o mistério da encarnação de Jesus. Com palavras doces alude à bondade de Deus que se faz homem para nos salvar: "Ó feliz dia, ó feliz dom, ó feliz embaixada, ó feliz homem, ó feliz culpa, porque um redentor merecestes, ó bondade de Deus, ó piedade imensa, ó desmedida clemência, ó excesso de amor"[294]. E ao mesmo tempo faz uma dura crítica ao ser humano que não reconhece tal bondade e amor: "e o homem ingrato, rebelde, duro, esquecido, desconhecedor, cego e obstinado, não reconhece, não estima, não aprecia este desmedido amor"[295]. Uma das cartas é plena de teologia sobre atributos de Jesus a serem seguidos. Nela a Negri elenca em diversas páginas analogias para dizer quem é Jesus, dentre essas destacamos o raciocínio sobre a imitação de Cristo:

> Talvez um pontífice, que tenha necessidade como os outros de oferecer frequentemente por si e pelos outros? Pelo contrário, pois que uma vez só entrará no santo dos santos e encontrará a eterna redenção... Talvez um que tenha vindo só para comandar, e dominar? Pelo contrário que veio para ser obediente até a morte, e morte de cruz. E servir, e ser súdito... Vesti-vos dele, transformai-vos nele, assim como Ele se fez em vós[296].

---

292. CONTI, B. F. de', Lettere spirituali della divota religiosa Paola Antonia de' Negri Milanese, lettere 3, 20 de dezembro de 1549, p. 13. Texto original: "gia preparati e disposti di farvi piccioli col piccolo Signor vostro, e di farvi partecipi della divinità sua, come egli é fato partecipe dell'humanità nostra".

293. CONTI, B. F. de', Lettere spirituali della divota religiosa Paola Antonia de' Negri Milanese, lettere 3, 20 de dezembro de 1549, p. 15.

294. CONTI, B. F. de', Le lettere spirituali della divota religiosa Paola Antonia de' Negri Milanese, lettere 12, parte I, 25 de março de 1548, p. 142. Texto original: "O felice giorno, o felice dono, o felice ambasciata, o felice huomo, o felice colpa, poiche un tanto redétore hai meritato, o bontà di Dio, o pietà immensa, o cleméza smisurata, o carità ardente, o eccesso d'amore...".

295. CONTI, B. F. de', Le lettere spirituali della divota religiosa Paola Antonia de' Negri Milanese, lettere 12, 25 de março de 1548, p. 142. Texto original: "e l'huomo ingrato, ribello, duro, scordevole, sconoscente, cieco e ostinato, non ricosnosce, non stima, non apprezza si smisurato amore".

296. CONTI, B. F. de', Le lettere spirituali della divota religiosa Paola Antonia de' Negri Milanese, lettere 4, p. 21-22;27. Texto original: "Forse un pontefice, che habbi bisogno come gli altri di offerire spesso per se, e

Frases de São Paulo estão presentes em diversas cartas, às vezes como explicações sobre Cristo e outras como exemplos da vida de Paulo, principalmente as escritas por ocasião da festa de sua conversão. Destacam-se nelas as exortações para uma mudança de vida assim como a de Paulo[297].

Como afirmamos anteriormente, 68 cartas não foram editadas em *Lettere spirituali* e aqui quatro delas são de suma importância: as escritas a Marco Pagani. Estas se encontram nos arquivos dos Barnabitas em Roma[298]. Antes de entrar nos Barnabitas, o jovem Marco Pagani conheceu a Angélica Paola Antonia Negri e estes se comunicavam por cartas para um discernimento vocacional. Ela o ajudou a se tornar um Barnabita, deixando para trás toda sua possível brilhante carreira como advogado junto à nunciatura de Veneza. Essas cartas marcaram a espiritualidade de Pagani e em muitos pontos de seus escritos posteriores encontramos a influência do pensamento da Negri. Ela oferece, sobretudo nas cartas, o rosto do Cristo crucificado que o ajudará a vencer todo medo e escolher o seu caminho. Pagani apresenta uma grande admiração pelos ensinamentos de Paola Negri. Muitas frases e expressões das cartas a ele enviadas são retomadas em seus escritos dedicados às duas companhias por ele fundadas.

A primeira carta é de 16 de junho de 1545. A Negri relata o quanto está feliz pela escolha de vida que o Pagani está para fazer. É uma carta que contém fundamentos bíblicos para demonstrar o valor da vocação que ele deseja abraçar. E para superar todas as dificuldades e temores é preciso contemplar o rosto do Crucificado:

> E voltemos o nosso olhar àquele Pelicano, que pende na Cruz por nós. Coloquemo-nos com a boca aberta sob os riachos do seu sangue precioso, e dele inebriemo-nos, que o encontraremos muito mais doce ao gosto, e ao nosso paladar, que não são estas vaidades do mundo[299].

O Crucificado é nesta carta definido como o centro da vida de quem o segue e para segui-lo é preciso contemplá-lo. A contemplação levará ao reconhecimento de que Ele deu a sua vida para nos salvar por amor e como resposta a

---

per gli altri? Anzi che una volta sola entrerrà in Sancta Sanctorù, e troverrà l'eterna redenzione... Forse uno che sia venuto solo per comandare, e dominare? Anzi che è venuto per esser obediente fino alla morte, e morte di croce. E servire e esser suddito... Vestitevi di lui, trasformatevi in lui, si come esso è fato voi".

297. São três cartas escritas em 1549 no dia da conversão de São Paulo: carta IX aos magníficos e nobres espíritos que em Verona militam a Jesus Cristo sob o estandarte de Paulo; carta X a Veneza; carta XI aos filhos de São Paulo Santo em Milão.

298. Archivio storico dei Barnabiti di Roma, L. b. 3. As cartas foram reproduzidas na *Positio* de beatificação e canonização de Antonio Pagani. CONGREGATIO DE CAUSIS SANCTORUM, Positio, p. 660-673.

299. CONGREGATIO DE CAUSIS SANCTORUM, Positio, p. 663.

esse amor devemos ser gratos oferecendo-se a Ele: "mas com coração generoso ofereçamo-nos, doemo-nos a quem se doou a nós"[300].

A segunda carta é de 7 de setembro de 1545. A centralidade da carta tem como temática a Eucaristia. Para os Barnabitas e as Angélicas a frequência ao Sacramento da Eucaristia era de suma importância para a vida cristã:

> Se nos afastamos do fogo, no tempo frio nos tornamos frios. E que fogo é mais verdadeiro do que este sacramento? O qual vem colocar o fogo na terra, o qual esquenta todo frio e congelado coração, que com baixeza, com reverência, com confiança, e desejo vá a ele[301].

A terceira carta é de 3 de fevereiro de 1546. Nela há uma profunda exortação sobre o Crucificado para a vida de Marco:

> Deixo-vos a memória de Cristo crucificado, da sua face cuspida, das suas carnes dilaceradas, do sangue tão abundante derramado para lavar-vos. Sede-lhe fiel, amável, e grato, envergonhai-vos por não lutar por Ele, e por não mostrar a face ao mundo com coragem, confessando sem temor[302].

A quarta carta é de 4 de maio de 1546. A carta antecede a entrada de Pagani entre os Barnabitas em Milão no dia 23 de agosto do mesmo ano. A Negri demonstra que está feliz com a decisão por ele tomada e o exorta a abandonar as coisas mundanas para abraçar este caminho:

> Oh, Deus não queira, que tal ignorância caia em vós, mas que como intrépido e verdadeiro filhinho de Deus, não vos envergonheis dele. Antes o confesseis em fato, e em palavras, e em todo modo possível, para que sejais aquele verdadeiro Marco que eu desejo, que evangelize Cristo crucificado a todo o mundo[303].

Pagani escreve em 1554, após sair dos Barnabitas, uma obra intitulada *Le rime*. Nessa obra dedica uma parte a Paula Negri tomando a sua defesa, pois estava sendo perseguida e acusada de difundir as heresias de Battista da Crema. Pagani escreve nos versos intitulados *Trionfo angelico* (Triunfo angélico) uma exaltação a sua "Divina Madre" e louva as suas virtudes e sua obediência à Igreja. A obra é condenada e vai para o índex como *Certorum auctorum libri prohibiti*[304] por ser inútil e vã.

---

300. CONGREGATIO DE CAUSIS SANCTORUM, Positio, p. 663.
301. CONGREGATIO DE CAUSIS SANCTORUM, Positio, p. 665.
302. CONGREGATIO DE CAUSIS SANCTORUM, Positio, p. 669.
303. CONGREGATIO DE CAUSIS SANCTORUM, Positio, p. 672.
304. INDEX LIBRORUM PROHIBITORUM, 1564, p. 12.

## 2.3. A herança franciscana na teologia e mística da cruz de Antonio Pagani

Em 1552, Pagani sai da ordem dos Barnabitas e após cinco anos entra na Ordem dos Franciscanos Menores. Sua formação anterior encontra grande sintonia com a espiritualidade e carisma franciscanos. Em suas obras destacam-se alguns elementos da cristologia franciscana desenvolvida desde Francisco até a sua época. Dentre esses elementos citamos a bondade de Deus, a perfeita alegria, a encarnação e a redenção como fruto do amor de Deus e a centralidade em Cristo crucificado. A centralidade do Cristo crucificado era tanto para Antonio Maria Zaccaria como para Francisco (±1181-+1226) eixo de sua vida e missão.

Francisco encontrou-se com o Crucificado na Igreja de São Damião. Ele escutou a imagem falar: "Francisco, vai e restaura minha casa que, como vês, está toda destruída"[305]. Ao acreditar que estava falando da igreja que estava em ruínas, Francisco interpreta ao pé da letra o pedido e começa a restauração da igrejinha. A partir desse encontro, o Crucificado torna-se para ele o amado do seu coração. Mais tarde entendeu o real significado da voz do Crucificado e inicia a restauração da Igreja a partir de uma vivência pobre e para os pobres, tendo como modelo o Crucificado que por amor se doou pela salvação de todos.

São Francisco deixa em seus escritos um verdadeiro testamento espiritual para se viver conforme o Crucificado, pois foi na cruz que o Filho revelou a bondade e o amor de Deus para conosco. Francisco tinha dentro de si o desejo de conformar-se a Jesus crucificado, assumindo suas dores e seus sofrimentos.

Ele expressa com linguagem teológica, mesmo sem uma sistemática, uma cristologia com sua originalidade que nasce de uma experiência pessoal do encontro com o Crucificado. A cristologia de Francisco é expressa em seus escritos e revela a função salvífica de Jesus Cristo a partir de eventos de sua vida. São temas caros a Francisco a encarnação, o estábulo, o lava-pés e a Eucaristia. Eles expressam o amor de Deus de uma forma nova e grandiosa.

> A abordagem que Francisco faz de Jesus é existencial e preponderantemente prática. Quase desde o começo de sua busca de Deus como valor supremo e único de sua vida, o Santo de Assis encontra Jesus no rosto do leproso, no crucifixo de São Damião, nas igrejas que ele visita cotidianamente ... O rosto de Jesus que a princípio atrai mormente sua atenção é o do Jesus "sinótico", que o convida a segui-lo em sua forma de vida de pobreza, abne-

---

305. FONTES FRANCISCANAS E CLARIANAS, 2Cel 10,5, p. 308.

gação e cruz. Contudo, o trato assíduo com os textos litúrgicos e a leitura cotidiana e a meditação pessoal e comunitária da Palavra de Deus no curso dos anos levaram-no a fixar os olhos de forma cada vez mais intensa no Jesus "joânico", concretamente sobre o Filho, a Palavra, o Revelador do Pai[306].

De forma poética fala também da bondade de Deus a partir do ato da criação. No cântico das criaturas Francisco afirma que "Deus é bom". Pagani em seus escritos utiliza diversas vezes a palavra bondade de forma poética e singela para definir Deus.

A oração de São Francisco diante do Crucifixo de São Damião "tem em si o germe de todas as orações da tradição franciscana. A meditação da paixão de Cristo lhe é impressa no coração e o faz descobrir a onipotência, o tamanho e a amabilidade de Deus"[307]:

> Altíssimo, glorioso Deus,
> iluminai as trevas do meu coração,
> dai-me uma fé reta,
> uma esperança certa e caridade perfeita,
> sensibilidade e conhecimento,
> ó Senhor, a fim de que eu cumpra o vosso santo e veraz mandamento[308].

Francisco dá grande importância ao Jesus da história, ressaltando seus feitos, seus ditos, seus comportamentos. Ao narrar a sua história sublinha o nascimento de Jesus como pobre e humilde, e que depois se fez peregrino e mendicante. Antes de morrer se fez alimento e doou a sua vida na cruz. Apesar de não ressaltar tanto em seus escritos o Cristo ressuscitado e glorioso, Francisco deixa transparecer uma cristologia que equilibra as dimensões humana e divina de Jesus:

> Jesus Cristo é o Verbo, o Filho do Pai, o Senhor e o Criador, o Unigênito do Pai, o Redentor, o Salvador divino; ao mesmo tempo, é também verdadeiro homem de carne frágil, pobre, humilde, peregrino, hóspede, servo de Deus e do homem em sua vida, paixão e morte, o orante e intercessor dos homens diante do Pai, seu pastor e bispo que um dia na paixão, com o despojamento radical de sua vontade, deixou tudo nas mãos de Deus Pai para realizar a salvação dos homens[309].

---

306. FRESNEDA, F.; MERINO, J. (Coords.), Manual de teologia franciscana, p. 164.
307. ZOVATTO, P., Storia della spiritualità italiana, p. 45.
308. FONTES FRANCISCANAS E CLARIANAS, Oração diante do crucifixo, p. 157.
309. FRESNEDA, F.; MERINO, J. (Coords.), Manual de teologia franciscana, p. 164-165.

Jesus é o mediador entre Deus e os seres humanos. Ele revela o rosto de Deus que é amor. Um Deus criador, Pai, Altíssimo, Onipotente e bom. E ao mesmo tempo revela o rosto do ser humano que é criatura de Deus do qual tudo recebe. Francisco convida os seres humanos a reconhecerem a sua pequenez, ou melhor, a sua pobreza, e a esvaziarem-se de todo orgulho, soberba, vanglória, para assim ser agradecidos a Deus que tudo nos doa[310]. No Cântico das criaturas Francisco afirma que tudo vem da bondade de Deus: "Altíssimo, onipotente, bom Senhor, teus são o louvor, a glória, a honra e toda a bênção"[311].

A perfeita alegria é outro tema caro a Francisco. Há duas versões para uma mesma história na qual Francisco ensina o que é a perfeita alegria, uma versão original pertencente aos Escritos de São Francisco e uma ampliada na legendária versão de "I Fioretti". Na história, Francisco chega num determinado convento, é rejeitado pelos próprios irmãos e é afastado do convívio com eles, ou melhor, não é reconhecido, é expulso, é visto como um ladrão. Francisco apresenta que o verdadeiro sentido da alegria não está em coisas grandiosas, mas na capacidade de suportar todas as contrariedades da vida sem se alterar, com paciência e com alegria, identificando-se com Jesus rejeitado, sofredor, crucificado, esbofeteado... Tais sofrimentos devem ser acolhidos por amor a Cristo que por tudo passou por nosso amor. Pagani fala em diversas partes de seus textos sobre a capacidade de se vivenciar a perfeita e verdadeira alegria.

Francisco segue a Jesus procurando viver como Ele viveu em sua pobreza, mendicância, humildade e reconhecendo a amor de Deus e todos os seus atos de bondade para com as criaturas. Procurou viver tão intensamente como Jesus que no final de sua vida recebe os estigmas do Mestre, como sinal de conformação total ao Crucificado. Escreve Tomás de Celano: "São Francisco estigmatizado e o Crucificado haviam-se convertido na mesma pessoa"[312]. E ele afirma ainda que "todos os desejos do homem, em público e em particular, centravam-se na cruz do Senhor; desde o começo, em que iniciou a militar para o Crucificado, diversos mistérios da cruz resplandeceram em sua pessoa[313].

Após sua morte ocorre um crescimento da devoção ao Crucificado e à cruz. Por outro lado são desenvolvidas reflexões franciscanas sobre Jesus Cristo e estas foram mais sistematizadas. Dentre elas ressaltamos as reflexões cristológicas de

---

310. FRESNEDA, F.; MERINO, J. (Coords.), Manual de teologia franciscana, p. 166.
311. FONTES FRANCISCANAS E CLARIANAS, p. 104.
312. FONTES FRANCISCANAS E CLARIANAS, 2Cel 219.
313. FONTES FRANCISCANAS E CLARIANAS, 3Cel 2.

Santo Antônio de Pádua, os Mestres de Paris, São Boaventura, Duns Scotus, Bernardino da Sena, dos quais alguns chegam a ser citados nas obras de Pagani[314].

Encontramos em frei Antônio de Pádua uma importante reflexão na teologia franciscana. Ele foi autorizado pelo próprio Francisco a ensinar Teologia aos frades. Como grande doutor oferece-nos uma cristologia pastoral com densos conteúdos doutrinais. Jesus Cristo é o centro de sua teologia e é visto como o mediador da criação e da redenção. Dois elementos da vida de Jesus muito importantes para Antônio são a paixão e a cruz. Elas são instrumentos e sinais do amor de Deus. Para com um grande amor, deve-se corresponder com amor, por isso a meditação sobre a paixão e a cruz deve provocar na pessoa que medita uma resposta de amor a um tão grande amor[315]. Para Antônio, Cristo crucificado é experimentado e proposto como esposo paciente e cravado sobre o madeiro que atrai a si a alma com seu amor, para que se coloque em seu lado aberto e faça o ninho dentro de suas chagas[316].

Após Antônio de Pádua, ganha destaque os Mestres de Paris que nos deixam a *Summa Fratis Alexandri*. Nela a reflexão cristológica tem como centralidade o mistério da encarnação do Verbo. A encarnação é "a elevação da humanidade à dignidade filial por meio do Filho feito homem, e pela humanidade, devido à sua corporeidade, é elevação de toda a criação"[317]. Segundo esses Mestres, poderia ter acontecido a encarnação mesmo se o homem não tivesse pecado. A partir da encarnação eles refletem sobre toda a vida de Jesus. Veem a paixão e a cruz de Jesus como caminhos de redenção do pecado e do mal. Na cruz morre o Filho de Deus, nesse sentido devemos ver ali a "morte de Deus", pois nela o Filho padeceu e sofreu[318].

Da escola dos Mestres de Paris surge a reflexão teológica de Boaventura (1217-1274). Ele escreve sobre diversas temáticas, mas ganha destaque na reflexão cristológica o tema da encarnação do Verbo e a redenção por ele manifestada. Boaventura segue a linha de Francisco sobre a encarnação do Verbo, mas vai além, afirmando que o Verbo é o mediador da criação e da Redenção. Sua cristologia parte do Verbo incriado, e é este que tem a função de reconduzir o ser humano e o mundo ao seu princípio divino, ao Pai, à Trindade. A encarnação é um grande ato de humildade, de pobreza e de sofrimentos vivenciados pelo Ver-

---

314. PAGANI, A., Specchio di fideli, sobrecapa; PAGANI, A., Gli ordini delle Dimesse, p. 56.
315. FRESNEDA, F.; MERINO, J. (Coords.), Manual de teologia franciscana, p. 171.
316. FRESNEDA, F.; MERINO, J. (Coords.), Manual de teologia franciscana, p. 171.
317. FRESNEDA, F.; MERINO, J. (Coords.), Manual de teologia franciscana, p. 173.
318. FRESNEDA, F.; MERINO, J. (Coords.), Manual de teologia franciscana, p. 173.

bo para que o ser humano voltasse às alturas da realidade celestial, por isso ela é um acontecimento redentor. Todos deveriam olhar para a encarnação como um exemplo de vida liberta e querer voltar ao caminho da vida[319].

De acordo com a reflexão teológica já desenvolvida anteriormente, Boaventura

> vê na paixão e morte de cruz o dom do amor sem reservas que Jesus Cristo Cabeça fez de si ao Pai pela humanidade pecadora e, portanto, a causa que mereceu fazer a humanidade pecadora voltar a Deus e fazê-la de novo partícipe da vida do Espírito e da felicidade eterna[320].

A morte de Jesus foi um ato extremo de amor, por isso na cruz todas as coisas são reveladas e ninguém tem acesso a Deus de forma direta, mas só por meio do Crucificado. Assim, contemplando o Crucificado a pessoa é chamada a assimilar os valores vividos por Jesus: "a superabundância de caridade de Deus pelo homem, manifestada na pobreza, na humildade e na paciência, no sofrimento e no despojamento extremo sobre a cruz"[321]. Ele escreve que "Jesus Cristo crucificado é o 'centro' (*medium*) da realidade inteira, simbolizado claramente pelo ponto de interseção da linha vertical e da horizontal"[322].

Pagani indica às duas companhias por ele fundadas a leitura de São Boaventura. Um dos livros que Pagani leu e cuidou de uma edição foi *Stimulus divini amoris*, no qual é frequente a meditação sobre a paixão do Senhor.

O próximo teólogo franciscano, Duns Scotus (1266-1308), afirma que "a paixão e morte redentoras de Jesus devem ser vistas como desígnio de amor do Pai, de Deus Trindade, para voltar a chamar a si com liberalidade e liberdade a humanidade pecadora que se havia afastado dele"[323]. A morte de Jesus foi uma prova maravilhosa de amor da parte de Deus e de Cristo, e isto nos pede uma resposta de grato e imenso amor: "Por isso, (Deus) fez principalmente isto, porque – creio – pretendia atrair-nos ao seu amor"[324]. Duns Scotus vê na redenção um puro ato de amor, enquanto que a teologia latina via como reparação querida pela justiça divina. Scotus não parte da redenção para falar da encarnação, mas diretamente da perspectiva da predestinação a partir da pergunta: "Cristo

---

319. FRESNEDA, F.; MERINO, J. (Coords.), Manual de teologia franciscana, p. 175-178.
320. FRESNEDA, F.; MERINO, J. (Coords.), Manual de teologia franciscana, p. 179.
321. FRESNEDA, F.; MERINO, J. (Coords.), Manual de teologia franciscana, p. 181.
322. FRESNEDA, F.; MERINO, J. (Coords.), Manual de teologia franciscana, p. 183.
323. FRESNEDA, F.; MERINO, J. (Coords.), Manual de teologia franciscana, p. 187.
324. FRESNEDA, F.; MERINO, J. (Coords.), Manual de teologia franciscana, p. 187.

foi predestinado a ser Filho de Deus?" Para ele o pecado não é o motivo principal da encarnação, por isso não parte da pergunta: "Se Adão não tivesse pecado, o Verbo teria se encarnado?"

Também Bernardino de Sena afirma que a paixão e a cruz entram desde o princípio no desígnio salvífico de Deus, por isso não devem ser vistas como realidades ocasionadas por causa do pecado ou como meios de redenção do pecado, mas como sinais do amor de Deus que torna partícipes de sua vida a criação.

> O desígnio salvífico é conduzido pela suma caridade do Pai que chamou à existência os anjos, o homem e o mundo por meio de Cristo e em vista dele; além disto, sempre no único desígnio de amor, quis por pura graça elevar os anjos e os homens à vida divina, preservar os primeiros da queda e levantar os segundos do pecado previsto por ele e permitido para reconduzi-los à sua vocação última. No entanto, Deus Pai quis que Jesus Cristo, mediador também da sua criação, merecesse estes dons tão sublimes com um mérito perfeito[325].

Pagani recebe da espiritualidade franciscana o apaixonamento pelo Crucificado, aquele que era rico e se fez pobre doando a sua vida numa cruz por amor. Outro elemento recebido é a inter-relação entre encarnação e morte de Jesus que será desenvolvida por Pagani em suas obras ascético-místicas. Apesar de percebermos, porém, uma valorização da encarnação de Jesus como ato da bondade de Deus, vemos também uma maior proximidade com a teologia tomista da redenção. Deus devolve ao ser humano a salvação que estava perdida por causa do pecado do primeiro homem. Deus nos salva por ato de sua bondade. Como veremos a seguir, Pagani nos convida a responder a esse ato de amor com amor, assim como já ensinava Antônio de Pádua que um ato de amor deve ser respondido com outro.

## 2.4. A leitura e a contemplação do "Livro da vida"

A expressão "livro da vida" foi interpretada de diversos modos ao longo da história da Igreja. Para Santo Agostinho significava "certa virtude divina, por força da qual cada um conserva na memória as suas boas ou más obras". Para Santo Tomás de Aquino "o livro da vida é o conhecimento desta. Ora, Deus conhece pela sua, todas as outras vidas. Logo, o "livro da vida" concerne precipuamente à vida divina e não só à dos predestinados"[326]. Santa Teresa d'Ávila intitula sua auto-

---

325. FRESNEDA, F.; MERINO, J. (Coords.), Manual de teologia franciscana, p. 192.
326. ST, questão 24, art. 2.

biografia "O livro da vida". Para nosso autor, Antonio Pagani, o ponto de partida para a formação do seguidor de Cristo é a contemplação do "livro da vida", isto é, do mistério pascal. Ele lê o livro da vida como a encarnação, a morte, a paixão e a ressurreição do Redentor. Para esta contemplação faz-se necessária uma vida orante e uma resposta ao amor de Deus. Ele escreve no quarto capítulo da primeira parte do livro *Il thesoro dell'humana salute et perfettione* (O tesouro da salvação e perfeição humana) que

> para atingir rápido e facilmente este saboroso e verdadeiro conhecimento de Deus, é necessário que a alma na oração estude e leia muito bem, com os olhos do amor, no *livro da vida*, ornado e iluminado pelo puríssimo sangue de Jesus, nosso Redentor, isto é, na vida e paixão do Salvador. Nesse livro o eterno Pai nos indica a forma, o modo e o caminho para conhecer Deus e para chegar a Ele por meio do puro e perfeito amor[327].

Pagani muito contribuiu com seus diversos escritos para que o conhecimento e o aprofundamento do "livro da vida" chegassem ao coração de tantas pessoas. Ele parte da experiência do encontro com o Crucificado para se compreender a relação com sua encarnação, sua vida e sua ressurreição. Cristo crucificado encontra-se como eixo de suas obras e de sua vida e anúncio. Isto pode ser dado devido às experiências feitas em sua formação religiosa, pois é herdeiro de duas espiritualidades nas quais a cruz ganha destaque: a dos Barnabitas, que tem em São Paulo seu paradigma, e para ele o Crucificado era ponto central de seu anúncio; e a dos Franciscanos, pois para Francisco a experiência de encontro com o Crucificado em São Damião foi fundante para início de seu seguimento a Cristo, e o Crucificado é a centralidade de sua vida a ponto de identificar-se com ele ao receber suas chagas.

Na experiência com os Barnabitas, a maior influência no pensamento de Pagani se deu devido à herança da doutrina de frei Battista da Crema, onde seus ensinamentos levavam a uma "rejeição do mundo e de desprezo por si mesmo, a fim de realizar um caminho de penitência pessoal e de radical purificação"[328].

Como Pagani não escreveu um tratado de cristologia, não encontramos sua teologia da cruz em apenas uma obra, mas diluída em diversas partes de suas

---

327. PAGANI, A., Il thesoro dell'humana salute et perfettione, p. 10. Texto original: "et appresso per tosto, e facilmente trovar questa saporosa, e vera cognitione di Dio, bisogna, chel'anima in essa oratione molto bene studii, e legga con gli occhi dell'amore nel libro della vita, ornato, e miniato del purissimo sangue di Giesú nostro Redentore, cioé nella vita, e passione di esso Salvatore; nel qual livro l'eterno Padre ci dimostra, e c'insegna la forma, e'l modo, e la via, come possiamo haver la cognitione di esso Iddio, e come co'l mezo del puro, e perfetto amore possiamo à lui pervenire".

328. TOFFOLO, A., Servire a Dio in l'abito mio seculare, p. 23.

numerosas obras. Elas contêm um teor ascético-místico e podemos classificá-las nos âmbitos poético, teológico, espiritual, formativo, pastoral e jurídico.

O fio condutor das obras de Pagani é a apresentação da bondade e do amor de Deus, reveladas principalmente na encarnação do seu Filho e na sua entrega por nossa salvação. E para com um amor imenso e infinita bondade só se pode responder com amor, por isso convida os seus leitores a exercitarem-se nas virtudes para melhor corresponder a Deus. Veremos a seguir como esses elementos se entrelaçam.

a) A bondade de Deus

Deus não somente é bom, mas é bondade. Ninguém é bom por própria natureza, mas só Deus. É a partir desta afirmação que Pagani desenvolve sua convicção de que o ser humano é chamado a amar a Deus e o primeiro motivo para amá-lo é reconhecer tal bondade.

O tema sobre a bondade de Deus está presente nas fontes principais de Antonio Pagani. Para São Francisco de Assis a bondade de Deus se revela nas criaturas, pois Deus é pura bondade[329]. Tomás de Aquino utiliza inúmeras vezes na *Suma Teológica* o termo bondade para Deus. E para mostrar que só Deus é bom pela sua essência, ele utiliza a perfeição como prova[330]:

> Só Deus é bom pela sua essência. Pois dizemos que um ser é bom enquanto perfeito, e uma coisa pode ter perfeição de três modos. A primeira a constitui na sua existência; pela segunda, alguns acidentes se lhe acrescentam, necessários à sua perfeita operação; pela terceira atinge uma outra coisa, como fim. Assim, a primeira perfeição de fogo consiste na sua existência, que lhe advém da forma substancial; a segunda, na calidez, leveza, secura e acidentes semelhantes; a terceira perfeição em repousar no seu lugar[331].

Para concluir seu pensamento, Tomás de Aquino afirma que só Deus contém esta tríplice perfeição, assim está na essência de Deus ser bom e por isso Ele é pura bondade:

> Ora, esta tríplice perfeição a nenhum ser é própria, por essência, senão só a Deus, de quem só a essência é a existência, e a quem nenhum acidente advém; e o que dos mais seres se diz acidentalmente, a ele lhe convém essencialmente, como, ser poderoso, sábio e atribuições semelhantes, conforme do sobredito claramente resulta; e assim, também ele a nenhum outro ser

---

329. FONTES FRANCISCANAS E CLARIANAS, Cântico das criaturas, p. 104.

330. ST, questão 6, art. 4.

331. ST, questão 6, art. 3.

se ordena como ao fim, antes é o fim último de todas as coisas. Por onde, é manifesto que só Deus tem, por essência, omnímoda perfeição. Logo, só Ele é bom por essência[332].

Na primeira parte de *Specchio di fideli*[333] (Espelho dos fiéis) se entrelaçam os temas da criação, da encarnação de Jesus e da redenção. A primeira amostra da bondade de Deus foi o ato da criação. Aqui Pagani parte do argumento da necessidade de se conhecer Deus como fundamental para o reconhecimento de sua bondade infinita revelada principalmente na doação do próprio Filho, que se fez nosso irmão ao assumir nossa natureza e pela nossa salvação deu a própria vida.

O "Espelho dos fiéis" é o próprio Jesus Cristo e cada leitor da obra é convidado a contemplar o "espelho" para percorrer com Ele o caminho perfeito, mas, sobretudo, o caminho da cruz que é o extremo dom de amor. É um caminho de preparação para "o encontro" não mais com o "espelho", mas com o próprio Cristo, que é a luz verdadeira do mundo.

Cristo nos proporciona o conhecimento de Deus, de nós mesmos e dos bens recebidos, pois Ele é a verdadeira luz que ilumina todas as realidades. A primeira realidade a ser iluminada é o conhecimento de nós mesmos. Iniciamos o conhecimento de nós mesmos a partir do dado da criação. Deus nos criou. Deus não somente criou o ser humano a sua imagem e semelhança, mas o chamou a si desde o seu nascimento. Em sua infinita bondade nos deu a vida. Por amor nos criou e nos deu a melhor vida. Deu ao ser humano uma vida que é superior à vida de todas as outras criaturas, "porque tem de Deus a possibilidade não só de possuir essa corporal e racional vida humana, mas também ter a vida da divina graça"[334].

A vida da divina graça é a luz recebida de Cristo para não se viver no pecado e na morte. Cristo é a verdadeira luz da vida: "esta luz, diz João, é luz específica dos homens porque, embora ela espalhe sobre todas as criaturas criadas os seus raios esplendentes, todavia a sua imagem se manifesta de modo singular na alma

---

332. ST, questão 6, art. 3.

333. Specchio di fideli (Espelho dos fiéis) é a uma obra ascético-mística publicada em 1579 por Fr. Antonio Pagani. É um tratado de doutrina e de espiritualidade que entrelaça os temas sobre trindade, encarnação, mariologia, liturgia eucarística, oração, especialmente o Pai nosso, e como preparar-se para o encontro definitivo com o Senhor. Todos os conteúdos são perpassados por indicações para se trilhar um caminho de perfeição e salvação. Há muitas citações bíblicas, dos Padres da Igreja e de teólogos importantes. Em cada conteúdo há diversas orações, principalmente as inspiradas a partir dos textos de Santo Agostinho. A obra é plena de analogias numa linguagem poética, mística e orante.

334. PAGANI, A., Specchio di fideli, p. 2. Texto original: "havendo egli da Dio la possanza non solo di posseder questa corporale e rationale vita humana, ma d'avere anco la vita della divina grazia".

do homem"[335]. Todo ser humano que nasce é iluminado pela luz de Cristo, mas ele pode se deixar levar pelas trevas do pecado e dos vícios, afastando-se da verdadeira luz. A luz é dada a todos, mas nem todos a aceitam e a recebem:

> O evangelista João escreveu com razão: "A luz brilha nas trevas, mas a escuridão não a acolheu". Como o sol visível, que também atinge os olhos de um cego com seus raios, todavia não os ilumina, porque não conseguem receber luz, assim Cristo, luz verdadeira e o Sol da justiça, enviando sua luz para nossas mentes, não as ilumina eficazmente se fizerem resistência com a sua cegueira voluntária, porque se tornam incapazes da luz divina[336].

Ao acolher e receber a luz a pessoa passa por um nascimento espiritual, e este é um segundo modo de vir ao mundo. Neste novo nascimento as pessoas são iluminadas pela graça divina destruindo em si o mundo dos vícios, para habitar e reinar no mundo das virtudes. Elas conseguem viver e se alegrar com a luz, afastando-se das trevas.

Para se receber a luz divina é preciso afastar a mente dos pensamentos, imagens e afetos, para elevá-la na contemplação das coisas divinas e se aproximar de Cristo. Quanto mais se aproximar de Cristo, mais luz receberá. Mais se aproxima de Cristo quem renuncia a toda realidade transitória, se afasta do prazer do pecado e se converte toda ao seu Deus. E isto é um exercitar-se na "mortificação"[337] para afastar-se dos vícios. Pagani apresenta uma lista dos vícios que podem nos afastar da luz:

> soberba, vanglória, inveja, tristeza, preguiça, avareza, raiva, gula, luxúria e também de muitos atos ruins que resultam deles como galhos malignos de uma planta doente. Estes são os maus suspeitos e os pensamentos nocivos ou vãos, a amargura do ânimo e da vontade, das murmurações, distrações, as contendas, as palavras e obras ruins ou ociosas, das distrações dos senti-

---

335. PAGANI, A., Specchio di fideli, p. 3. Texto original: "Et questa lucè (dice Giovanni) è luce degli huomini particolare; impercioche se ben questa luce sopra tutte le cose create sparge i suoi lucidi raggi, tuttavia la sua propria imagine nella solo anima dell'huomo piu singolarmète si manifesta".

336. PAGANI, A., Specchio di fideli, p. 5. Texto original: "Et di qui è, che ragionevolmente segue il Vangelista Giovanni dicendo, et la luce risplende fra le tenebre, ma le tenebre non l'hanno abbracciata. Impercioche si come il sol visibile, ancorche co' suoi luminosi raggi circondo gli occhi di alcun cieco, tuttavia non gli illumina, perche essi non sono di alcun lume capevoli, cosi essa vera luce e sol di giustizia Christo, mandando il suo lume alle nostre menti non però in effetto le illumina, se elle con la voluntaria loro cecità gli fanno resistencia, perche si rendono incapaci à tal modo di esso lume divino".

337. A mortificação nos escritos de Pagani não se trata de punições corporais, mas significa um exercício de autodomínio através de uma disciplina para fazer morrer o "homem velho" e nascer o "homem novo".

dos, do excessivo amor e o prazer das criaturas, da instabilidade e má conduta, e outros efeitos negativos semelhantes[338].

É importante ressaltar que o conhecimento de si mesmo se dá com a ajuda da divina graça. Não se consegue somente por esforço pessoal vencer os próprios vícios. O ser humano examina a sua consciência, mas iluminado pela divina graça e pelas experiências, encontrará as intenções da mente, os movimentos e os afetos do coração[339].

Após obtermos o conhecimento de nós mesmos devemos ver que conhecimento temos de Deus. O conhecimento de Deus é mais uma realidade a ser iluminada por Cristo. Aqueles que fazem a experiência de se aproximar e se deixar iluminar por Cristo, a verdadeira luz, são capazes de conhecer Deus. Somente quem consegue recolher-se em si mesmo, tornando-se livre de todas as distrações para aproximar-se de Deus, é capaz de contemplar quem é Deus[340].

Da contemplação de Deus é que procedem as nossas virtudes. Ao reconhecermos a bondade, o poder, a sabedoria e todos os outros bens que de Deus recebemos, somos também chamados a viver esses bens. Quanto mais nos distanciamos do reconhecimento desses bens, tanto mais viveremos as más paixões que são a tristeza, a tepidez, a amargura, a iniquidade etc. Para apresentar quem é Deus Pagani apresenta primeiramente algumas definições filosóficas e teológicas:

> teu Senhor Deus é uma substância viva, eterna e infinita, um ato puro, independente e perfeito; é altíssima Trindade, única virtude e indivisível majestade, isto é, o Pai, o Filho e o Espírito Santo, em três pessoas e uma substância, verdadeiro Deus onipotente, de uma simples natureza, incorpórea e invisível[341].

Tais definições não serão desenvolvidas na obra. O objetivo principal de Pagani é apresentar experiência do encontro com a bondade de Deus, por isso elenca ainda outras atribuições:

---

338. PAGANI, A., Specchio di fideli, p. 19. Texto original: "superbia, vanagloria, invidia, tristitia, acidia, avaritia, ira, gola, lussuria, e anco di molti vitiosi atti, che indi, come mali ramoscelli da vitiosa e corrotta pianta, nascono; come è, delle male sospicioni, dei nocivi o vani pensieri, dell'amaritudine di animo, e della propia volontà, delle mormorationi, detrattioni, contentioni, male, o disutili, e otiose parole e operationi, della vagatione o distrattione de sensi, del foverchio amore, e diletto delle creature, dell'instabilità e mala consuetudine, e d'altri simili vitiosi effetti".

339. PAGANI, A., Specchio di fideli, p. 30-34.

340. PAGANI, A., Specchio di fideli, p. 53-56.

341. PAGANI, A., Specchio di fideli, p. 54. Texto original: "il tuo Signore Iddio è una certa viva, perpetua e infinita sostanza, e un puro, independente e d'ogni parte perfetto atto; egli è (dico) una altissima Trinità, unica virtù, e indiscreta maestà, cio è, il Padre, il Figliuolo, e lo Spirito Santo, in tre persone e una sostanza, vero Iddio onnipotente, d'una semplice, incorporea, invisibile e incircunscritta natura".

é perfeito sem limites, grande sem quantidade, bom sem qualidade, eterno sem tempo. É vida sem morte, força sem enfermidade, verdade sem erro. É presente em todos os lugares sem término e mutação de lugar, enche todas as coisas sem expansão, nos encontra em todos os lugares sem contradição, passa por tudo sem movimento ou resistência, está entre todas as coisas sem estado ou limitação. Cria sem necessidade todas as coisas, governa tudo sem esforço, sem princípio dá início a todas as coisas, e sem sua mudança faz as coisas mudarem[342].

Logo em seguida, cita diversas virtudes para apresentar quem é Deus: eterna majestade, amplitude, altura, profundidade, nobreza, riqueza, dignidade, perfeição, poder, sabedoria, glória, beleza, caridade, piedade, bondade, amabilidade, doçura, benignidade. Além dessas diz que há tantas outras, mas o ser humano não conseguiria descrever perfeitamente quem é Deus, pois faltariam livros ou tinta para manifestar plenamente uma pequena parte de sua bondade e de suas virtudes[343]. Pagani expressa em linguagem poética o que afirma Santo Tomás de Aquino sobre a bondade de Deus que é compartilhada com todas as criaturas:

> Como é natural para a luz enviar o seu esplendor e é natural característica da fonte espalhar os seus claros e frescos regatos, assim é próprio da natureza divina liberalmente enviar em todos os lugares e comunicar com cada criatura sua, quanto é possível, os raios de sua bondade[344].

O ser humano deve amar a Deus porque reconhece que Deus é bondade. Não porque Ele é bom por realizar benefícios pessoais, mas porque Ele é em si mesmo a própria bondade e caridade. Deus nos criou porque nos escolheu e nos amou por primeiro. Mas devido ao pecado nossa vida ficou comprometida, e Deus não nos abandonou, enviando o seu Filho para devolver-nos a vida, isto é, salvar-nos. Pagani afirma que são dois os principais motivos pelos quais

---

342. PAGANI, A., Specchio di fideli, p. 54-55. Texto original: "é, senza mancamento, perfetto, grande senza quantità, buono senza qualità, e senza tempo è sempiterno; egli è vita senza morte, forztezza senza infirmità, e verità senza errore; il qual senza termine o mutatione di sito è in ogni luogo presente, senza ovunque è tutto, senza dilatatione tutte le cose riempie, semza contradittione in ogni luogo ci incontra, senza motto o resistanza ogni cosa trapassa, e senza strato ò strettezza sta fra tutte le cose; il qual senza bisogno ogni cosa crea, senza fatica il tutto governa, senza suo principio a ogni cosa dà il principio, e senza sua alteratione, ò mutabilità fa le cose mutabili".

343. PAGANI, A., Specchio di fideli, p. 56.

344. PAGANI, A., Specchio di fideli, p. 59-60. Texto original: "Come è di natura della luce di mandare il suo splendore ed è naturale propie del fonte di spargere i suoi correnti, chiari, freschi, e dolce rivoletti; così alla sua naturale divina inchinatione s'appartiene di liberalmente mandare in ogni luogo, e comunicar, quanto è possibile, ad ogni sua creatura i raggi della sua bontà...".

devemos amar a Deus: porque é Deus, sumo bem, e porque foi o primeiro a nos amar[345].

b) A bondade de Deus iluminada pela redenção e pela encarnação

Pagani lê a História da salvação a partir do Cristo crucificado. Ele afirma que a redenção é superior a tudo, inclusive à criação, pois Deus realizou muito mais na obra da redenção do que na criação do universo[346], pois na criação Deus criou tudo com a palavra e na redenção sofreu contradições, perseguições, calúnias, desprezos, tormentos e morte. Deus deu muito mais ao ser humano ao redimi-lo do que ao criá-lo porque deu a si mesmo para que o ser humano fosse restituído.

Esse tema será melhor desenvolvido na obra *Il thesoro dell'humana salute et perfettione*[347]. Pagani ensina a buscar o "tesouro", isto é, Cristo crucificado, a partir da experiência do conhecimento de Deus e do encontro com o amor de Deus revelado em Jesus Cristo crucificado. O livro apresenta algumas indicações e exercícios práticos para se chegar ao conhecimento de Jesus e à perfeição cristã:

> eu quis aqui recolher sinteticamente com clareza e certa ordem, algumas reguladas observâncias e alguns exercícios práticos muito úteis a este fim, que nas Sagradas Escrituras e em diversos autores Santos estão dispersos, para que a todo fiel sejam mais fáceis e breves os meios para alcançar mais rapidamente o bem-aventurado fim e o inestimável tesouro por causa do qual cada um deve desprezar e abandonar sempre, com afeto e, às vezes, com o efeito, todo outro temporal e mundano tesouro[348].

*Il thesoro* é dividido em cinco partes interligadas[349] como um caminho a ser percorrido a partir de práticas de virtudes para se alcançar a perfeição e para

---

345. PAGANI, A., Specchio di fideli, p. 71-72.

346. PAGANI, A., Il thesoro dell'humana salute et perfettione, p. 21.

347. Antonio Pagani publica em 1579 outro livro de caráter ascético-místico. O livro foi transcrito para o italiano corrente com o título *Il tesoro dell'umana salvezza e perfetione*. Muitas vezes o autor refere-se neste livro a um outro publicado no mesmo ano, *Specchio di fideli*, para aprofundar algumas questões.

348. PAGANI, A., Il thesoro dell'humana salute et perfettione, proêmio. Texto original: "io hò voluto quì in poca somma con chiaro, e certo ordine raccogliere alcune regolate osservanze, et alcuni pratticati essercitii à ciò molto giovevoli, che nelle Sacre Scritture, et in diversi Santi autori sono sparsi; accioche ad ogni fidele siano più facile, et più brevi i mezi di poter tosto conseguire esso beato fine, et inestimabile thesoro, per lo quale ogn'uno è debitore di sprezzare, et lasciar sempre con l'affetto, et alle volte con l'effetto, ogni altro temporale, et mondan thesoro".

349. A primeira parte trata do conhecimento de Deus e de nós mesmos; a segunda, da verdadeira penitência e a mortificação dos vícios, para a conversão e reforma do pecador; a terceira é sobre a conquista das virtudes cristãs, para a santificação do penitente; a quarta trata da perfeita caridade, para a transformação do penitente; a quinta, do controle dos sentimentos interiores, para a beleza da alma.

se reconhecer e se configurar ao "tesouro" que é o próprio Cristo crucificado, a revelação suprema da bondade de Deus.

Numa linguagem da época para designar o ser humano em sua profundidade, utiliza inúmeras vezes a palavra "alma". A alma é a própria pessoa. É a pessoa por inteira, em sua profundidade, que vai trilhar o caminho de perfeição. Neste caminho é necessário primeiramente a experiência de encontro com o Cristo crucificado para dele aprender a amar: "se finalmente quisermos ser no conhecimento e no amor de Deus educados, e perfeitos, e conformes à imagem e semelhança de JESUS CRISTO crucificado, vamos à sua cruz, como à sua cátedra de Mestre; e de suas palavras e exemplos aprendamos o caminho para o seu amor"[350].

Deus em sua infinita bondade criou o ser humano por amor, nele confiou e o colocou em um "lugar das delícias". Apesar de ter a sua origem em Deus, pecou contra o mandamento de Deus e foi condenado "à morte eterna". A encarnação de Jesus é uma expressão da bondade e do amor de Deus para com o ser humano, porque como foi criado para ser filho de Deus, por adoção e por graça, Deus envia o seu Filho ao mundo para reparar a grave perda do ser humano.

Santo Tomás de Aquino "afirma que a paixão de Cristo compensou o pecado por ser preeminentemente um ato de amor, sem o que não poderia haver satisfação. Em seu sacrifício, Cristo ofereceu a Deus mais do que era exigido"[351]. Santo Tomás também não separa a relação da redenção com a encarnação de Jesus. Como discípulo da teologia tomista através da leitura dos escritos de frei Battista da Crema, aqui há uma grande proximidade com a teologia tomista da redenção, pois Pagani explica em outra obra por que nenhum homem manchado poderia satisfazer a justiça divina:

> Mas porque todos os homens eram filhos de Adão e, por natureza, filhos da ira e obrigados à morte; porém era impossível que qualquer homem puro jamais pudesse satisfazer as ofensas feitas à infinita bondade e Majestade de Deus. Pelo contrário, se todos os homens juntos tivessem sofrido mil mortes por um, nunca poderiam ter cancelado uma mínima culpa cometida contra Deus; nem menos poderiam adquirir um grau mínimo da hereditariedade celeste[352].

---

350. PAGANI, A., Il thesoro dell'humana salute et perfettione, p. 11. Texto original: "se finalmente vogliamo esser nella cognitione, e nell'amor di Dio ammaestrati, e perfetti, e all'imagine, e similitudine di GIESU CHRISTO crocefisso conformi; andiamo alla sua croce, si come alla catedra di esso nostro Maestro; e dalle parole, e dalli effetti suoi impariamo la via al suo amore".

351. COMISSÃO TEOLÓGICA INTERNACIONAL, Algumas questões sobre a teologia da Redenção.

352. PAGANI, A., Le Sponsalitie dell'anima con Christo, p. 30. Texto original: "Ma perche tutti gli huomini erano figliuoli di Adamo, e per natura figliuoli d'ira, e obligati alla morte; però era impossibile che alcun

Pagani complementa o seu pensamento explicando como Deus age em sua bondade e misericórdia não deixando o homem condenado à morte. Por amor Deus quis nos salvar enviando Jesus Cristo. Ele poderia nos deixar entregues à condenação, mas usa mais a misericórdia do que a justiça:

> quanto ao poder ou ao saber humano, não havia alguma esperança de recuperar a perdida graça divina, nem a antiga inocência e felicidade. Portanto, o Pai das misericórdias é o Deus de toda consolação. Depois do qual nenhuma coisa é impossível, nem difícil. Encontrou um modo com a sua eterna e infinita sabedoria muito egrégio, piedoso e maravilhoso, com o qual tivesse que socorrer a nossa infelicidade e a reparar a nossa ruína; e assim fez, que no operar a nossa salvação segundo a sua inefável misericórdia, fosse todavia, feita a plena satisfação pelas nossas ofensas cometidas contra esse Deus de modo que a divina justiça tenha que ficar contente. A qual não teria suportado que os homens, sem a devida satisfação, voltassem na divina graça[353].

É o próprio Deus quem nos doa a única possibilidade de salvação com a encarnação do seu próprio Filho. O assumir a nossa natureza humana e o entregar a vida por nós são atos de amor verdadeiro e gratuito, pelos quais Deus não espera nada em troca. A mística convida o ser humano a reconhecer tal amor e a nossa pequenez enquanto seres humanos dependentes de Deus. O ser humano é chamado a reconhecer o amor de Deus que entrega o seu Filho ao mundo através da encarnação e de sua morte de cruz, para salvar o próprio ser humano. A paixão e morte de Jesus será o grande modelo de amor de Deus e assim o ser humano é chamado a viver como Jesus, que demonstrou um amor incompreensível e deu-nos um exemplo de vida virtuosa e irrepreensível. Assim, Pagani afirma que Jesus

> obediente e amável filho na assumida natureza humana fez-se a nós semelhantes, se contentou, antes desejou sentir e sofrer em si mesmo sem culpa,

---

puro huomo mai potesse sodisfar le offese fatte alla infinita bontà, e Maestà di Dio. Anzi se tutti gli huomini insieme havessero patite mille morti per uno, non mai havrebbono potuto scancellare una minima colpa commessa contra Dio; nè meno havrebbono potuto acquistare un minimo grado della celeste heredità".

353. PAGANI, A., Le Sponsalitie dell'anima con Christo, p. 30-31. Texto original: "quanto al potere, o al sapere humano, non v'era alcuna speranza di poter mai piu ricovrar la perduta gratia divina, nè la pristina innocenza, e felicità. Per tanto il Padre delle misericordie, e'l Dio d'ogni consolatione; appresso il qual niuna cosa è impossibile, nè difficile; trovò modo con la sua eterna, e infinita sapienza molto egregio, pietoso, e maraviglioso, co'l quale egli havesse a soccorrere la nostra infelicità, e riparar la nostra ruina: e fece si, che nell'operar la nostra salute secondo la sua ineffabile misericordia, fosse tuttavia fatta la compita sodisfattione per le nostre offese commesse contra esso Iddio; in modo che la divina giustitia havesse a restar contenta. La qual non havrebbe sopportato che gli huomini, senza la debita sodisfattione, fossero ritornati nella divina gratia".

nossas misérias e penas, aflições de todos os modos e de todas as partes; e, finalmente, sofreu a paixão atroz, e a vergonha e a morte dolorosa da cruz, para cancelar com seu preciosíssimo sangue as nossas culpas, e para tirar com a sua humilde e voluntária morte toda inimizade que estava entre Deus e os homens; e para adquirir com seu grande preço e mérito indescritível, a hereditariedade de seu reino celeste[354].

Para se reconhecer o amor de Deus é necessário conhecer a nós mesmos. Para isto, Pagani afirma que Jesus nos revela a bondade e o amor de Deus, e com sua vida e paixão nos mostra o caminho a seguir. Ao mesmo tempo revela a fraqueza e a pobreza do ser humano como pecador. O ser humano tornou-se, por causa do pecado, merecedor de todos os males, mas Deus em sua bondade e amor envia o seu Filho para libertar o ser humano de sua pobreza e de seus sofrimentos.

Quanto mais o ser humano reconhecer a sua fraqueza, tanto mais reconhecerá a bondade de Deus para com ele que, ao invés de castigá-lo, doou-lhe "prêmios eternos e inestimáveis". Quanto mais o ser humano reconhecer sua ingratidão para com Deus, mais crescerá o seu amor para com Ele. Quanto mais meditar e refletir sobre os "exemplos humildes, caros e amáveis, e seus grandes trabalhos, insultos e tormentos sofridos por nós, sente-se tudo inflamar, desaparecer e queimar de amor e de dor"[355]. Aqui se chega à semelhança com Cristo crucificado, pois quando cresce o seu amor para com Deus, nasce o desejo de imitá-lo com todas as forças: "a virtude do amor transforma o amante no amado, e o amado no amante"[356]. Pagani afirma que

> para conseguirmos adquirir eficazmente o amor puro, a capacidade de desejar de modo justo a perfeita alegria, devemos antes de tudo buscar conhecer Deus e a nós mesmos. Para chegar a este conhecimento não temos escolha nem doutrina melhor, nem mestre mais preparado do que a Sabedoria divina, ou seja, Jesus, Deus e homem apaixonado, o qual (como já

---

354. PAGANI, A., Le Sponsalitie dell'anima con Christo, p. 32. Texto original: "obedientissimo, e amorevolissimo figliuolo nella assonta humana natura fatto a noi simile, si contentò, anzi desiderò di sentire, e patire in se stesso senza colpa, le nostre miserie, e pene, afflittioni d'ogni maniera, e da ogni parte; e finalmente patì l'atroce passione, e la vergogna, e penosa morte della Croce, per iscancellar con suo preciosissimo sangue le nostre colpe, e per levar via con la sua humile, e voluntaria morte ogni inimicitia ch'era tra Dio, e gl' huomini; e per acquistarci col suo troppo gran prezzo, e insetimabile merito, l'heredità del suo regno celeste".

355. PAGANI, A., Il thesoro dell'humana salute et perfettione, p. 6. Texto original: "effetti humili, cari e amorevoli, e' suoi tropo gran travagli, vituperi, e tormenti per noi sofferti considerando, si sente tutto infiammare, dileguare, e cruciar d'amor, e di dolore".

356. PAGANI, A., Il thesoro dell'humana salute et perfettione, p. 9. Texto original: "la virtù dell'amor trasforma l'amante nell'amato e l'amato nello amante".

dito antes) com sua vida e paixão, nos ensinou e mostrou o caminho das bem-aventuranças, que consiste em conhecer e amar perfeitamente a Deus Pai e a seu Filho, Salvador nosso[357].

Deus nos ama porque nos criou e nos salvou. Por isso somos chamados a amar a Deus pela criação e pela redenção. Jesus revela esse grande amor de Deus a partir de sua vida. Pagani parte da encarnação de Jesus como o primeiro momento da redenção. Ele entrelaça a vida, a morte e ressurreição de Jesus como um ato da bondade de Deus para com os seres humanos.

Jesus Cristo assumiu a nossa humanidade, oferecendo-se e doando-se a nós, fazendo-se nosso irmão, advogado e juiz. Jesus se fez nosso irmão ao unir a sua divindade com a nossa humanidade na sua encarnação. Ele, verdadeiro Deus, se fez verdadeiro homem. Não se apega a sua natureza divina, mas se humilha para ser como nós. A encarnação juntamente toda sua vida, com a morte e a ressurreição, revelam a bondade e o amor de Deus para conosco. Deus entrega o seu Filho por amor sem pedir-nos nada em troca.

Toda a vida de Jesus foi uma vida entregue, doada por amor. Viveu uma vida fatigosa por trinta e três anos, deixando-nos muitos exemplos de virtudes vivenciados por Ele e uma história de muitos sofrimentos suportados para anunciar o reino e para nossa salvação: nas pregações, nas tentações, nas lágrimas derramadas por compaixão, nas armadilhas de seus inimigos ao falar, nas perseguições e traições de falsos discípulos e falsos irmãos, nas infâmias e cuspes recebidos, nos tapas e espinhos, nos flagelos e pregos, nas angústias e tormentos[358]. Ao olhar para toda a vida de Jesus a pessoa é chamada a contemplar seu sofrimento para reconhecer tamanho amor. A maior contemplação que podemos fazer é a do amor de Jesus Cristo por nós.

> E se tanto fez por nós quando éramos seus inimigos, tanto mais devemos acreditar que fará agora, que pela morte do Filho de Deus, somos reconciliados com Ele? O Apóstolo diz que Deus exalta e louva em nós o seu amor porque quando ainda éramos pecadores, Cristo morreu por nós. E muito mais agora, que somos justificados em seu Sangue, seremos salvos da ira

---

357. PAGANI, A., Il thesoro dell'humana salute et perfettione, p. 4-5. Texto original: "Per poter noi efficacemente acquistar così puro amore, sì giusto desiderio, e allegrezza sì perfetta; fa bisogno, che prima con ogni nostra industria procuriamo di conoscer Dio, e noi stessi. Et non habbiamo la miglior scuola, e dottrina, né il più sufficiente maestro, per conseguir sì fatta cognitione; che la sapienza divina; cioé Giesù, Dio, e huomo passionato, il quale (come è sudetto) con la vita, e con la passion sua ci ha ammaestrati, e mostrata la strada alla beatidudine; la qual consiste in conoscere e amar perffetamente esso Iddio Padre, e esso suo Figliuolo, e Salvatore nostro".

358. PAGANI, A., Specchio di fideli, p. 103.

por Ele. De fato, (como foi dito) se quando éramos inimigos, fomos reconciliados com Deus pela morte de seu Filho, muito mais agora, restituídos a Ele em graça, seremos salvos em sua vida. Não só nos acontecerá isso, diz o Apóstolo, mas também teremos em Deus a glória pelo nosso Senhor Jesus Cristo, por meio do qual obtivemos a reconciliação[359].

Foi um amor gratuito, verdadeiro e puro, pois amou quem não tinha nenhum mérito. Pagani põe em destaque a graça de Deus contra o mérito. A salvação não veio por mérito nosso, mas pela ação bondosa de Deus. Deus salva a partir da vida, morte e ressurreição de Jesus. As ações que o ser humano faz para conquistar as virtudes não são para se salvar, mas para se aproximar mais de Deus e reconhecer sua bondade. Jesus recupera o ser humano da morte para a vida dando seu próprio sangue e vida, tomando nossa forma, substância e natureza. Pagani não cai no pelagianismo, pois não coloca a salvação simplesmente como esforço humano e sem a mediação da Igreja.

Toda a vida de Jesus foi um extremo ato de amor. Pagani nos convida a contemplar cada momento de sua vida, suas palavras e seus feitos. E por fim nos convida a contemplar sua morte, com todo sofrimento vivenciado por Ele e com tudo o que suportou para nossa salvação. É interessante aqui ressaltar a ascensão e a descida do Espírito Santo como momentos a serem contemplados após a morte de Jesus. Jesus não só se tornou nossa carne, nosso irmão, mas agora está junto ao Pai como nosso advogado e também como justo juiz.

Os primeiros escritos de Pagani sobre a bondade de Deus na redenção e na encarnação foram expressos através de poesias. Seguindo uma ordem cronológica temos primeiramente a obra *Le rime spirituali*[360] (As rimas espirituais), de 1570. A obra está dividida em sete sessões das quais destacamos duas que tratam de modo poético, entre sonetos e canções, do significado da cruz de Jesus e como o discípulo deve se posicionar diante dela. As duas partes são: *Il trionfo del Redentore del mondo* (O triunfo do Redentor do mundo) e *Il trionfo della vitoriosa croce del Salvator del mondo* (O triunfo da vitoriosa cruz do Salvador do mundo).

---

359. PAGANI, A., Specchio di fideli, p. 75-76. "E se tanto ha fatto per noi quando eravamo suoi nemici, tanto piū dobbiamo creder che ella sia per fare hora, che per la morte di esso figliuol di Dio seco siamo riconciliati? Percioche dice l'apostolo che Iddio essalta e commenda in noi il suo amore, in questo, che quando eravamo ancor peccatori, Christo morì per noi; di maniera che molto piū adesso, che nel suo sangue siamo giustificati saremo per lui salvati dall'ira; perche (si come fu detto) se quando noi eravamo nemici, siamo stati à Dio, per la morte di suo figliuolo, riconciliati; molto maggiormente essendogli già ritornati in grazia, nella sua vita saremo fatti salvi; e non solo questo ci averrà (dice l'Apostolo) ma anco in esso Iddio haveremo la gloria pel nostro Signor Giesù Christo, per lo quale hora habbiamo ricevuta la riconciliazione".

360. Em 1554 Pagani publicou a obra "Le rime", depois revista em 1557. É uma obra de poesia e foi elencada no Index dos livros proibidos pelo do Concílio de Trento. O soneto sobre Maria Madalena será retomado em "Le rime spirituali", de 1570.

A poesia sobre o Triunfo do Redentor do mundo destaca o tema da encarnação do Verbo no seio de Maria por causa da bondade de Deus que deseja nosso bem e salvação. Ganha destaque também o amor de Deus pela humanidade. Jesus vem ao mundo por amor e para restaurar o que era chamado de "antigo dano", isto é, o pecado trazido por Adão à humanidade:

> Poi che, per ristorar l'antico danno,
> Che fe da guasta pianta i frutti amari,
> e pose il giogo à nostra libertate;
> L'arme hebbe prese amor contra il tiranno
> Fier' Angue, et posto in terra de' suoi chiari
> Sembianti il bel soggetto à nostra etate:
> Spiegò sol di clemenza, e di pietate
> L'insegne al mondo; et mostrò al VERBO eterno
> I purissimi chiostri di MARIA;
> Che casta, humile, e pia,
> Il suo verginal fiore in sempiterno
> Serbava intiero al suo Rege superno.
> Onde il saggio Monarca, al nostro bene
> Piegando sua bontà, chiuse il consiglio
> Di dar principio a la salute humana[361].

Maria é exaltada por ter se ofertado a Deus como "mãe e serva". A partir de sua carne Deus se fez homem, ou melhor, a mais bela imagem do homem que o mundo jamais viu. Foi fruto do amor divino, de um sagrado matrimônio. E Deus se fez homem para dar ao homem alegria plena[362]. A alegria plena é fruto da salvação trazida por Jesus que veio ao mundo para vencer a "nossa guerra" e tirar de nossos erros o peso grave, isto é, a culpa do pecado trazido pelos primeiros homens:

> Hoggi s'aperse il ciel con dolce chiave
> D'amor, che dal suo throno scorse in terra

---

361. PAGANI, A., Le rime spirituali, Il trionfo del Redentor, Canzone II, p. 3. Tradução nossa: Então, para restaurar o dano antigo, / Que fez da planta doente os frutos amargos, / e colocou o jugo à nossa liberdade; / As armas tiveram amor contra o tirano / Feroz Serpente, e colocado em terra de seus claros / Semblantes o belo sujeito a nossa época: / Explicou só de clemência, e de piedade / As insígnias ao mundo; e mostrou ao VERBO eterno / Os puríssimos claustros de MARIA; / Que casta, humilde e piedosa, / Sua flor virginal em sempiterno. / Guardava inteiro ao seu Rei superior. / Onde o sábio Monarca, para o nosso bem / Dobrando sua bondade, fechou o conselho / De dar início à salvação humana.

362. PAGANI, A., Le rime spirituali, Il trionfo del Redentor, Canzone II, p. 3-5.

> Il SALVATOR à vincer nostra guerra,
> E tor de' nostri errori il peso grave³⁶³.

Pagani afirma que na encarnação de Jesus, Deus dá ao mundo dons imortais e transforma em riso as tristes estações do nosso longo pranto e abre na terra o Paraíso ao homem³⁶⁴. O Redentor vence o pecado que está em nós e nos liberta, por isso nos dá a vitória:

> Cessa nel sommo Padre la memoria
> Del fallo antico, hora che'l REDENTORE
> Porta contra il peccato à noi vittoria.
> La giustitia, et la pace in schietto amore
> Hora congiunte son, che'l giusto è'n terra,
> Per punire in se stesso il nostro errore³⁶⁵.

Ainda no *Capitolo*, Pagani deseja saber por que Jesus "aqui em baixo se fez" ³⁶⁶, por que se vestiu desta mortal carne e frágil veste; e de tão alta glória partiu. Pergunta se o motivo da encarnação foi por amor a nós ou para sanar as nossas falhas. Pelas estrofes seguintes se pode deduzir que foi pelos dois motivos. Só um amor sem medidas, um amor perfeito é capaz de dar a própria vida.

A vida de Jesus, desde seu nascimento, foi de muitos sofrimentos. No *Capitolo* o leitor é convidado a olhá-la e reconhecer que somente Deus é capaz de amar-nos de tal forma. E para com este amor só uma resposta de amor com o reconhecimento de tantos sofrimentos por nós.

O Verbo encarnado traz paz à antiga guerra, porém foram muitos os sofrimentos suportados na vida e na morte a ponto de morrer numa cruz, uma morte cruel e atroz. Pagani narra na poesia a *via crucis*, apontando para os insultos, os flagelos, os espinhos, as lanças etc. a ponto de não mais parecer um homem, mas um monstro obscuro e estranho³⁶⁷.

Na *Canzone XI* ele afirma que foi uma crueldade dos judeus ímpios a morte de Jesus; eles rugiram contra Jesus a sua raiva, assim como o urso cansado e com

---

363. PAGANI, A., Le rime spirituali, Il trionfo del Redentor, Soneto I, p. 5. Tradução nossa: Hoje se abriu o céu com uma doce chave / D'amor, que de seu trono percorre em terra / O SALVATOR a vencer nossa guerra, / E tirar de nossos erros o peso grave.

364. PAGANI, A., Le rime spirituali, Il trionfo del Redentor, Canzone III, p. 7.

365. PAGANI, A., Le rime spirituali, Il trionfo del Redentor, Capitolo, p. 11. Tradução nossa: Termina no sumo Pai a memória / Do fato antigo, agora que o Redentor / Traz contra o pecado a nós vitória. / A justiça e a paz em sincero amor / Agora unidas estão, que o justo está na terra / Para punir em si mesmo os nossos erros.

366. PAGANI, A., Le rime spirituali, Il trionfo del Redentor, Capitolo, p. 15.

367. PAGANI, A., Le rime spirituali, Il trionfo del Redentor, Canzone X, p. 36-41.

fome atrás da fera, ou o tigre ou a leoa que guerreia pelos seus filhotes demostram a sua crueldade. É como se confirmasse a morte de Jesus como um crime selvagem. O triunfo do redentor do mundo acontece na sua ressurreição[368].

No primeiro capítulo de *Il trionfo della vitoriosa croce del Salvator del mondo* faz uma síntese do sofrimento de Jesus na cruz e da dureza do coração daqueles que não enxergam tão grande dor. No quarto capítulo, Madalena é exaltada como modelo da discípula fiel. Como os Padres da Igreja, Pagani também vê Madalena como as Marias que aparecem nos Evangelhos, desde a irmã de Marta e Lázaro até a mulher pecadora que ia ser apedrejada. Ela está presente em todos os momentos significativos da vida de Jesus, inclusive na morte, e chora pelo seu amado Senhor.

O tema do reconhecimento da bondade de Deus é retomado nos escritos posteriores de Pagani. A obra de 1585, *Le Sponsalitie dell'anima con Christo* (O matrimônio da alma com Cristo), tem como ponto de referência a relação esponsal daquelas que desejam viver uma união mística com Cristo a partir do reconhecimento da bondade de Deus nas obras da criação, encarnação e redenção. O tema é tratado na primeira parte da obra interligando a criação, a queda e a reparação do homem e como devemos reconhecer os dons de Deus para corresponder ao seu amor[369].

c) Caminhos para se reconhecer a bondade de Deus a partir do encontro com o Crucificado

Só se chega ao amor puro e à perfeita alegria através do conhecimento de Deus e de si mesmo. Como ponto de partida para o conhecimento de Deus e de nós mesmos encontra-se Jesus crucificado. Pagani coloca a oração e leitura meditada do "livro da vida", isto é, paixão, a morte e a ressurreição de Jesus como a única estrada pela qual se possa encontrar Deus, como meio indispensável para se chegar ao conhecimento de Deus e de si mesmo.

A perfeita alegria, expressão querida a Francisco de Assis, é a liberdade interior que a pessoa vivencia apesar de todas as adversidades que a vida possa trazer; é a capacidade de vencer a si mesmo e de suportar pacientemente todas as contrariedades, e de dar glória a Deus por tudo o que é dado por Ele. Na cruz Jesus vivenciou a perfeita alegria ao abandonar-se nas mãos do Pai, apesar de todas as dores e injúrias sofridas. Para se chegar à perfeita alegria é preciso "imitar"[370]

---

368. PAGANI, A., Le rime spirituali, Il trionfo del Redentor, Canzone XI, p. 42-46.

369. PAGANI, A., Le Sponsalitie dell'anima con Christo, p. 1-72.

370. O termo "imitação" no texto refere-se a fazer como Jesus fez e ensinou. Não é apenas uma ação exterior. Pelo contrário, a todo momento Pagani faz menção às atitudes interiores como importantes para "conformar-se" a Cristo. Numa linguagem atual o melhor termo seria "seguimento".

a Cristo, isto é, seguir seus passos virtuosos e conquistar as virtudes através de exercícios.

Numa linguagem ascético-mística, Pagani convida a uma verdadeira vivência cristã que deve começar nesta vida e não somente numa outra vida futura. Para isso é necessário percorrer os caminhos das virtudes e em especial as que mais se destacaram na vida de Jesus e que deixou como exemplo a ser "imitado" como a pobreza, a humildade, a paciência e a caridade:

> Nós devemos, digo, por todas estas considerações, com alegre e forte ânimo, com grande confiança, com afeto e doçura de coração, considerar, ansiar, e com todas as forças solicitar e procurar, para adquirir com a ajuda divina essas divinas e desejáveis virtudes, procurando, quanto nos é possível, imitar o modo de agir, a vida e a morte do Senhor crucificado. Porque (como foi dito) somos chamados a empenhar-nos com todas as forças para conformar nossa vida à vida e à paixão do nosso Redentor[371].

O primeiro elemento para imitar a Cristo é a pobreza. Jesus experimentou a pobreza em diversas situações em sua vida, do nascer ao morrer. Pagani cita três pobrezas de Cristo que merecem atenção para que sejam vivenciadas por todos.

A primeira pobreza foi material, pois nasceu num lugar pobre, não possuía bens e nem coisas próprias. Assim Ele não quis aceitar, nem buscar coisas temporais, senão para prover às necessidades da vida[372]. O exemplo de Cristo nos convida à sobriedade. Ele nos ensina a viver com o necessário, pois saboreará, portanto, menos as coisas celestes quem gozar mais as terrenas[373].

A segunda pobreza de Cristo consiste em não ter regalias de amizade, parentela, e favor terreno. Ninguém o impedia de fazer a vontade do Pai. Não teve e não quis algum favor que lhe poupasse a cruz e de todo o sofrimento vivenciado nela[374].

Como terceira pobreza, Pagani cita o esvaziamento de si mesmo vivenciado por Jesus. Ele que tinha todo o poder, se fez fraco, permitindo que o perseguissem, o caluniassem, o prendessem e o crucificassem, para ensinar-nos a pobreza de

---

371. PAGANI, A., Il thesoro dell'humana salute et perfettione, p. 96. Texto original: "Noi dobbiamo, dico, per tutte queste considerationi con alegro, e forte animo, e con gran fidanza, e con ogni affetto, e dolcezza di cuore considerar, bramare, e con tutte le forze sollecitare, e procurare, per acquistar co'l divin favore esse divine, e desiderabili virtù, studiando, quanto a noi è possibile, d'imitare i costumi, la vita, e la morte di esso crocefisso Signore. Percioche (si come è detto) da obligo infinito siamo costretti a dover con ogni nostro potere sforzarci di conformar la vita nostra alla vita, e alla passione di esso nostro Redentore".
372. PAGANI, A., Il thesoro dell'humana salute et perfettione, p. 75-76.
373. PAGANI, A., Il thesoro dell'humana salute et perfettione, p. 75-76.
374. PAGANI, A., Il thesoro dell'humana salute et perfettione, p. 77.

espírito, com que se vencem as dificuldades, com sabedoria e mansidão. Fez-se pobre em sua sabedoria, pois não se revelou ao mundo como grande filósofo, orador, doutor, mas como um homem simples manifestou a divina sabedoria com suas palavras. Com este exemplo nos ensina a esvaziarmo-nos de todo desejo de grandeza. Fez-se pobre da fama de santidade e de bondade. Muitos o consideraram bom e santo por tudo o que realizou, mas apesar disso tantos outros o consideraram pecador e amigo dos pecadores, rebelde a César, blasfemador, endemoniado e louco, e foi crucificado entre ladrões. Com isso ensina-nos a não sermos hipócritas e a não nos vangloriarmos, pois desejamos ser reconhecidos por nossa bondade e santidade e é preciso vencer esse desejo[375].

> Devemos, por isso, empenhar-nos muito, não só em libertar nossos corações do afeto de qualquer coisa temporal, grande ou pequena, mas em privar-nos também de nós mesmos: libertar a mente de toda arrogância e estima vã, e a vontade do amor-próprio (como dito anteriormente), para adquirir esta nobre e riquíssima virtude da perfeita pobreza de espírito. Ela nos torna verdadeiramente discípulos e imitadores da vida de Jesus Cristo crucificado, pobre e privado de tudo neste mundo, privado de honra, de fama, de favor, de amigos, de parentes, de ajuda e consolação, interior e exterior, privado finalmente da própria vida, por nosso amor e para nos dar exemplo[376].

A humildade é a segunda virtude citada por Pagani. Cristo viveu humilhações na vida, na paixão, na morte e depois da morte. Na vida Cristo se fez verdadeiro homem, nasceu numa estrebaria, sofreu perseguições, calúnias e difamações. Na paixão foi rejeitado, traído, preso, agredido, flagelado, crucificado em meio a ladrões, como réu e chefe de malfeitores. Na morte depois de tanto sofrimento terminou morrendo pregado por duros pregos e também depois da morte, ferido no coração. Depois da morte não tinha nem um sepulcro para ser enterrado[377]. "Jesus se tornou assim exemplo e forma da vida cristã pobre, humil-

---

375. PAGANI, A., Il thesoro dell'humana salute et perfettione, p. 78-79.

376. PAGANI, A., Il thesoro dell'humana salute et perfettione, p. 81. Texto original: "Et per tanto noi dobbiamo con ogni studio, e industria non solo spogliare i cuori nostri d'ogni affettione di qualunque ò grande, ò minima cosa temporale, ma etiando privarci di tutti noi stessi, cioè, privar la mente d'ogni gonfiamento d'arroganza, e di vana riputazione, e la volontà d'ogni amor proprio (come è sudetto) per acquistar questa nobilissima, e riquissima virtù della perfetta povertà di spirito, la quale ci fa veramente discepoli, e imitatori reali di divini costumi di Giesù Christo crocefisso, povero, e privo d'ogni cosa del mondo, privo d'honore, di fama, di favore, di amici, di parenti, ed'ogni esteriore, e interiore aiuto e consolatione, e privo al fine della propria vita, per nostro amore, e per nostro essempio".

377. PAGANI, A., Il thesoro dell'humana salute et perfettione, p. 91-93.

de e laboriosa. Praticou perfeitamente tais virtudes, como nosso Mestre, para que nós fôssemos fervorosos em fazer o mesmo, por seu amor e por dever"[378].

Para se exercitar na humildade é preciso primeiramente conhecer a trajetória de Jesus e sua vivência da humildade. Jesus nunca exaltou a si mesmo. Toda a sua vida foi para mostrar a bondade do Pai. Por isso, para se exercitar na humildade é primeiramente necessário reconhecer a bondade de Deus e a nossa miséria e nulidade. Nós não temos nada nosso. Tudo o que recebemos vem de Deus[379].

Como terceira virtude encontramos a paciência. Pagani não desenvolve o tema da paciência como o faz com as outras virtudes. Em síntese, a paciência é vista como o esperar com desejo, o acolher com amor, o suportar com humilde abandono e receber com afeto, como frutos da santíssima cruz e paixão do Salvador[380].

A caridade é vista como vida, coroa e perfeição de todas as outras virtudes. Nesse sentido Pagani dedicará toda a quarta parte da obra a essa virtude. A caridade consiste em amar a Deus como correspondência ao seu amor. Para amar a Deus é preciso exercitar todas as outras virtudes para que Ele seja o único a estar no coração da pessoa. Nisto consiste a perfeita caridade: ter somente a Deus como amado. O verdadeiro amante de Deus é livre para amá-lo.

Não se "imita" a Cristo por obrigação, mas por reconhecimento de seu amor e de sua bondade, e por desejo. Inúmeras vezes Pagani utiliza a palavra desejo para mostrar que o seguimento não é algo exterior, mas que nasce de dentro, a partir de exercícios de meditação sobre o amor de Deus. Para fazer esse exercício a ação primeira é de Deus que "nos precede e nos ajuda". É Ele quem manifesta a graça antes que ela seja procurada. Quanto mais se conhece a Deus, mais a pessoa o ama e mais deseja amá-lo.

Em diversas obras Pagani apresenta exercícios necessários para se reconhecer a bondade de Deus. É através do combate espiritual, muito difundido no século XVI, que apresenta aos seus leitores caminhos para se chegar à perfeição cristã.

Na obra dedicada aos Irmãos da Santa Cruz, *La tromba della militia chistiana*, podemos perceber a grande influência da doutrina de Battista da Crema sobre o combate espiritual. No primeiro capítulo faz uma longa explanação sobre o martírio como a forma perfeita para seguir a Cristo, pois o martírio na Igreja nascente era a expressão máxima do seguimento e da imitação a Jesus. Devido à perseguição sofrida, muitos cristãos deram sua vida como testemunho de fideli-

---

378. PAGANI, A., Il thesoro dell'humana salute et perfettione, p. 91-93.
379. PAGANI, A., Il thesoro dell'humana salute et perfettione, p. 82-85.
380. PAGANI, A., Il thesoro dell'humana salute et perfettione, p. 95-97.

dade a Jesus Cristo e sua causa até a morte. O martírio era visto como morte por excelência por ser considerada a forma mais expressiva de fé em Jesus. Pagani desenvolverá a temática sobre o martírio mostrando como podemos ser mártires de Cristo, mesmo sem sermos mortos, através do martírio espiritual. O martírio espiritual é mortificar o "homem velho", para abraçar "o homem novo", como define Pagani. O martírio é mortificar e regular

> em nós os atos, os hábitos e as más inclinações dos vícios e as desordenadas paixões do ânimo, como abraçando, introduzindo, e de verdade dentro, e fora de nós exercitando as virtudes contrárias e os atos de justiça, de bondade e de piedade; e de tal modo (assim como diz o Apóstolo) despojando-se do homem velho, e de todas as suas ações e costumes; e vestindo-se do homem novo, o qual segundo Deus é criado[381].

O homem novo é o verdadeiro imitador de Jesus Cristo crucificado, que perde por Ele a sua alma e deixa toda a sua vontade e propriedade para observar com todo o ânimo e com todas as suas forças a sua disciplina e para imitar seus costumes[382], pois nisso consiste o que disse o Senhor: "Quem quiser salvar a sua alma, a perderá; e quem perder a sua alma por mim, a encontrará" (Mc 16). Também é mártir de desejo quem não antepõe nenhum outro amor ao amor de Cristo[383]. Somente sofrer ou morrer não é verdadeiro testemunho, mas o sofrer apenas e morrer de virtuoso modo é dar verdadeiro testemunho, louvor e glória a Deus.

Também na obra *La pratica degli huomini spirituali*, de 1585, transparece a doutrina de Battista da Crema de *Specchio interiore*, em relação à busca da perfeição. Trata-se de exercícios para se chegar à perfeita vida cristã. O primeiro passo é o reconhecimento da nova realidade salvífica trazida por Jesus em sua encarnação e morte que nos torna filhos da graça:

> Éramos, por natureza, filhos da ira, isto é, (pela descendência de Adão, segundo o que está escrito, Eis que eu fui concebido na iniquidade) éramos dignos de vingança e de castigo pelo pecado original, ao qual o castigo (não do sentido, mas do dano) era conveniente a toda posteridade humana. Mas Deus (diz o Apóstolo) que é rico na misericórdia pela sua demasiada (isto

---

381. PAGANI, A., La tromba della militia christiana, p. 14. Texto original: "in noi gli atti, gli habiti, e le male inchinationi de i vitii, e le disordinate passioni dell'animo; come anco abbracciando, introducendo, e da dovero dentro, e fuor di noi essercitando le virtù contrarie, e gli atti di giustitia, di bontà, e di pietà; e à tal modo (si come dice l'apostolo) spogliandoci dell'huomo vecchio, e di tutte le sue attioni, e usanze; e vestendoci dell'huomo nuovo, ilquale secondo Dio è creato".

382. PAGANI, A., La tromba della militia christiana, p. 5.

383. PAGANI, A., La tromba della militia christiana, p. 6.

é, pela veemente e desmedida) caridade, com a qual nos amou, pois estando mortos para o pecado (isto é, original e atual) nos tornou vivos com Cristo. Pela encarnação e paixão de Cristo nos vivificou, libertando-nos da morte da culpa, e infundindo em nós a vida da graça, para dar-nos ainda depois a vida da glória. Por esta graça (diz o Apóstolo) somos salvos e com Ele somos ressuscitados, e nele transportados nos claustros celestiais[384].

Outro elemento muito difundido para se chegar à perfeição cristã é a frequência aos sacramentos. Pagani elenca dois principais sacramentos em diversas obras: a Eucaristia e a Penitência. A Eucaristia, santíssimo sacramento do altar, é vista por Pagani como uma "fidelíssima, ardente, inextinguível chama de amor, que o Filho de Deus, encarnado, teve para conosco"[385]. Deixou-se a si mesmo como memória do seu amor,

> para converter e transformar nossa alma e nossos sentidos Nele mesmo, fazendo-se Ele nosso alimento, para fazer de nós seu alimento, sua alegria e suas delícias. Ele, de fato, se alegra e se compraz da alma que, renunciando a todo outro amor e alegria, se deixa abraçar e devorar pelo seu amor, doando-se e consagrando-se totalmente a Ele[386].

Logo após o Concílio de Trento, em 1570, Pagani publica uma obra sobre o Sacramento da Penitência: *Il discorso della salutifera e fruttuosa penitenza* (O discurso da salutar e frutuosa penitência). O caminho indicado para se chegar à perfeição é a penitência, entendida como sacramento. A penitência quase não era vivenciada como prática sacramental no século XVI. Muito relacionada às indulgências sofreu grandes críticas da parte de Lutero.

---

384. PAGANI, A., La pratica degli huomini spirituali, p. 4. Texto original: "Eravamo, per natura, figliuoli d'ira; cioé (per la discendenza d'Adamo, secondo che'è scritto, Ecco ch'io son conceputo nelle iniquità) eravamo degni di vendetta, è di pena per lo peccato originale, al qual la pena (non del senso, ma del danno) si conveniva in tutta la posterita humana. Ma iddio (dice l'Apostolo) ch'è ricco nella misericordia, per la troppa (cioé, per la vehemente, e smisurata) sua carità, con la quale ci ha amati, essendo noi morti per lo peccato (ciò è, originale, e attuale) ci ha fatti vivi con Christo. Conciosia cosa che per la incarnatione, e passione di Christo ci ha vivificati, liberandoci dalla morte della colpa, e infondendoci la vita della gratia, per darci poi anco la vita della gloria. Per la cui gratia (dice esso Apostolo) siano fatti salvi; e con essolui siamo risuscitati, e in lui trasportati ne i chiostri celesti".

385. PAGANI, A., Il thesoro dell'humana salute et perfettione, p. 129. Texto original: "fidelissima, ardentissima e inestinguibile fiamma di amor verace, ch'ebbe il figliuolo di Dio incarnato verso di noi".

386. PAGANI, A., Il thesoro dell'humana salute et perfettione, p. 136. Texto original: "accioche ci converta, e trasformi l'anima nostra, e i nostri sensi in lui stesso, facendosi egli nostro cibo, per far noi cibo suo, suo contento, e sue delicie. Percioche ci si contenta, e si compiace d'un'anima tale, che rifiutando ogni altro amore, e contento si lascia del tutto abbacciare, e divorar dal suo amore, à lui totalmente donandosi, e consacrandosi".

Pagani relaciona o Sacramento da Penitência com o Batismo, devolvendo-lhe o seu significado, que também foi revisto pelo Concílio de Trento. É interessante ressaltar que a divulgação da prática do Sacramento da Penitência foi muito sublinhada por Pagani e por outras Ordens fundadas no mesmo século.

Ele escreve outras quatro obras contendo práticas e indicações para um caminho de perfeição, onde se encontra presente nas entrelinhas a doutrina do combate espiritual: em 1586, *La breve somma degli esserciti de' penitenti, per la profittevole riforma dell'huomo interiore* (A breve suma dos exercícios dos penitentes, para a proveitosa reforma do homem interior); em 1587, *Ragionamenti di diverse notabili materie spirituali* (Razões de diversos notáveis assuntos espirituais); *La breve somma delle essamine de' confitenti per la necessaria riforma dell'huomo interiore* (A breve suma dos exames dos que se confessam para a necessária reforma do homem interior); *La breve somma de Trionfi de' combattenti per la perfetta riforma dell'huomo interiore* (A breve suma dos Triunfos dos combatentes para a perfeita reforma do homem interior).

d) Paradigma de discípulo fiel que reconhece a bondade de Deus na criação e redenção e responde ao amor com amor

O paradigma de verdadeiro discípulo que aparece muitas vezes nas obras de Pagani é Maria Madalena, aquela que amou Jesus na vida, na morte e depois da morte. Maria Madalena é a discípula fiel, que por amor a seu mestre permanece até o fim. Sofre a perda do Mestre e quer de todo coração encontrá-lo. Pagani convida a contemplar as atitudes de Madalena para que, como ela, a pessoa também seja capaz de entregar a sua vida e seu coração a Cristo com todo amor.

São dois os textos que Madalena aparece como protagonista: *Il pietoso lamento della serafica Maddalena, essendo morto il suo Signore* (O piedoso lamento da seráfica Madalena, estando morto o seu Senhor) e *Il ragionamento della fidelta et dell' amore di S. Maria Maddalena verso Gesú Christo suo Maestro crocefisso, morto e sepolto* (As razões da fidelidade e do amor de S. Maria Madalena para com Jesus Cristo seu Mestre crucificado, morto e sepultado).

*Il pietoso lamento della serafica Maddalena* é uma poesia que está contida na obra *Le Rime Spirituale*, de 1570. Trata-se de um capítulo introdutório, 14 sonetos e 12 canções. A poesia relata o ardente amor de Madalena para com o seu Mestre Jesus através da apresentação de sua profunda dor por ter perdido o seu Senhor.

No capítulo introdutório, Madalena exclama: "agora estais morto e pende numa cruz. E eu sem minha vida, como quer que viva?" Esta primeira lamentação ajuda-nos a perceber o desdobramento da poesia. Madalena deseja estar com o seu Senhor e faz várias lamentações pela morte do seu Mestre[387].

No soneto XIII temos uma síntese da poesia na qual Madalena percebe que tanto sofrimento e prantos pela morte do seu Senhor só tem sentido se conseguir olhar para o verdadeiro e puro amor, e aceitá-los como exercício para assumir as dificuldades da vida que na poesia são o amargo que ela quer transformar em doce e a acolhida do sofrimento:

> Se speme di morir non fosse aita
> Al mio doglioso stato, chiederei
> Di cangiar presto questi giorni rei
> Con chi presso del centro menan vita
> Abi cruda morte, che' n quella partita
> Del mio divin thesor da gli occhi miei
> Non mi trahesti l'alma, empia che sei,
> Che seco molto piu sarebbe unita.
> Ma pur, se schietta amor cosi richiede,
> Che per patir s'arrivi al fin bramato,
> E'l mio Signor si fe di pena herede:
> Dunque, perque di sopra ciò m'è dato,
> Per piu spignermi al ben, c'hor non si vede,
> Dolce mi sia l'amaro, e'l patir grato[388].

Na obra *Il ragionamento della fideltà et dell'amore di S. Maria Maddalena verso Giesu Christo suo Maestro crocefisso, morto e sepolto* (As razões da fidelidade e do amor de S. Maria Madalena para como Jesus Cristo seu Mestre crucificado, morto e sepultado) transparece a principal característica do autêntico discipulado de Jesus: o amor. Pagani inicia o texto dizendo que "a conversão e a penitência da bem-aventurada Maria Madalena foram certamente fatos maravilhosos, mas muito mais encanta o seu sincero, fiel e ardentíssimo amor". Para Pagani, o seguimento a Jesus dá-se como resposta de amor ao seu amor. É uma correspondência. As atitudes ou práticas exteriores de penitência só tem sentido se são feitas a partir do amor a Cristo.

---

387. PAGANI, A., Le rime spirituali, Il pietoso lamento della serafica Maddalena, Capitolo, p. 116.

388. PAGANI, A., Le rime spirituali, Il pietoso lamento della serafica Maddalena, Soneto XIII, p. 142. Tradução nossa: Se esperança de morrer não fosse ajuda / Ao meu doloroso estado, pediria / De mudar logo estes dias (ruins) / Com quem junto do centro traz vida / Tenha crua morte, que naquela partida / Do meu divino tesouro dos olhos meus / Não me tiraste a alma, ímpia que és, / Que com ele muito mais seria unida. / Mas enquanto, se o puro amor assim requer / Que por sofrer se chegue ao fim ansiado, / E o meu Senhor se fez de castigo herdeiro: / Portanto, porque de cima isto me é dado, / Para mais lançar-me ao bem, que agora não se vê / Doce me seja o amargo, e o sofrer bem-vindo.

Assim como os Padres da Igreja, Pagani interpreta que Maria Madalena seja a mesma Maria irmã de Marta e de Lázaro, e a pecadora que unge os pés de Jesus, por isso afirma que sua presença como seguidora de Jesus era frequente. Apesar de sabermos pela exegese atual que não se trata da mesma pessoa, não podemos negar que é recorrente nos evangelhos a presença de Madalena no decorrer da crucificação de Jesus (Jo 19,5; Mt 27,55-56.61; Mc 15,47) e também depois da morte (Mt 28,1; Mc 16,1-2; Jo 20,1).

Sua perseverança é sublinhada: é a primeira a chegar ao sepulcro (Jo 20,1); todos se vão, mas ela permanece (Jo 20,11); chora a perda do corpo do seu Mestre (Jo 20,11). Por que ela permanecia lá e por que chorava? Era o amor que a fazia estar lá e a dor a fazia chorar. Queria ver àquele que amava, mas chorava porque pensava que o tivessem levado embora. Ela chorou, inclinou-se para ver se o via novamente, pois "a força do amor multiplica as iniciativas de quem procura a quem ama. E ela é mais feliz por renovar a dor no procurar o seu bem perdido, ao invés de correr o risco, não o revendo, de esquecer ou de esfriar no coração o fervente amor"[389].

Pagani faz uma analogia entre a busca de Jesus no sepulcro por Maria Madalena e a busca por Jesus no sepulcro do coração do ser humano. Ele convida a aprender de Madalena a tirar a porta do sepulcro e toda dureza presente, dúvida, lentidão, indiferença, concupiscência, afeto sensível presentes no coração, para encontrar nele o Mestre. Se ali Ele não estiver presente, Pagani exorta a ter as mesmas atitudes de Madalena: perseverar, chorar, humilhar-se, pedir, até encontrá-lo. É um convite a exercitar-se nas virtudes como superação dos vícios que afastam de Cristo. Quanto mais a pessoa se exercita nas virtudes, mais ela se aproxima de Cristo[390].

## 2.5. A conformidade a Cristo crucificado partindo da mística para a profecia

A cidade de Vicenza, no ano de 1500 pertencente à Sereníssima República de Veneza, será o campo principal de missão de Pagani como franciscano. Após participar do Concílio de Trento tornou-se colaborador dos bispos daquela diocese, Matteo e Michele Priuli, como teólogo e consultor do Santo Ofício. Nesse período havia muitas crises eclesiais e sociais que com a contribuição de Pagani foram pouco a pouco resolvidas.

---

389. PAGANI, A., Il ragionamento della fideltà et dell'amore di S. Maria Maddalena verso Giesu Christo suo Maestro crocefisso, morto e sepolto, p. 19.

390. PAGANI, A., Il ragionamento della fideltà et dell'amore di S. Maria Maddalena verso Giesu Christo suo Maestro crocefisso, morto e sepolto, p. 52-53.

No âmbito eclesial entre o ano 1400 e metade de 1500, o bispo não residia em Vicenza. Não havia cuidado com a fé e com os costumes do local. A escolha dos cargos eclesiásticos de cardeais, bispos, padres, como também a escolha para o matrimônio, estavam nas mãos das famílias nobres. Os padres não tinham muita formação e se dividiam entre "padres para a missa" e "padres para confissão". Os padres para a missa aprendiam somente a celebrar e os padres para a confissão tinham uma formação mínima no campo moral.

O povo não recebia muita formação religiosa e se deixava levar pelas heresias. Vivia uma fé muito devocional, principalmente em relação aos sacramentos. Considerava-se que era necessário somente olhar para a Eucaristia na missa e não o ato de recebê-la. Tinha também uma grande devoção aos santos e à Nossa Senhora.

No âmbito social, Vicenza era fortemente marcada pela pobreza. Muitas mulheres se tornaram quase escravas de muitos senhores de Veneza. Havia muitos furtos devido à calamidade social pela qual a cidade passava. Três categorias de pessoas ganharam destaque na época: os pobres, os encarcerados e os enfermos. Surge a caridade cristã para ajudar esses grupos de excluídos pela sociedade. Algumas pessoas deixaram em seus testamentos os pobres e os encarcerados como herdeiros. Eram os "pobres de Cristo". Outra forma de ajuda para com os doentes veio de uma rede de hospitais sustentadas por legados, de ofertas recolhidas e da ação de confrarias[391].

> Uma das causas desta situação certamente estava no fato que a riqueza era monopólio de poucos enquanto a miséria atingia muitos. Todavia a causa mais profunda é identificada na falta de instrução: a cultura era reservada a poucos, a ignorância acolhia nas suas tendências a maior parte da população. A ignorância favorecia a miséria, a injustiça, os delitos e numerosos outros males[392].

A missão das Ordens e Companhias nascidas nessa cidade tinha como especificidade ajudar esses grupos desfavorecidos. A mística de Pagani em torno do Crucificado leva-o a contemplar o rosto do Senhor nas várias formas de pobreza e assim procura modos para auxiliar material ou espiritualmente. Uma das práticas de Pagani era a visita aos encarcerados que diante da confusão religiosa da época caíam em heresias e eram presos. Ele procurava ensinar a verdadeira doutrina aos

---

391. GIACOMUZI, L., Influsso francesacano su vita Cristiana e pensiero spirituale a Vicenza dal 1400 a 1500, p. XXII-XXIV.

392. GIACOMUZI, L., Influsso francesacano su vita Cristiana e pensiero spirituale a Vicenza dal 1400 a 1500, p. XXV.

encarcerados através de suas pregações e exemplo de vida a fim de converter os hereges de sua ignorância.

Muitos leigos empenhados são envolvidos em sua missão. Alguns deles faziam parte da *Compagnia* secreta *de san Girolamo*, da qual reformou os Estatutos. A este grupo Pagani deu uma orientação espiritual-apostólica muito intensa que atingia a vida pessoal, o âmbito social e também o catequético. Pagani reformou alguns grupos presentes nessa época e fundou duas novas Companhias: a *das Dimesse*[393] e a dos *Fratelli della Santissima Croce* (Irmãos da Santíssima Cruz). As duas Companhias tinham como missão comum o cuidado com os mais necessitados e o ensinamento da doutrina cristã.

As duas Companhias receberam do fundador duas espécies de constituições denominadas "Gli Ordini", nas quais indica o caminho de perfeição a ser seguido pelos membros. As práticas de caridade nelas contidas nascem da experiência do combate espiritual para se conquistar as virtudes cristãs a partir do reconhecimento de Cristo crucificado como centralidade de toda ação.

O que distinguia as Dimesse e os Irmãos da Santa Cruz dos outros grupos religiosos era a ausência de votos públicos e a capitulação, que era uma espécie de correção fraterna, um exercício para se crescer nas virtudes, principalmente na humildade.

Os dois grupos também acolhiam pessoas pobres como membros para fazer a mesma experiência, e esses eram mantidos por aqueles que tinham bens. Para a época isto já era uma grande profecia, pois dificilmente um pobre se tornava religioso, devido às necessidades de sustentar a sua família de origem.

A Companhia dos Irmãos da Santa Cruz nasce em 1579[394]. É uma companhia laical na qual os irmãos não vivem em clausura e, como já afirmamos, não são vinculados por votos. Eles têm uma "vida ativa retirada", isto é, um perfeito equilíbrio entre ação e oração. Alguns poderiam viver como eremitas. Eram enviados em missão "para prover com esmolas espirituais e corporais os necessitados, e para ensinar a doutrina cristã"[395] seja nas cidades, nos castelos, ou nas mansões, como também nas igrejas próximas.

---

393. A palavra "dimessa" era muito utilizada na época de Pagani e significa baixa, humilde, despojada. Remonta ao "menor" do franciscanismo. O nome Dimesse quer significar o que as mulheres desse grupo são chamadas a viver: a humildade, a pequenez, a minoridade.

394. No livro de F. Barbarano o ano de fundação da Companhia remete a 1579, porém há nos arquivos uma carta de Pagani, de 1578, na qual faz exortações aos Irmãos da Santíssima Cruz. Assim, a fundação pode ter sido anterior a 1579 (BARBARANO, F., Historia ecclesiastica della città, territorio e diocese di Vicenza, p. 84-170. v. III).

395. PAGANI, A., Gli Ordini della Santissima Croce, p. 99. Texto original: "per proveder con limosini spiritual, e corporali à i bisognosi, et anco per ammaestrare nella dottrina christiana".

O grupo se destacava pela forma de adesão que remonta aos primeiros séculos da Igreja. Cada membro por opção pessoal deixava tudo para se exercitar numa vida pobre e disciplinada. Em *Gli Ordini* Pagani escreve no Argumento, que se encontra antes do primeiro capítulo, uma síntese do sentido pelo qual a Companhia deve viver:

> Para quais ordens, contudo os irmãos desta Companhia, embora sejam devotos das Santas Religiões, mas não têm a intenção de querer se obrigar, nem por votos (se não talvez simples e privados junto a Deus somente) nem por promessas, nem por outros vínculos, não se sentindo a isto chamados[396].

O testemunho desse grupo de seguidores de Cristo provinha de uma profunda experiência de intimidade com Deus a partir da oração e da contemplação e esta experiência era comunicada às pessoas a partir da pregação e das ações caritativas, e a fonte de sua missão era o batismo:

> mas tenham a intenção de ser mantidos só pela obrigação, ao qual se empenharam na fonte do sagrado batismo e ao qual também o lança e o obriga, a beleza, a bondade, e o valor das virtudes cristãs: e por este empenho, que obriga cada cristão a dever seguir e imitar Jesus Cristo crucificado, e a ser agradecidos ao seu desmedido amor e às suas numerosas graças[397].

Eram mais comuns as ordens religiosas e grupos masculinos que tinham a missão de anunciar o Evangelho. Os grupos femininos eram poucos devido ao contexto social e eclesial da época. As mulheres não tinham escolhas. Ou se submetiam à clausura, ou ao matrimônio. Deviam casar-se muito jovens, geralmente com homens mais velhos, por isso tornavam-se viúvas muito cedo. Eram casamentos arranjados para garantir o aumento dos bens da família. Quando iam para os mosteiros era para garantir que o patrimônio ficasse com a família porque não seria necessário o uso de dotes.

Em Vicenza havia muitos mosteiros e estes se desviaram do ideal inicial. Tinham muito luxo e pouca vivência da espiritualidade. Nos mosteiros femininos o

---

396. PAGANI, A., Gli Ordini della Santa Croce, Argomento. Texto original: "A' quali ordini peró i fratelli di essa Compagnia, benche siano divoti delle Sante Religioni; pur non intendono di volercsi obligare, ne per voti (se non forsi semplice, e privati apresso à Dio solo) ne per promesse, ne per altro legame, non sentendosi aà ciò chiamati".

397. PAGANI, A., Gli Ordini della Santa Croce, Argomento. Texto original: "ma s'intendono d'esser tenuti per quel solo obligo, al quale si obligarono nel fonte del sacro Battesimo, e al quale etiando gli sprona, e astringe, la beleza, la bontà, e'l valor delle christiane virtù: e per quell'obligo, che astringe ogni christiano à dover seguir e imitare i costumi di Giesù Christo Crocefisso, e ad esse grato al suo smisurato amore, e alle sue innumerabili grazie".

escândalo era maior. Alguns mosteiros eram muito ricos, enquanto outros eram muito pobres. Naqueles ricos entravam somente as monjas oriundas de famílias ricas ou nobres. A maioria não entrava ali por opção, mas por imposição da família, pois, como já afirmamos, queriam garantir que o seu patrimônio não fosse dividido com outros a partir do matrimônio. Outras entravam para garantir um *status* como abadessa ou outros cargos importantes. As moças levavam seus pertences para suas celas e suas vestes e ornamentos eram muito luxuosos. Ali era garantida uma educação e uma organização que as mulheres da época não encontrariam em nenhum outro lugar. Nos mosteiros também eram acolhidas as mulheres cujos maridos precisavam se ausentar de casa por um período maior. Eles pagavam uma espécie de aluguel, e essa era também uma forma de manter os mosteiros. Após o Concílio os bispos tentaram reformar os mosteiros, mas não tiveram muito sucesso.

Em casa as mulheres eram submissas a seus maridos e destinadas a cuidar do lar. As mulheres dos nobres eram mais cultas e aprendiam a cuidar dos negócios da família na ausência do marido. As camponesas ajudavam seus maridos nas terras dos seus senhores. A mulher não tinha acesso à educação. "Só as filhas de boa família frequentavam as escolas dos conventos, enquanto os colégios urbanos são reservados aos rapazes"[398].

A forma de vestir mostrava a que nível social pertencia a família da moça. O luxo e a vaidade faziam parte das vestimentas. Por outro lado, muitas mulheres eram quase que escravizadas e submissas a partir da prostituição. Em Veneza do século XVI havia mais de 11 mil prostitutas[399].

Nesse contexto no qual a mulher não tem tanto valor, nasce um novo (entre os raros) ramo religioso feminino. É um testemunho diferencial naquela sociedade em que só se concebia o matrimônio ou a clausura. Em 1579 nasce a *Compagnia delle Dimesse*. Era um grupo de mulheres vivendo em pequenas comunidades, não mais de oito ou nove, em nome de Cristo e sem votos públicos.

Era quase impossível existir um grupo de mulheres para a missão evangelizadora. Antes de Trento, o grupo das Angélicas, fundado por Antonio Maria Zaccaria em Milão, também tinha a mesma finalidade, e com o decorrer dos anos foi submetido à clausura. Nasceram também outros grupos formados por mulheres como as Ursulinas em Bréscia e depois em Milão com características próprias. O grupo das Dimesse nasce sob aspectos jurídicos diferenciados, pois sua jurisdição estava submetida ao bispo local, o que também deu respaldo à sua existência, sem uma configuração monástica.

---

398. PELLETIER, A.-M., Il cristianesimo e le donne, p. 97.
399. SCARINCI, S., Safo Novella, p. 140.

Desde sua fundação o carisma específico da *Compagnia* é a conformidade a Cristo crucificado e ressuscitado. Em *Gli Ordini* Pagani indica às Dimesse o ideal paulino e franciscano da conformação a Jesus Cristo crucificado. Ele vê as virtudes como meios para conformar-se a Cristo crucificado, como afirma: "elas querem adquirir as virtudes cristãs, para viver em conformidade de amor e de vida a Jesus Cristo crucificado"[400]. O amor ao próximo nasce do amor a Jesus Cristo, o tesouro único e precioso do coração:

> pelo seu respeito e pelo seu amor, também devemos amar o nosso próximo como a nós mesmos; antes devemos amar ainda mais caramente quanto mais pela sua vida virtuosa o tenhamos próximo, agradável e aceito pelo Senhor; e devemos amá-lo pelo mesmo fim pelo qual o Redentor nos amou. Portanto, seja durante a vida, tanto mais na doença, na morte e mesmo após a morte, devemos mostrar para com o próximo sinais de amor tão grandes, quanto maiores são suas necessidades e perigos[401].

Na prática missionária da Companhia o ensinamento da doutrina e os doentes (que eram os crucificados da época) eram o eixo: "as Irmãs anciãs possam andar facilmente juntas com as jovens a ensinar a doutrina cristã, a visitar os hospitais, ir às pregações e a outras práticas ou atividades religiosas[402]". Nas visitas às enfermas deviam ajudá-las material e espiritualmente.

A prática nascia de uma profunda experiência de encontro com o Crucificado através da contemplação, dos Sacramentos da Eucaristia e da Penitência, e da leitura indicada de autores autorizados pela Igreja e dos Santos Padres. Mesmo não sendo obrigadas à clausura, a contemplação era muito acentuada:

> com profundo pensamento contemplando a grande bondade, beleza e dignidade das virtudes do Salvador, isto é, a sua perfeita obediência, castidade, pobreza, humildade, paciência, magnanimidade, caridade e outras santíssimas e perfeitíssimas virtudes, que o Senhor na sua vida pobre e cheia de

---

400. PAGANI, A., Gli Ordini delle Dimesse, p. 2. Texto original: "procurando etiandio di aqcquistar le virtù christiane, per obligo, che si sentono di conformità d'amore e di costumi verso di esso Giesù Chrsito crocifisso".

401. PAGANI, A., Gli Ordini delle Dimesse, p. 98. Texto original: "Per suo rispetto, e per suo amore, etiandio dobbiamo amare il nostro prossimo, come noi medesimi: e anco dobbiamo amarlo tanto piu caramente; quanto, per la sua virtuosa vita, lo stimiamo essere ad esso Signor piu vicino, piu grato, e piu da lui amato: e per l'stesso fine il dobbiamo amare, per quale esso Redentore amò noi. Et sicome in vita; così maggiormente nell'infirmità e nella morte; e anco dopo la morte, quanto sono maggiori i bisogni, e i pericoli; tanto maggior segni d'amor dobbiamo mostrar verso di lui".

402. PAGANI, A., Gli Ordini delle Dimesse, p. 2. Texto original: "possono le vecchie con le giovani andare insieme commodatamente alla dottrina christiana, alli hospitali; alla predica, ai perdoni, o ad altre divotioni, e attioni simili".

dificuldades e em sua paixão vergonhosa e imatura nos manifestou, e nos propôs como "livro da vida" e um exemplo de bem viver[403].

Pagani afirma que é preciso primeiramente contemplar Jesus para depois "imitá-lo", isto é, só há seguimento se houver uma proximidade com Ele partindo da contemplação de sua vida:

> Devemos por todas essas considerações (afastando de nós todo vil e servil temor) com ânimo alegre e forte, com grande confiança e com todo carinho e doçura de coração, amar, ansiar e com todas as forças solicitar e tentar adquirir, com o divino favor, as virtudes divinas e desejáveis, buscando (o quanto nos for possível) imitar a vida e a morte do Senhor crucificado. Somos constrangidos por uma obrigação infinita a esforçar-nos com todo o nosso poder a conformar nossa vida à vida e à paixão de nosso Redentor[404].

A própria ação missionária das Dimesse foi uma profecia na época. As mulheres não podiam ensinar a doutrina e nem mesmo formar comunidade sem a submissão à clausura. O fato de não emitir votos e de ser pequenas comunidades num estilo laical garantiu a continuidade da Companhia.

Outro elemento significativo é a presença de viúvas, das quais a cofundadora Deianira Valmarana era uma delas. E um sinal profético é que na Companhia conviviam mulheres de todas as idades e classes sociais, virgens ou viúvas. Mulheres com disponibilidade total para viver a radicalidade do seguimento a Jesus numa vida fraterna, orante, retirada, virtuosa e na ação missionária. Elas viviam espontaneamente as virtudes da pobreza, da castidade e da obediência. Até mesmo o modo de vestir era sóbrio. As Dimesse eram um sinal de Deus dentro de uma realidade dilacerada.

---

403. PAGANI, A., Gli Ordini delle Dimesse, p. 97. Texto original: "con profondo pensiero contemplando la gran bontà, belezza, e dignità delle virtù di esso Salvatore, cioè, della sua perfettissima obedienza, castità, povertà, humiltà, patienza, magnanimità, carità, e altre santissime, e perfettissime virtù; che esso Signor nella sua povera, e stentata vita; e nella sua vergognosa, e acerba passione ci ha manifestate; e come libro della vita, e elemento di ben viver, ci ha proposte".

404. PAGANI, A., Gli Ordini delle Dimesse, p. 97. Texto original: "Dobbiamo (dico) per tutte queste considerationi (scaciando da noi ogni vile e servil timore) con allegro e forte animo, e con gran confidenza e con ogni affetto e dolcezza di cuor, amar, bramar e con tutte le forze sollecitare e procurar di acquistar, con divin favore, esse divine, e desiderabili virtù; studiando (quanto a noi è possibile) di imitare i costumi, la vita e la morte di esso crocifisso Signore. Dobbiamo (dico) per tutte queste considerationi (scaciando da noi ogni vile e servil timore) con allegro e forte animo, e con gran confidenza e con ogni affetto e dolcezza di cuor, amar, bramar e con tutte le forze sollecitare e procurar di acquistar, con divin favore, esse divine, e desiderabili virtù; studiando (quanto a noi è possibile) di imitare i costumi, la vita e la morte di esso crocefisso Signore. Percioche (sicome è detto) da obligo infinito siamo costretti à dover con ogni nostro potere sforzarci di conformar la vita nostra alla vita, e alla passione di esso nostro Redentore".

A formação de Pagani permitiu que o seu olhar fosse para além de sua época. Talvez a influência da pessoa mais significativa na sua formação espiritual que foi uma mulher, a "Divina Madre" Paola Negri, tenha contribuído para a total confiança que Pagani depositou nesse grupo feminino por ele tão querido e amado.

## 2.6. Síntese conclusiva

O anúncio de Cristo crucificado realizado por Paulo foi de suma importância para os primeiros cristãos. A partir deste anúncio muitos aderiram a Jesus Cristo e ao seu projeto. Em diversos momentos da história da Igreja o anúncio de Jesus Cristo, que parte da experiência de esvaziamento como o do Crucificado, contido nos escritos paulinos, foi paradigmático para diversos seguidores de Jesus.

Um desses seguidores foi o franciscano Antonio Pagani, que viveu na região do Vêneto na Itália, no século XVI. Pagani bebeu da espiritualidade paulina e da espiritualidade franciscana, das quais a centralidade é a experiência amorosa de encontro com o Crucificado. Seus escritos ascético-místicos recebem a influência das correntes de seu tempo, mas com um olhar para além de sua época.

O século no qual viveu Pagani foi marcado por diversos fatores. A Igreja na Europa passou por inúmeros desafios políticos, sociais e religiosos, o que levou a uma brusca ruptura através da Reforma Protestante. Ao apresentar os abusos de poder vivenciados pela Igreja, Lutero propõe uma volta às fontes da Igreja, tendo em Cristo crucificado o seu paradigma. Uma das formas de anúncio do Crucificado muito difundida na época foi a formulada por Lutero, que tinha nos escritos paulinos o seu fundamento. Lutero contrapõe uma *theologia crucis*, que parte do sofrimento e da cruz de Jesus, a uma *theologia gloriae*. É a partir da cruz que Deus se revela. Ele não está no alto, mas ao lado dos que sofrem. Os sofrimentos do povo estão relacionados com o sofrimento de Jesus. Lutero mostra que o ser humano não precisa buscar sofrimento para ser salvo, pois a salvação não é mérito humano. Ele quer que se perceba que não são necessárias tantas práticas devocionais em busca de salvação, mas somente a fé e a graça de Deus.

Por outro lado, na segunda metade do século XVI, destaca-se na Espanha, no campo da espiritualidade, a mística de Santa Teresa d'Ávila e de São João da Cruz. A oração e a contemplação são apresentadas como caminhos para a experiência com Deus. Um dos elementos e meios ressaltados por Teresa para se ter essa experiência e conhecimento de Deus é a contemplação da vida e da paixão de Cristo.

No século XVI também surgiram diversos grupos e ordens religiosas cuja espiritualidade estava centrada no anúncio de Cristo crucificado, com tonalidades diferentes de Lutero e mais próximos da mística de Teresa d'Ávila. Esses grupos foram influenciados pela doutrina do combate espiritual, que também tem seu fundamento nos escritos paulinos. Um dos grandes difusores do combate espiritual foi o dominicano Battista Carioni da Crema. Em suas obras, o combate espiritual consiste na luta interior contra tudo o que é contrário à vivência das virtudes para ser como Cristo.

Pagani entra em uma dessas novas ordens, a dos Barnabitas, e ali se nutre da teologia paulina sobre a cruz de Jesus e o combate espiritual como forma para melhor se conformar a ele. Nesta nova ordem as figuras de Battista da Crema, Antonio Maria Zaccaria e Paola Antonia Negri conduzirão Pagani ao encontro amoroso com o Crucificado, como centro e Senhor da sua vida.

Devido a conflitos pelos quais a Ordem estava passando, Pagani abandona os Barnabitas e alguns anos após entra na Ordem dos Franciscanos Menores. Aqui aprofunda o seu amor pelo Crucificado a partir da experiência de Francisco e da teologia desenvolvida pelos franciscanos. Pagani escreverá diversas obras de teor ascético-místicos, e nelas muitas vezes encontramos alusões à teologia de São Boaventura.

O anúncio de Cristo crucificado será nas obras e na vida de Pagani o motor que o move e a coluna que o mantém. Em suas obras destaca-se o convite à contemplação do "livro da vida", isto é, da encarnação, da vida, da paixão, da morte e da ressurreição de Jesus. Pagani entrelaça todos os momentos da vida de Jesus e relaciona-os à bondade e ao amor de Deus. Precisamos conhecer a Deus para compreender quem nós somos e qual o sentido da cruz de Jesus.

Deus criou o ser humano por um ato de sua bondade. Por causa do pecado acolhido o ser humano ficou privado da salvação. Deus dá uma nova oportunidade enviando o seu Filho para comunicar o seu amor. A cruz é uma consequência desse amor. Por amor Deus quis nos salvar enviando Jesus Cristo. Ele usa mais a misericórdia do que a justiça, pois poderia nos deixar entregues à condenação. Devido à bondade e ao amor de Deus, Jesus se encarna e assume a nossa natureza e se doa a nós entregando a sua vida na cruz. Só um amor tão infinito é capaz de se doar.

Ao reconhecer a bondade e o amor de Deus o ser humano é chamado a corresponder com amor. Reconhecer a bondade e o amor de Deus como gestos salvadores significa reconhecer a nossa pequenez, fragilidade e necessidade Dele. Quanto mais contemplarmos a bondade de Deus, mais nos reconheceremos limitados e gratos por nos ter livrado de todos os males doando-nos seu Filho. Por isso, a contemplação da vida e da morte de Jesus é o fio condutor para se chegar ao conhecimento de Deus e de si mesmo. Para com um amor tão grande só se pode responder com amor.

Responder com amor a Deus significa "ter o mesmo sentimento de Jesus", isto é, viver segundo Jesus, tomando a sua forma. Para isto é preciso procurar exercitar-se nas virtudes combatendo tudo o que é contrário a elas em nossa vida.

Interessante que nos textos de Pagani não é a figura de Paulo que é destacada como modelo de discípulo amado, mas a figura de uma mulher: Maria Madalena. Ela aparece como protagonista em uma de suas poesias e em outra obra. Seguindo a interpretação patrística, Pagani vê Madalena como a discípula fiel que se reconhece pecadora e serva, e, por isso se faz presente em diversos momentos da vida de Jesus, especialmente na morte e depois da morte, quando o vai procurar no sepulcro. Como Madalena somos convidados a tirar a porta do sepulcro do nosso coração e ver se ali se encontra o nosso Amado.

Na prática, a continuidade do anúncio do Crucificado iniciado por Pagani se deu a partir de duas Companhias por ele fundadas: as Dimesse e os Irmãos da Santa Cruz. Iniciadas em 1579, numa época e local com muitos problemas eclesiais e sociais vividos no pós-Concílio, o anúncio do Crucificado realizado por elas aparece como profecia, pois foi um convite a uma mudança de vida a partir do ensinamento da doutrina e das práticas caritativas, especialmente por ser realizadas por mulheres não submetidas à clausura numa época em que era obrigatória.

Enfim, o anúncio do Cristo crucificado realizado por Pagani nos convida a uma profunda conversão pessoal e eclesial para se corresponder ao amor e à bondade de Deus a partir de Cristo.

# Capítulo 3 | Formando discípulos missionários a partir do Crucificado: contribuições teológico-pastorais de Antonio Pagani

O Documento de Aparecida convida a Igreja na América Latina a proporcionar a todos uma profunda experiência de encontro com Cristo, para que, a partir dele, se tornem discípulos missionários; e, a proporcionar, também, um processo de formação para aprofundar essa mesma experiência.

Assim, a formação de discípulos missionários nasce do encontro (ou reencontro) com Cristo, cujo primeiro passo foi o acolhimento do anúncio querigmático realizado. Como já afirmamos no primeiro capítulo, nesse anúncio e em seu aprofundamento é importante ter Cristo crucificado como ponto de partida e como fonte para a compreensão de toda a sua trajetória.

Uma visão integrada da vida de Jesus pode trazer inúmeros benefícios para a pastoral, pois a imagem que temos de Cristo pode determinar a nossa práxis. O encontro com Cristo norteia a vida do discípulo missionário, por isso é preciso perguntar que Cristo que está sendo anunciado e aprofundado, visto que no mundo atual há uma tendência a anunciá-lo sem a sua cruz; e a recepção desse anúncio tem comprometido o testemunho dos cristãos, pois deixam de viver os autênticos valores que a cruz de Cristo comporta.

O Novo Testamento é um dos principais veículos para tornar Jesus conhecido na formação de discípulos missionários, como também os escritos dos Santos Padres e os Documentos da Igreja. Além destes, temos os escritos de diversos teólogos e de pessoas que tiveram uma vida de santidade a partir de seu encontro com Cristo. Nesse sentido, propomos aqui apresentar como as obras ascético-místicas de Antonio Pagani, podem contribuir para o encontro com Cristo e para a formação de discípulos missionários hoje, visto que partem da centralidade em Cristo crucificado.

No capítulo anterior vimos como Pagani tem como centralidade de seu anúncio a cruz de Cristo. É a partir dela que ele reflete sobre toda a vida de Jesus e a apresenta a seus leitores como um caminho para se chegar ao conhecimento do amor e da bondade de Deus.

As obras de Pagani foram escritas há mais de quatro séculos, porém sua reflexão sobre a cruz pode contribuir ainda hoje. Certamente não pretendemos que suas obras sejam lidas com o mesmo olhar do século XVI, cuja espiritualidade estava fortemente marcada por um outro contexto histórico e eclesial. Aqui pretendemos apenas haurir o teor de suas obras que, apesar dos séculos de história percorridos, são importantes na formação de discípulos missionários, principalmente no que se refere à conformidade de amor a Cristo crucificado.

As contribuições que a teologia da cruz de Pagani pode dar estão em sintonia com as propostas da Igreja para o nosso tempo, especialmente presentes em alguns documentos do Concílio, no Documento de Aparecida, nas Diretrizes Gerais da Ação Evangelizadora da Igreja no Brasil (2015-2019) e no Documento 107 da CNBB sobre a Iniciação à Vida Cristã. Destacamos aqui as contribuições que nascem da centralidade em Cristo crucificado; da inter-relação entre encarnação, vida, morte e ressurreição de Jesus; de Cristo como princípio da identidade do discípulo missionário; e, da missão que nasce da cruz.

## 3.1. A centralidade do Crucificado

Uma das maiores contribuições que as obras de Pagani deixa para a Igreja é a centralidade em Jesus Cristo crucificado. Como vimos no capítulo anterior, a cruz de Cristo é o ponto de partida de sua reflexão teológica. É a partir da cruz que ele lê a encarnação, a vida e a ressurreição de Jesus. Além disso, sua reflexão sobre o Crucificado conduz a pessoa a fazer uma experiência de encontro com o amor e com a bondade de Deus revelados na entrega do Filho.

O anúncio do Cristo crucificado está presente em sua vida desde o início de sua missão. Nota-se o quanto as palavras de sua orientadora vocacional, Paola Negri, tornaram-se o centro de sua pregação sobre Jesus: "o confesseis em fato, e em palavras, e em todo modo possível, para que sejais aquele verdadeiro marco que eu desejo, que evangelize Cristo crucificado a todo o mundo"[405]. E para o desenvolvimento de sua reflexão Pagani tem também como fundamento os escritos

---

405. CONGREGATIO DE CAUSIS SANCTORUM, Positio, p. 672.

paulinos, que como vimos no capítulo anterior, juntamente com a espiritualidade franciscana, são suas fontes inspiradoras sobre o Crucificado. A partir do incentivar e do indicar a experiência de encontro com o amor de Deus revelado em Jesus é que Pagani começa a formação dos discípulos missionários de sua época.

A cruz é a revelação extrema do amor de Deus, que doa seu Filho gratuitamente. A revelação deste amor poderia ter sido realizada de outra forma, mas "o amor divino e ardentíssimo e tremendamente sério quis escolher para mostrar-se e oferecer-se de forma mais próxima, crível, compartilhada com o homem"[406].

Ao reconhecer esse grande amor de Deus, Pagani convida a pessoa a olhar para os principais motivos pelos quais devemos amá-lo: porque é Deus sumo bem, e porque foi o primeiro a nos amar[407]. A apresentação da bondade e do amor de Deus, revelada principalmente na encarnação do seu Filho e na sua entrega por nossa salvação, é elemento essencial das obras de Pagani. A pessoa é chamada a reconhecer o amor de Deus que entrega o seu Filho ao mundo através da encarnação e de sua morte de cruz, para salvar o próprio ser humano[408].

A criação em si mesma é um ato do amor de Deus. O ser humano não reconheceu esse amor e se condenou. Para Pagani, Deus não poderia nos deixar entregues a uma vida de condenação, por isso, ao enviar seu Filho, nos demonstrou seu amor dando a si mesmo para nos salvar. Assim, a História da salvação é lida por Pagani a partir do Cristo crucificado. Deus fez muito mais na obra da redenção do que na criação do universo, pois na cruz Deus se deu a si mesmo sofrendo até a morte para que o ser humano fosse restituído, e na criação Deus criou tudo com a palavra[409].

Reconhecer a revelação suprema do amor e da bondade de Deus para com o ser humano, que é expresso principalmente através do Cristo crucificado, é o convite feito por Pagani. Ao olhar para toda a vida de Jesus, a pessoa é chamada a contemplar seu sofrimento para reconhecer tamanho amor que teve por nós através de sua vida doada a ponto de se entregar numa cruz. A contemplação desse mistério nos leva ao reconhecimento do amor. Para essa contemplação faz-se necessária uma vida orante que levará a uma resposta ao amor de Deus. Pagani convida a ler com os olhos do amor, no livro da vida, isto é, na vida e paixão do Salvador[410]. E isso deve ser feito a partir do encontro com a Palavra.

---

406. FRESNEDA, F. M.; MERINO, J. A. (Coords.), Manual de teologia franciscana, p. 203.
407. PAGANI, A., Specchio di fideli, p. 71.
408. PAGANI, A., Il thesoro dell'humana salute et perfettione, p. 1-4.
409. PAGANI, A., Il thesoro dell'humana salute et perfettione, p. 21.
410. PAGANI, A., Il thesoro dell'humana salute et perfettione, p. 10.

A teologia da cruz de Pagani não é uma teologia dolorista, mas uma teologia que aponta para a esperança, pois o Crucificado não é outro senão o Ressuscitado, que se faz presente na Eucaristia[411]. Falar do Crucificado é buscar dar respostas não apenas para a questão da salvação, mas também para a realidade de crucificação que nos circunda. A teologia de Pagani vai além da doutrina da salvação quando coloca o seguimento como uma resposta de amor a um amor infinito. Da contemplação do Crucificado os nossos olhos se abrem para reconhecer os crucificados e nos fazer próximos deles.

Não se trata também de uma mística do sofrimento que leva a um sofrer para se obter a salvação, como se pregava sobre a forma de conformidade a Cristo crucificado nas devoções da Baixa Idade Média. O século XIII marca a passagem da reflexão filosófica sobre a paixão de Cristo para a imitação e identificação com Cristo. Como vimos no capítulo anterior, aqui muito influenciou São Francisco, que "na Igreja de São Damião em ruínas, enquanto estava a rezar, o crucifixo pôs-se a falar e, chamando-o pelo nome, confiou-lhe esta mensagem: 'Vai, Francisco, renova a minha casa, porque como vês, cai em ruínas'"[412]. A Igreja vive nesse período momentos difíceis e está fortemente marcada pela política e pela opulência. Nessa realidade, Francisco sente o apelo de viver como o Cristo pobre e crucificado.

A vivência da pobreza evangélica que Francisco se propõe nasce, então, da contemplação da cruz de Cristo pobre e crucificado. A conformidade a esse Cristo será o objetivo da vida de Francisco, a ponto de se tornar "outro Cristo crucificado", recebendo até os estigmas. E a partir daí floresce "uma profunda e original espiritualidade e uma notável teologia da cruz"[413].

A espiritualidade franciscana divulgará entre os mais simples a contemplação de Cristo pobre e crucificado, na qual a cruz de Cristo se tornará, então, o livro no qual poderão ler a vida de Jesus. "No plano ascético, místico e pastoral, Jesus Cristo crucificado constitui o centro da meditação e da atenção da Família dos Menores"[414].

Nesse período se desenvolvem devoções às dores da Paixão e estas são acentuadas nas liturgias. São Boaventura, um dos teólogos franciscanos da época, faz uma meditação sobre a paixão de Cristo na obra *A árvore da vida*. Também a obra *Meditationes vitae Christi*, a ele atribuída, teve uma grande difusão na Baixa Idade Média. Ele desenvolverá, a partir da mística e da espiritualidade franciscana, a

---

411. PAGANI, A., Specchio di fideli, p. 126.
412. ZOVATTO, P., Experiência espiritual na história, p. 132.
413. FRESNEDA, F. M.; MERINO, J. A. (Coords.), Manual de teologia franciscana, p. 202.
414. FRESNEDA, F. M.; MERINO, J. A. (Coords.), Manual de teologia franciscana, p. 183.

importância da cruz, pois coloca "o centro da existência cristã no seguimento do Crucificado a partir da fé no Ressuscitado"[415]. Segundo Boaventura,

> na cruz todas as coisas são reveladas; ninguém tem acesso a Deus de forma direta, se não por meio do Crucificado; e Jesus Cristo revelou-se imitável em sua medida máxima na forma que teve na cruz. Por isso ele ensina que o crente, contemplando com inteligência de amor o Crucificado, deve assimilar os valores que ele proclamou de forma emblemática: a superabundância da caridade de Deus pelo homem, manifestado na pobreza, na humildade e na paciência, no sofrimento e despojamento extremos sobre a cruz[416].

Pagani, também franciscano, mas encontrando-se no século XVI, recebe a herança dessa mística. Em algumas partes de seus escritos, a contemplação da cruz de Cristo e a imitação de seus sofrimentos aparecem como um modo virtuoso para corresponder ao amor de Deus. Sua reflexão está muito próxima à de Boaventura, porém com alguns elementos próprios de sua mística.

Segundo a reflexão de Pagani, a salvação já foi dada por Deus mediante Jesus Cristo. Tudo o que se refere à imitação de Cristo e de seus sofrimentos é para reconhecer o livre e gratuito amor de Deus que nos salva. É uma proposta de acolhida desse amor. A conformidade a Cristo crucificado na teologia de Pagani não está centrada na busca da vivência do sofrimento como a do Crucificado para se obter salvação, mas para assumir a salvação já dada.

Ser como Cristo na cruz, significa colocar-se no lugar de servo (Fl 2,5-11). É um convite a olhar a cruz como lugar de despojamento, de humilhação, de não poder, de aniquilamento, para viver de modo virtuoso, sem desejo de ter e de poder, para ser como o Servo, que da cátedra da cruz ensina como amar servindo. A cátedra de onde Jesus ensina é a cruz. O trono de Jesus é a cruz. Portanto, Ele é um Deus servo que ama servindo.

A teologia franciscana do Crucificado – presente em Francisco e Clara, de modo mais vivencial, e em Boaventura, Hubertino de Casale e Bernardino – pode oferecer para a teologia, hoje, elementos significativos que, a nosso ver, estão presentes também na teologia da cruz de Pagani:

> Ver e indicar na cruz e no Crucificado a forma extrema de autodespojamento do amor de Deus pelo homem, o sinal mais eloquente, porque também é o mais custoso (Bernardino), da seriedade e da superabundante caridade

---

415. FRESNEDA, F. M.; MERINO, J. A. (Coords.), Manual de teologia franciscana, p. 180.
416. FRESNEDA, F. M.; MERINO, J. A. (Coords.), Manual de teologia franciscana, p. 181.

(*nímia caritas*) que o Pai, no Filho e pelo Filho crucificado, desde o princípio de seus desígnios quis derramar e de fato derramou sobre o homem[417].

Para se chegar ao conhecimento da vida histórica de Jesus, que contém a cruz no caminho, Pagani apresenta os evangelhos a partir de uma cristologia narrativa e meditativa. Sabemos que o conhecimento da vida histórica de Jesus tornou-se uma grande busca, e esta é de suma importância para a reflexão teológica. Desde o século XVIII até os nossos dias, "ondas" ou fases perpassam as tendências da pesquisa na busca pelo Jesus histórico para reconstruir os fatos históricos e a pessoa humana de Jesus que se encontram por trás dos evangelhos e das afirmações de fé da Igreja[418]. Além dessa busca pelo Jesus histórico, há também variadas

> perspectivas nas quais se tenta dar valor espiritual e teológico à vida de Cristo, em alguns ambientes predominam a abordagem e a finalidade interiores, pessoais, místicas e, inclusive, mais intimistas. Em outros, os aspectos sociais, comunitários, políticos; todas elas são visões que de *per si*, é obvio, não se opõem ou não se excluem e encontram todas elas apoio sólido na vida histórica real de Jesus, norma da existência e do pensamento cristãos[419].

Diante de todas essas perspectivas, a cristologia narrativa e meditativa de Pagani pode contribuir para o conhecimento de Cristo de forma integrada para aqueles que desejam trilhar o seu caminho, não permanecendo somente no intelectualismo, no espiritualismo ou no social. O mais importante é que seja vivenciado o seu objetivo que é voltar

> aos mistérios da vida de Cristo e a propô-los como diferentes momentos nos quais Deus revelou, na humanidade do Filho, o mistério do seu amor

---

417. FRESNEDA, F. M.; MERINO, J. A. (Coords.), Manual de teologia franciscana, p. 203.

418. Alguns autores como G. Theissen e A. Merz enumeram cinco fazes da pesquisa sobre a vida de Jesus. Ressaltamos aqui as três fases principais citadas por diversos autores. A primeira fase, ou *Old Quest*, deu-se início no século XVIII e buscava o núcleo dos evangelhos que confirmasse o conhecimento do Jesus histórico. Destaca-se nesta fase a posição radical de R. Bultmann, que distinguia o Jesus da história do Cristo da fé. A segunda fase, também conhecida como *New Quest*, iniciou-se em 1959 com Käsemann. Seguindo Käsemann, J. Jeremias propõe o critério de dissemelhança como caminho específico da *New Quest* para se chegar ao Jesus histórico. Esta etapa é marcada pela proposição de critérios de autenticidade, precedido pelo critério de descontinuidade. Já a terceira fase, ou *Third Quest*, teve seu início em 1985 com a obra de E. P. Sanders, *Jesus and Judaism*. Algumas características desta fase são localizar Jesus no contexto do judaísmo, estudar as motivações da crucificação de Jesus, integrar a dimensão política e teológica, e a realização conjunta da investigação sobre Jesus por diferentes especialistas. Na *Third Quest* há duas tendências. A primeira é chamada de "Jesus Seminar". Ela é composta por estudiosos que se reúnem para decidir, após pesquisas, o grau de historicidade dos ditos e feitos de Jesus. A segunda tendência é mais moderada e dá ênfase ao critério de coerência histórica. Para um maior aprofundamento sugerimos: THEISSEN, G.; MERZ, A., O Jesus histórico, p. 19-31.

419. FRESNEDA, F. M.; MERINO, J. A. (Coords.), Manual de teologia franciscana, p. 203.

com o despojamento de si e com o espoliamento de sua glória, que de certa forma concreta, se realizaram entre os homens em sua vida de pobreza, humildade, renuncia às glórias mundanas e reinvindicação da realidade despojada de Deus e de seu reino de amor[420].

A cristologia narrativa e meditativa é envolta de uma mística que leva ao reconhecimento do amor e da bondade de Deus. E para com um amor imenso e infinita bondade a pessoa é chamada a responder com amor. Quanto mais ela se aproxima de Cristo tanto mais luz receberá[421]. E esta aproximação se dará através da contemplação das coisas divinas como a bondade de Deus revelada sobretudo na vida de Cristo. Chega-se à semelhança com Cristo crucificado através do amor, pois quanto mais cresce o seu amor para com Deus, mas cresce o desejo de conformar-se a Jesus[422]. Aceitar a cruz é uma resposta de amor ao amor de Deus. Por isso que a mística é um dos caminhos que conduz para uma formação integral dos discípulos missionários.

Quando a mística da cruz é compreendida apenas como mística da dor e do sofrimento, distancia-se da espiritualidade cristã. Jesus não desejou a cruz e a perseguição. Elas foram consequências de sua vida encarnada na história. Portanto, a cruz só é fonte de espiritualidade se for vista como consequência de uma vida doada. Cruz desligada da vida de Jesus é só sofrimento. Algumas teologias "têm favorecido ou favorece ainda uma ascética mortificatória e renunciatória e uma mística da dor (dolorismo) que são obstáculos para uma realização justa e para um equilibrado desenvolvimento do ser humano criado por Deus"[423].

Ao percorrer a vida histórica de Jesus salta aos nossos olhos que a cruz foi consequência de sua vida, isto é, de sua encarnação em nossa história. A encarnação de Jesus o levou a estar junto com excluídos daquela sociedade, fazendo o bem e agindo com misericórdia. As ações de Jesus questionaram a lei vigente que desumanizava e excluía. Com sua prática Jesus tornou presente o reino, desmascarando o antirreino e com isso entrou num conflito com as autoridades, sendo perseguido e levado à cruz por elas. "O conflito é intrínseco ao amor de Jesus desde o momento em que concebe sua universalidade a partir do lugar concreto do oprimido"[424].

---

420. FRESNEDA, F. M.; MERINO, J. A. (Coords.), Manual de teologia franciscana, p. 202.
421. PAGANI, A., Specchio di fideli, p. 5.
422. PAGANI, A., Il thesoro dell'humana salute et perfettione, p. 10.
423. FRESNEDA, F. M.; MERINO, J. A. (Coords.), Manual de teologia franciscana, p. 181.
424. SOBRINO, J., O Seguimento de Jesus como discernimento cristão, p. 23.

Todos os que se encarnam na realidade do povo excluído e marginalizado, como Jesus o fez, podem experimentar o conflito e por fim o mesmo destino. Quando se faz o bem, desmascarando as estruturas de opressão e exploração que geram o mal, corre-se o risco de perseguição por parte de quem detém o poder. O seguimento a Cristo leva a pessoa a se posicionar e a desmascarar as situações que conduzem a uma vida indigna.

> Quem se encarna no baixo da história, quem exercita a pró-existência e, sobretudo, quem se exercita na prática da justiça, sofre infalivelmente a reação do mundo. No Evangelho aparece que quando Jesus faz o bem e instaura os sinais de misericórdia, outros se rebelam contra Ele. Quando expulsa os demônios tem que ouvir que está endemoninhado e louco; quando senta os pecadores à sua mesa, tem que ouvir que é comilão e beberrão; quando anuncia a Boa-nova aos pobres e cura as suas enfermidades, adverte: "E bem-aventurado aquele que não se escandalizar por causa de mim" (Mt 11,6). Existe algo de macabro na história dos homens[425].

A morte de Jesus é a maior expressão de sua entrega e vida doada. Muitas pessoas que se pareceram com Jesus em sua práxis na luta pela justiça e dignidade dos oprimidos foram perseguidas e assassinadas. Apesar de estarmos vivendo um "período de paz" na Igreja, a cruz de Jesus não deixa de ser o ponto de partida para a identidade cristã, pois ela exige uma postura diante da vida. É um convite a permanecer no amor sem se deixar levar por qualquer tipo de ascetismo, epicurismo ou indiferença[426].

A vida doada de Jesus é o maior ensinamento que podemos ter para também nós assumirmos a cruz, pois assim afirma Pagani, que de sua vida e Paixão podemos aprender a viver as virtudes:

> Ele disse: *"Quem não renunciar a tudo o que possui, não poderá ser meu discípulo"*. E ainda: *"Aprendei de mim, que sou manso e humilde de coração"*. Afirmou também: *"Quem quiser vir atrás de mim renegue a si mesmo, tome a cada dia a sua cruz e me siga. Quem não tomar a sua cruz e não me seguir não é digno de mim"*. Disse ainda: *"Este é o meu mandamento, que vos ameis uns aos outros, como eu vos amei"*[427].

---

425. SOBRINO, J., Identidade cristã, p. 346.

426. SOBRINO, J., Identidade cristã, p. 346.

427. PAGANI, A., Il thesoro dell'humana salute et perfettione, p. 71. Texto original: "Il qual disse, Chi non rifiuterá tutto ció, che possiede, non potrá esser mio discepolo. Et anco disse, Imparate da me, ch'io son mansueto et humile di cuore. Et appresso disse, Chi vuol nenir dopo me rineghi se stesso et tolga ogni dì la sua Croce et mi segua. Et chi non piglia la sua croce, et mi seguita, non è degno di me. Et disse finalmente,

As obras de Pagani apontam para uma preocupação em formar autênticos cristãos que, a partir de Cristo crucificado, vivam uma vida virtuosa. A Igreja hoje demonstra, a partir de seus documentos, uma preocupação na formação de discípulos missionários, como é denominado no Documento de Aparecida, que se inicia com a centralidade em Jesus Cristo.

Como já vimos em nosso primeiro capítulo, o primeiro passo para essa formação é o anúncio querigmático. Ele é de fundamental importância, já que Jesus Cristo é o centro do conteúdo desse anúncio. Através do anúncio querigmático as pessoas são chamadas a fazer uma experiência de encontro com Jesus para colocar-se em seu seguimento, visto que é a partir de um encontro pessoal e comunitário com Jesus Cristo que se desperta discípulos missionários[428]. A missão da Igreja deve partir de Jesus Cristo, e, assim, a Igreja deve primeiramente anunciá-lo.

Pagani anuncia Jesus a partir de sua cruz. Na prática pastoral da Igreja temos diversos pontos de partida para a apresentação de Jesus, inclusive sem a sua cruz. Ao omitirmos que houve cruz no caminho de Jesus podemos correr "o perigo de propiciar uma fé alienante, que leva à evasão – a irresponsabilidade –, e uma fé infantilizante, que leva à irrealidade – o docetismo de sempre... Para superá-lo, é necessário voltar ao seguimento"[429]. No seguimento encontramos e fazemos a experiência de toda a trajetória de Jesus, inclusive de sua cruz.

Além da alienação e do infantilismo que podem ocorrer na vida da Igreja, levando a um cristianismo *light,* corremos também o risco de um excesso de triunfalismos, de busca de sucessos, de pompa e de ostentação[430]. Quando o sentido da cruz não é devidamente acentuado, não se consegue desmascarar tais situações que são frutos de uma imagem deturpada de Cristo.

Assim, a cruz faz-se uma linguagem urgente e necessária na formação dos discípulos missionários hoje, para que o seguimento a Jesus seja encarnado na realidade e uma resposta madura numa Igreja que deseja trilhar a trajetória de Jesus. Para isto é preciso que o anúncio querigmático e seu aprofundamento sejam cada vez mais colocados em prática para que a missão do discípulo missionário nasça da experiência de encontro com Cristo e não de uma prática apenas devocional ou meramente assistencialista para com os pobres e excluídos.

---

Questo è il mio commandamento, che voi vi amiate insieme; sì come io hò amato voi. Per la quale cosa quattro principali virt`insomma ci ha insegnati con le opere, e con le parole il nostro dolcissimo Redentore, le quali virtù ogn'altra virtù in se stesse contengogo. Et sono la povertà, lhumiltá, la patienza, e la carità".

428. DAp 11.
429. SOBRINO, J., Fora dos pobres não há salvação, p. 178.
430. SOBRINO, J., Fora dos pobres não há salvação, p. 179.

Na América Latina, após a década de 60, foi dada muita ênfase na dimensão práxica que a cruz comporta, convidando os seguidores de Cristo a um compromisso social com a causa dos crucificados da história, assim como Jesus o fez. Esta foi uma época de grande importância para vida da Igreja, pois levou a uma reflexão que a coloca no seu eixo missionário: a opção preferencial pelos pobres. O encontro com a pessoa de Cristo, porém, que deve acontecer antes de tudo, não foi tão desenvolvido, pois para "reconhecer" o rosto de Cristo crucificado nos pobres, marginalizados e excluídos, é preciso primeiramente "conhecer" o rosto de Cristo, como afirma Miranda:

> Observamos que, nos últimos anos, a Igreja empenhou-se em conclamar os católicos a se voltarem para os grupos sociais mais necessitados ou marginalizados na sociedade. De fato, as condições de vida de grande parte da nossa população são realmente escandalosas. E a opção pelos pobres apenas demonstrou a coerência da Igreja com o Evangelho. Mas esta pregação de cunho mais funcional (luta pela justiça) deveria vir acompanhada de uma proclamação mais substantiva, que tivesse como objeto o querigma primitivo, a pessoa de Jesus Cristo, sua vida e mensagem em toda a sua densidade e profundidade. Só assim seriam os fiéis estimulados a um relacionamento mais existencial com o Filho de Deus[431].

Ao dar ênfase no Cristo crucificado como ponto de partida no anúncio querigmático e em seus desdobramentos, como o faz Pagani, queremos propor uma formação de seguidores de Cristo como uma resposta à ação amorosa e bondosa de Deus que nos ama com infinito amor. Assim, o conhecimento de Cristo não fica limitado apenas ao encontro com uma "ideia", mas com uma "pessoa", como afirma o papa Bento XVI[432], e uma pessoa próxima, que é puro amor doado.

Para chegar ao conhecimento de Cristo é preciso percorrer a trajetória de Jesus. Nela nos deparamos com a cruz no seu caminho. Em todos os tempos, desde o início do cristianismo até os nossos dias, ora se teve o desejo de afastá-la da vida de Jesus, ora foi exaltada de diversos modos e de acordo com cada época. A tendência hoje é afastá-la não somente da vida de Jesus, mas principalmente das nossas, por ser vista como sinônimo de dor e de sofrimento.

---

431. MIRANDA, M. F., Existência cristã hoje, p. 93.
432. DCE 1.

Ter a cruz como ponto de partida do anúncio querigmático significa apresentar o rosto amoroso de Deus que se entrega na entrega do Filho pela humanidade. Significa também a compreensão das causas históricas de sua morte de cruz, como o estar a favor da vida e não da leitura da lei que exclui.

Em cada época e lugar, o sentido da cruz de Jesus ganhou diversas interpretações, e essas chegaram ao povo através de inúmeras devoções que levaram a uma prática de culto ao Cristo crucificado para se assemelhar com Ele a partir da imitação de suas dores. As pessoas têm facilidade em vivenciar estas práticas devocionais porque há uma identificação dos seus sofrimentos com os sofrimentos de Cristo. Um dos grandes resquícios dessa prática encontra-se no Tríduo Pascal, onde há uma maior presença das pessoas na função litúrgica da Sexta-feira Santa.

Apesar de todo o esforço da Igreja para apresentar o rosto de Cristo nas diferentes épocas e ser sua presença no mundo, é perceptível a necessidade de, em primeiro lugar, formar cristãos a partir de Cristo e de sua proposta, para que o sentido da cruz seja mais do que o sentido dado nas devoções populares, e que seja assumido a partir de uma experiência de encontro com Ele e não apenas de uma teoria.

A cruz pode ser o ponto de partida para compreender a vida de Jesus, mas também intimamente ligada à sua vida e à sua morte está a ressurreição. A ressurreição dá sentido à cruz e vice-versa, como afirma Duquoc: "A ressurreição de Jesus toma sentido a partir de sua morte, bem como sua morte assume significado a partir de sua ressurreição"[433]. A ressurreição, juntamente com a cruz, deve ser pregada como parte essencial do mistério pascal[434], pois foi a partir da ressurreição de Cristo que se deu o anúncio querigmático.

Temos presenciado nas últimas décadas uma grande ênfase na ressurreição de Jesus como vitória sobre a morte e sobre o sofrimento. Os pobres e as pessoas que passam por sofrimentos se deixam levar pelas igrejas que fazem esse tipo de pregação. Elas vão em busca de um Jesus milagreiro, mágico, curandeiro, e assim ele se torna um objeto de consumo, sendo que a busca deveria ser de um encontro com a pessoa de Jesus. Nossa prática pastoral deve a todo custo evitar esse tipo de ensinamento e pregação, mas levar a um aprofundamento do real sentido da encarnação, da vida, da morte e da ressurreição de Jesus. E isso é o que propomos a seguir a partir da reflexão de Pagani.

---

433. DUQUOC, Ch., Cristologia. Ensaio dogmático II, p. 15.

434. KLOPPENBURG, B., A glorificação do Senhor Jesus, p. 420.

## 3.2. Viver como ressuscitados para ressuscitar os crucificados: a essencial inter-relação entre encarnação, vida, morte e ressurreição de Jesus

A encarnação, vida, morte e ressurreição de Jesus são elementos interligados e um dá sentido ao outro. É a partir desses elementos que podemos compreender toda a vida de Jesus e sua relação com o Pai e com o reino. Pagani lê a vida, a morte e ressurreição de Jesus como um ato da bondade de Deus para com os seres humanos[435]. Apesar de ter o Crucificado como fio condutor de suas obras, ele parte da encarnação de Jesus como o primeiro momento da redenção.

A encarnação é vista como um ato de amor salvador de Jesus, que assumindo a humanidade, se oferece e se doa generosamente a nós, a ponto de podermos chamá-lo de irmão, osso dos nossos ossos e carne da nossa carne. E esse é um mistério que é difícil de exprimi-lo através de palavras, pois revela salvação, graça e glória doada a nós, e que terá seu ápice ainda por vir[436].

O ato de encarnar-se fez com que Jesus assumisse tudo o que é humano, e assim também vivessem as fadigas que nós enfrentamos como fome, sede, dores, injúrias, insultos e até mesmo uma amarga paixão e morte[437]. Pagani convida a contemplar a vida de Jesus, desde o seu nascimento, para se compreender o quão grande é o amor de Deus em se doar e passar por tudo o que passou[438].

A contemplação da vida de Jesus, que Pagani denomina de contemplação do "livro da vida", leva ao desejo de conformar-se no amor a Jesus Cristo crucificado. Aquele que adentra na vida de Jesus, que é uma vida de adesão ao Pai, de humildade e de pobreza, consegue reconhecer a manifestação do amor, que se revela como extremo através do Crucificado. Por isso que Jesus é visto como "o tesouro" que se oferece pela nossa salvação, mas que se encontra escondido neste mundo[439]. Para se chegar a esse tesouro é preciso renunciar a todos os outros tesouros que o mundo apresenta, como também comodidades e satisfações: "torna-se indigno dele, quem ama e estima mais outro bem, porque não existe valor, beleza, doçura, que possam ser comparados ao valor, à beleza e à suavidade deste tesouro"[440].

---

435. PAGANI, A., Specchio di fideli, p. 98-125.
436. PAGANI, A., Specchio di fideli, p. 98-99.
437. PAGANI, A., Specchio di fideli, p. 102.
438. PAGANI, A., Specchio di fideli, p. 108-116.
439. PAGANI, A., Il thesoro dell'humana salute et perfettione, p. 74.
440. PAGANI, A., Il thesoro dell'humana salute et perfettione, Il proemio. Texto original: "si fa indegno chi ama, e stima piú di lui alcun'altro bene; non si trovando nè valore, nè nobiltà, né vaghezza, nè dolcezza, che ao suo valore, alla sua dignità, bellezza, e soavità si possa paragonare".

A encarnação, a vida e a morte de Jesus são vistos por Pagani mediante uma linguagem do amor: são atos do amor e da bondade de Deus, pela salvação do ser humano. Ao reconhecer esse amor, a pessoa percebe o quanto é valioso o sentido da encarnação, na qual Deus se fez homem para tornar, em certo sentido, o homem Deus, que assumiu e uniu a si de modo inseparável a nossa natureza. E ele fez isso porque nos ama[441].

Pagani não trata diretamente do tema da ressurreição como o faz com a encarnação. A maior parte de suas obras refere-se ao Crucificado e como "imitá-lo" através de um caminho de conversão e de vivência das virtudes. Ele acentua, porém, que o caminho para se chegar à ressurreição é o Crucificado, que "nos propôs viver como Ele, dando-nos o exemplo de sua paixão e morte. Deste modo nos indicou o verdadeiro caminho para chegar à sua glória e à nossa felicidade perdida"[442].

Esse caminho, que é o próprio Cristo crucificado em sua vida doada por amor, não é para Pagani uma busca de sofrimentos e de dor, mas uma capacidade de viver as virtudes que Cristo viveu, especialmente a humildade, a partir do encontro com o amor. Assim, a preocupação de Pagani não está diretamente na ressurreição, vista como um momento isolado de glória da vida de Jesus, mas em como a encarnação e a morte numa cruz pode levar a viver virtuosamente.

A nosso ver, na teologia de Pagani, o mais importante é viver como o Crucificado, pois em nenhum momento a pessoa deve desejar ou procurar a glória humana, mas deve recusá-la e desprezá-la, pois "não é coisa conveniente, mas perversa se, sendo o Senhor humilhado, o servo tiver a pretensão de elevar-se e querer honras"[443], e mais: "é uma grande vergonha, para quem se chama cristão, ou pior ainda, religioso, se cultiva em si um mínimo pensamento de desejar honras, dignidades ou louvores neste mundo, ou ainda se foge das humilhações, mesmo tendo diante dos olhos o seu Senhor humilhado"[444].

---

441. PAGANI, A., Il thesoro dell'humana salute et perfettione, p. 19.

442. PAGANI, A., Il thesoro dell'humana salute et perfettione, p. 3. Texto original: "ci propose; e con uno ismisurato eccesso della sua acerba passione, e morte, con la quale ci manifestò la vera via di andare alla sua gloria, e alla nostra già perduta felicità".

443. PAGANI, A., Il thesoro dell'humana salute et perfettione, p. 93. Texto original: "non è cosa honesta, nè convenevole, ma trista, e abominevole, che essendo si inchinato, e abbassato il Signore, ardisca il servo di inalzarsi, e volere honori".

444. PAGANI, A., Il thesoro dell'humana salute et perfettione, p. 94. Texto original: "è gran vergogna, e maggior danno di ciascun, che si chiama christiano; o di più religioso; il quale habbia pure un minimo pensiero di volere honor, dignità, o laude in questo mondo; overo che fugga le abbassationi, e li scherni, sapendo tuttavia, conoscendo certo, e vedendo innanzi gli occhi il suo Signor essere stato cotanto humiliato".

Nesse sentido, a inter-relação entre encarnação, vida, morte e ressurreição de Jesus proposta por Pagani tem muito a contribuir com a vivência cristã atual, pois é um convite a assumir a essência que deve nos mover como cristãos, que nasce do encontro com a pessoa de Jesus Cristo, não apenas em seu momento glorioso como ressuscitado, mas em seu itinerário desde a encarnação, numa vida pobre, humilde, paciente, mansa, caridosa[445] etc., até o extremo da cruz.

Atualmente, determinadas pregações cristãs acentuam demasiadamente a ressurreição como uma vitória do poder de Deus sobre a morte. Este anúncio desconectado da encarnação, da vida e da morte de Jesus é perigoso para o cristianismo, pois pode levar a uma adesão a Jesus apenas pela visão mágica que a ressurreição apresenta como uma expectativa de voltar à vida que muitos cultivam ou pelo desejo de ascensão e glória, assim como a vivenciada por Jesus na ressurreição.

É preciso acentuar que pelo poder de Deus quem foi ressuscitado não foi outro senão o Crucificado. E, como Pagani, propor um itinerário que leve a uma contemplação de toda a sua vida. Nesse sentido, queremos ressaltar a reflexão teológica desenvolvida nas últimas décadas na América Latina que muito contribuiu com sua visão integrada da vida de Jesus a partir de sua humanidade. Tal reflexão confirma que a ressurreição é aprovação e plenificação da vida de Jesus, mas acentua que é também um fazer justiça à vítima Jesus[446]. E essa forma de vê-la ainda está presente na reflexão de teólogos atuais[447], mas pouco aparece na prática pastoral.

Deus ressuscita um crucificado. E este foi crucificado inocentemente porque sua vida foi uma entrega amorosa em defesa da vida das vítimas, como no Novo Testamento se relata a sua práxis: Ele anuncia o reino do Pai, fica ao lado dos pecadores e excluídos, entra em conflito com as autoridades quando defende as vítimas de um sistema opressor, é obediente ao Pai e tudo faz por meio Dele. Por isso foi perseguido e executado. Os primeiros seguidores de Jesus não anunciaram apenas a vitória de Deus sobre a morte, pois para eles a ressurreição

> é a reação de Deus, que confirma seu querido Jesus desautorizando os que o condenaram. Esta é a primeira coisa que eles pregam sempre de novo nas proximidades do templo e pelas ruas de Jerusalém: "Vós o

---

445. PAGANI, A., Il thesoro dell'humana salute et perfettione, p. 94.

446. O teólogo Jon Sobrino desenvolveu a temática em diversos livros e artigos. A ressurreição de Jesus é analisada por ele "a partir da esperança das vítimas, – com a correlativa revelação de Deus como o Deus das vítimas – e levando em conta a possibilidade de viver já como ressuscitados nas condições da existência histórica". SOBRINO, J., A fé em Jesus Cristo, p. 9.

447. PAGOLA, J., Jesus, p. 514-520.

matastes pregando-o numa cruz pelas mãos de alguns ímpios, mas Deus o ressuscitou"... Com sua ação ressuscitadora, Deus confirmou a vida e a mensagem de Jesus, seu projeto do reino de Deus e toda a sua atuação[448].

A vida doada de Jesus em defesa da vida o leva à cruz. É a este mesmo Jesus, porém, que Deus ressuscita. A ação de Deus de ressuscitar o Filho não é mera expressão de sua onipotência, mas uma resposta de Deus à ação criminosa e injusta pela qual Jesus passou. A ressurreição é o triunfo da justiça de Deus sobre a injustiça dos seres humanos[449].

A ressurreição de Jesus significa, portanto, "fazer justiça a uma vítima, é esperança de que o verdugo não triunfará sobre elas e de que nós podemos participar nessa esperança"[450], visto que "seria um grave erro pretender referir-se à ressurreição de Jesus em seu último estágio, sem percorrer as mesmas etapas históricas que Jesus percorreu"[451]. A ressurreição é uma resposta de Deus, sem vingança ou agressão aos agressores de Jesus. "Este é o aspecto mais grandioso do amor de Deus: que ele tem poder para aniquilar o mal sem destruir os maus. Faz justiça a Jesus sem destruir os que o crucificam"[452].

Para se chegar a uma compreensão cristã da ressurreição é preciso manter o pressuposto de que o ressuscitado é o crucificado[453]. A ressurreição só é compreensível à luz do Crucificado, portanto é preciso primeiramente encarar o escândalo da cruz sem querer imediatamente resolvê-lo eliminando-o ou dissolvendo-o a partir da ressurreição como solução[454].

A cruz é o que torna cristã a ressurreição de Jesus e deste modo é necessário manter o escândalo da cruz para se conceber a um Deus cristão, o Pai de Jesus[455]. "Deus ressuscitou um crucificado, e desde então há esperança para os crucificados da história"[456], pois a esperança está centrada em Cristo crucificado e ressuscitado como paradigma para o futuro que lhes aguarda.

---

448. PAGOLA, J., Jesus, p. 515.

449. SOBRINO, J., Jesus na América Latina, p. 217.

450. SOBRINO, J., A fé em Jesus Cristo, p. 453.

451. SOBRINO, J., O ressuscitado é o crucificado. Leitura da ressurreição de Jesus a partir dos crucificados do mundo, p. 73.

452. PAGOLA, J., Jesus, p. 518.

453. SOBRINO, J., Jesus na América Latina, p. 216.

454. SOBRINO, J., Jesus, o libertador, p. 339.

455. SOBRINO, J., Cristologia a partir da América Latina, p. 243.

456. SOBRINO, J., Jesus na América Latina, p. 220.

A raiz de toda esta esperança é cristológica: o povo crucificado acredita em Jesus Cristo ressuscitado, em quem vê uma antecipação e uma promessa de sua própria ressurreição. Essa é a origem inexplicável de sua capacidade de criar utopias sociais e de recriar o tecido das relações sociais, vivendo com as portas abertas, com um coração sem fronteiras, com uma solidariedade e responsabilidade pela vida, que parece não ter limite[457].

Não somente, porém, os crucificados da história podem ter a esperança que brota da ressurreição. Os não crucificados, não pobres, não vítimas participam da ressurreição se participam de alguma maneira da crucificação[458]. Esta participação é como a de Jesus: participação da realidade das vítimas, a ponto de entregar a própria vida por amor aos pobres, aos desvalidos, aos excluídos, ou seja, aos que são vítimas da injustiça. Assim, a vida das não vítimas será análoga de alguma maneira à de Jesus.

A comunidade na vida e destino de Jesus é o que dá esperança de que se realize nas não vítimas o que se realizou em Jesus. E quando as não vítimas tentam superar praxicamente as injustiças pelas quais as vítimas sofrem, lhes dão esperança de enfrentar já no presente a morte[459]. Quem tiver uma vida análoga a de Jesus pode experimentar também a ressurreição.

A ressurreição como aprovação e plenificação da vida de Jesus gera esperança. Se Jesus não tivesse ressuscitado vã seria a nossa fé, mas se Ele ressuscitou, nós também ressuscitaremos com Ele (1Cor 15,14-20). A morte de Jesus na cruz parecia ter levado ao fim toda a esperança dos seus discípulos e de todo o povo de Israel. Se o fim fosse somente a morte de cruz não teria sentido anunciar Jesus e seu projeto. Mas a ressurreição trouxe uma nova esperança de que tudo o que Jesus viveu vale a pena. Que sua vida doada e entregue teve um sentido: o amor é mais forte do que a morte.

"Jesus é exaltado na ressurreição. Vive em plenitude, mas mantém suas chagas. Inversamente, podemos dizer que vivemos nas chagas da história, mas podemos participar também de sua plenitude"[460]. Vivemos como ressuscitados quando vivemos algo que parece impossível, como ter a liberdade de dar a própria vida, a capacidade de não perder a alegria em meio a tanto sofrimento ou ainda a vivência do amor e da justiça para descer os crucificados da cruz[461]. A ressurreição

---

457. GALLARDO, C. B., Povo crucificado, povo de mártires e de esperança, p. 432.

458. SOBRINO, J., O ressuscitado é o crucificado. Leitura da ressurreição de Jesus a partir dos crucificados do mundo, p. 73.

459. SOBRINO, J., Diante da ressurreição de um crucificado – uma esperança, um modo de viver, p. 102.

460. SOBRINO, J., Fora dos pobres não há salvação, p. 155.

461. SOBRINO, J., Fora dos pobres não há salvação, p. 155-156.

gera esperança, "significa que se pode e se deve morrer com esperança, sempre que a vida também tenha sido no Senhor"[462].

> A ressurreição de Jesus diz diretamente que aquele a quem os homens assassinaram, não morreu para sempre, que pelo menos em um caso o verdugo não triunfou sobre sua vítima, que a impotência de Deus, na cruz, não é sua última palavra, que Deus é aquele que faz justiça às vítimas e que, portanto, a esperança é possível[463].

Assim, somos chamados a viver como ressuscitados para ressuscitar os crucificados, e não para termos uma vida pessoal de glória triunfal. E por isso, há um ponto de contato entre a reflexão de Pagani e da teologia latino-americana, que consiste em refazer na história, a vida, a atividade, as atitudes e o destino de Jesus de Nazaré, ou ainda, em vivenciar o caminho *kenótico* nos passos de Jesus, trilhando o seu mesmo destino:

> Parecer-se com Jesus é reproduzir a estrutura de sua vida. Segundo os Evangelhos, isto significa *encarnar-se* e chegar a ser carne real na história real. Significa *levar a cabo uma missão*, anunciar a Boa notícia do reino de Deus, iniciá-lo com sinais de todo tipo e denunciar a espantosa realidade do antirreino. Significa *carregar o pecado do mundo*, sem ficar somente olhando-o de fora – pecado, certamente, que continua mostrando sua força maior no fato de causar morte a milhões de seres humanos. Significa, finalmente, *ressuscitar*, tendo e dando aos outros vida, esperança e alegria[464].

A reprodução da estrutura da vida de Jesus presente na reflexão de Pagani conduz a uma mudança de vida a partir da vivência das virtudes[465]. A reflexão latino-americana vai um pouco além, pois essa mudança de vida é vista como uma saída de si em direção aos crucificados. São reflexões em contextos sociais, culturais, econômicos e eclesiais diferentes, mas tanto no contexto no qual viveu Pagani, quanto no contexto das décadas passadas a centralidade está em Cristo.

Na época de Pagani a grande preocupação era um cristianismo autêntico, pois havia muita confusão no campo religioso, que apresentava uma visão deturpada da cruz de Cristo. Já no final do século passado, devido à realidade de pobreza e miséria, o grande questionamento era como falar da cruz diante de uma multidão de crucificados. Hoje o problema é outro: como falar do Cristo cruci-

---

462. SOBRINO, J., Identidade cristã, p. 347.
463. SOBRINO, J., Identidade cristã, p. 347.
464. SOBRINO, J., O princípio misericórdia, p. 31.
465. PAGANI, A., Il thesoro dell'humana salute et perfettione, p. 59.

ficado diante de uma atmosfera que respira a ascensão social em detrimento do sofrimento. Atualmente não se está mais em foco uma visão que busque as causas da pobreza, que olha para as causas sociais e estruturais, mas uma promoção de ideias individualistas na qual cada um deve buscar a sua "vitória".

Como as pessoas preferem não passar pela cruz, mas ir diretamente à ressurreição, colocam sua esperança no Jesus glorioso. Essa dimensão pessoal afeta as dimensões eclesial e social, pois se o cristão não aceita a cruz em sua vida também não conseguirá ser misericordioso para com aqueles que estão passando por momentos de cruzes, pois seu pensamento estará de acordo com a ideologia que afirma que cada um deve superá-la individualmente. Isso compromete profundamente a visão da *Gaudium et Spes* que afirma que

> as alegrias e as esperanças, as tristezas e as angústias dos homens de hoje, sobretudo dos pobres e de todos aqueles que sofrem, são também as alegrias e as esperanças, as tristezas e as angústias dos discípulos de Cristo; e não há realidade alguma verdadeiramente humana que não encontre eco no seu coração[466].

Os discípulos de Cristo têm a missão de fazer suas as alegrias, esperanças, tristezas e angústias, principalmente, dos pobres e dos que sofrem. Para que isso seja realmente vivenciado pelo discípulo missionário, o sentido da cruz não pode estar esvaziado, e não deve ser exaltada apenas a ressurreição como o momento mais importante da vida de Jesus.

Estamos vivendo uma época de muitas contradições na qual o ser humano deposita suas esperanças em outros valores que nem sempre são cristãos. O Concílio Vaticano II já afirmava que "na verdade, os desequilíbrios de que sofre o mundo hodierno estão ligados com aquele desequilíbrio fundamental que se radica no coração do homem"[467].

A falta de esperança em Jesus faz o ser humano depositar suas esperanças em propostas alienantes ou contrárias às de Jesus, que pode levar a uma competição na qual o outro é visto como uma ameaça que precisa ser eliminada a todo custo para que se possa viver em segurança. Esta perspectiva de eliminação é para os imigrantes que "invadem" o "meu" local para fugir da dura realidade que estão vivendo; é para os que são considerados bandidos e perigosos para a sociedade; é para os que são diferentes da considerada "raça superior".

---

466. GS 1.
467. GS 10.

Somente através de Cristo essas realidades podem ser iluminadas, como afirma o Concílio que é necessário "à luz de Cristo, imagem de Deus invisível e primogênito de todas as criaturas, dirigir-se a todos, para iluminar o mistério do homem e cooperar na solução das principais questões do nosso tempo"[468]. Um dos maiores desafios pastorais hoje, porém, é a apresentação da vida de Cristo, que tenha como base uma cristologia integrada e centrada no mistério pascal, que esteja presente no anúncio querigmático, na formação de discípulos missionários e na prática missionária da Igreja.

Para que essa vivência aconteça é preciso que o encontro com a pessoa de Jesus Cristo, proporcionado pela Igreja, seja aprofundado quantas vezes forem necessárias para que se chegue ao essencial do anúncio querigmático, não apenas de forma teórica, mas que conduza a uma experiência de encontro.

Nas obras de Pagani, a experiência de encontro com Cristo dá-se de maneira particular na Eucaristia. Ele ressalta a inter-relação entre a morte e a ressurreição de Jesus com a Eucaristia, a qual é chamada de "santíssimo sacramento do altar"[469], que "é uma das ações mais estupendas, úteis e amáveis, que Deus realizou para nós... no qual quis deixar entre nós e por nós todo o seu ser, totalmente e para sempre, até o fim do mundo"[470]. Ele afirma que mesmo que Jesus "deixasse esse sacramento em memória de sua paixão, fez isso também para estar sempre conosco e dar-se todo para nossa alegria"[471].

Jesus tinha cada vez mais presente a sua dolorosa paixão e morte, mas quis deixar-se a si mesmo para perpétua memória do seu grande amor e da dor sofrida por nós, através da Eucaristia. E entregou-se para todos. Assim, a Eucaristia é vista como a forma que Deus ordenou para unir as pessoas a Ele[472]. É a possibilidade de se transformar no amado: "alimentando-nos com um tão precioso alimento, delícia dos anjos e suavidade do Paraíso, nos unimos, de tal modo a Ele, que, nós nele e Ele em nós, nos tornamos uma só coisa, como os ramos à videira e como a cera derretida e misturada com outra cera"[473].

---

468. GS 10.

469. PAGANI, A., Specchio di fideli, p. 126.

470. PAGANI, A., Il thesoro dell'humana salute et perfettione, p. 129. Texto original: "il quale è un delli stupendissimi, e utilissimi amorosi effetti, c'habbia fatto Iddio verso di noi... nel qual tutto se stesso totalmente, e per sempre fino alla fine del mondo volle trà noi, e à noi lasciarsi".

471. PAGANI, A., Il thesoro dell'humana salute et perfettione, p. 129. Texto original: "Et quantunque ci lasciasse esso Sacramento per memoria della sua passione, nondimeno anco ciò fece per essere sempre con noi, e per darsi tutto al nostro piacere".

472. PAGANI, A., Il thesoro dell'humana salute et perfettione, p. 130.

473. PAGANI, A., Il thesoro dell'humana salute et perfettione, p. 133. Texto original: "di maniera che cibandoci di sì preciosa vivanda, delicie delli angioli, e soavità del Paradiso, noi talmente ci unimo con lui, che noi

Em *Specchio di fideli*, Pagani utiliza toda a segunda parte para explicar o sentido de cada rito realizado na celebração eucarística e sua importância, levando as pessoas a compreenderem quão grande é o amor de Deus, a partir dos ritos e das palavras utilizadas[474]. Ele deixa entrever que a Eucaristia é memorial de toda a vida de Jesus, doada por amor, e amor extremo manifestado na cruz.

A partir disso, podemos perceber que a Eucaristia é para Pagani a manifestação mais intensa do mistério de Cristo, e que se torna presente a cada celebração eucarística. Ela é um dom de amor a nós e alimento que nos transforma. Esses elementos são muito significativos para uma compreensão do sentido da Eucaristia, que contribui para a eliminação de uma visão mágica que muitas vezes é a ela atribuída.

A temática da Eucaristia como expressão do mistério de Cristo, a partir de sua morte e ressurreição, está presente nos documentos do Concílio Vaticano II. Tais reflexões são de suma importância hoje para a formação de discípulos missionários, a partir da iniciação à vida cristã. Procuraremos demonstrar a seguir como a Igreja indica a importância da centralidade em Cristo, tendo presente toda a vida de Jesus, e que se expressa através do mistério pascal, celebrado na liturgia, aprendido na catequese, e praticado na vida cotidiana.

O Concílio faz uma reflexão muito atual sobre o mistério de Cristo e em seus documentos utiliza a expressão "mistério pascal" para designá-lo e para ressaltar a sua centralidade na vida da Igreja. A Eucaristia é a expressão máxima desse mistério. O Concílio, porém, não limita o mistério pascal apenas a ela, mas deixa transparecer uma união entre esta fé que se celebra (*lex orandi*) com a fé que se crê (*lex credendi*), e que desemboca na fé que se vive (*lex vivendi*).

Toda a trajetória de Jesus, sua vida, paixão, morte, ressurreição e ascensão, estão presentes no mistério pascal. O binômio morte-ressurreição, porém, é a expressão plena dele. Ele é "toda obra salvadora de Cristo em sua dimensão dinâmica, tendo como foco ou centro a Morte e Ressurreição de Cristo"[475]. Assim, "podemos falar de dois tempos no mistério pascal: o momento da humilhação de Jesus até a morte e o momento de sua glorificação mediante a ressurreição pela força do Espírito, que nos leva à dimensão da eternidade em Cristo"[476].

---

in lui, e egli in noi siamo strettissimamente insieme congiunti, come palmiti nella vite, e come cera dileguata, e mescolata nell'altra dileguata cera".

474. PAGANI, A., Specchio di fideli, p. 126-294.

475. CELAM, Manual de liturgia, p. 47.

476. BOROBIO, D., A celebração na Igreja, p. 246.

A expressão "mistério pascal" é utilizada pelo Concílio especialmente na Constituição *Sacrosanctum Concilium*, sobre a liturgia. Toda vivência cristã nasce da liturgia, pois é ela a fonte primeira e indispensável[477] de onde brota a força da Igreja e o cume para o qual tende a ação[478]. A centralidade da liturgia está no mistério de Cristo celebrado nos mistérios da sacramentalidade litúrgica, e isto faz da liturgia um lugar primordial de encontro com Cristo.

A fé cristã é expressa na liturgia através de sua ação simbólica e ritual. Por isso, as celebrações litúrgicas atualizam o mistério pascal, centro da nossa fé. Na *Sacrosanctum Concilium,* o mistério pascal recebe significados vários[479]: a obra de Cristo, sobretudo sua morte e ressurreição[480]; nossa participação na obra de Cristo[481]; os sacramentos pascais[482]; a Eucaristia, banquete pascal, memorial da morte e ressurreição de Cristo[483]; graça que brota da morte e ressurreição de Cristo[484] etc. Em todos eles vemos a centralidade da morte e ressurreição presente, e de forma mais evidente no número cinco:

> Esta obra da Redenção humana e da perfeita glorificação de Deus, da qual foram prelúdio as maravilhas divinas operadas no povo do Antigo Testamento, completou-a Cristo Senhor, principalmente pelo mistério pascal da sua sagrada Paixão, Ressurreição dos mortos e gloriosa Ascensão. Por este mistério, Cristo, "morrendo destruiu a nossa morte e ressuscitando, recuperou a nossa vida". Pois do lado de Cristo dormindo na cruz nasceu o admirável sacramento de toda a Igreja[485].

Aqui é sintetizada em grandes linhas a História da salvação. Desde todos os tempos, Deus realiza para com seu povo sua obra de salvação, e em Cristo essa obra se realiza plenamente através da sua páscoa, isto é, da sua morte e ressurreição. A salvação nos é dada porque Jesus passa pela morte para destruir a nossa morte e ressuscita para nos dar vida nova.

Em Jesus realiza-se o objetivo da História da salvação que é a salvação das pessoas e a glorificação de Deus. Além disso, o texto afirma que a Igreja nasce

---

477. SC 14.
478. SC 10.
479. CELAM, Manual de liturgia, p. 46.
480. SC 5.
481. SC 6.
482. SC 10.
483. SC 47.
484. SC 61.
485. SC 5.

do lado de Cristo adormecido na cruz. Esta afirmação pode ter sua origem nas interpretações patrísticas que diziam que do lado aberto de Cristo além de jorrar sangue e água, jorrou também o Espírito Santo e dele nasce a Igreja. A Igreja é filha do Cristo morto e ressuscitado.

Toda ação litúrgica é memorial da morte e ressurreição de Jesus, isto é, do mistério pascal. A aclamação memorial da oração eucarística nos recorda o mistério de nossa fé: "Anunciamos, Senhor, a vossa morte e proclamamos a vossa ressurreição. Vinde, Senhor Jesus!"[486]. A cada domingo fazemos na celebração eucarística o memorial da páscoa do Senhor. Também o Ano Litúrgico está centrado no mistério pascal. Portanto, por explicitar o conteúdo daquilo que se celebra, a liturgia se torna uma catequese em ato[487].

Assim como para a liturgia o mistério pascal é o centro, também o é para a iniciação à vida cristã. Já no primeiro anúncio, o anúncio querigmático, ele é o conteúdo da proclamação realizada. Por isso a necessidade de uma intrínseca relação entre liturgia e iniciação à vida cristã, pois a fé celebrada na liturgia é a mesma fé transmitida e acolhida na iniciação à vida cristã.

Hoje há uma busca de superação da separação entre o que se celebra e o que se crê, a partir da inspiração catecumenal, proposta pela CNBB como modelo para a iniciação à vida cristã[488]. O catecumenato é mais do que uma preparação para se receber sacramentos, é um itinerário de iniciação cristã para mergulhar no mistério pascal, como afirma o RICA: "a iniciação cristã é a primeira participação sacramental na morte e ressurreição de Cristo"[489]. É um caminho todo mistagógico que introduz no mistério de Cristo. O Decreto *Ad Gentes* (AG) afirma que

> os que de Deus receberam a fé em Cristo mediante a Igreja, sejam admitidos ao catecumenato, através de cerimônias litúrgicas: O catecumenato não é mera exposição de dogmas e preceitos, mas uma educação de toda a vida cristã e um tirocínio de certa duração, com o fim de unir os discípulos com Cristo seu mestre. Sejam os catecúmenos convenientemente iniciados no mistério da salvação, através da prática dos costumes evangélicos e pelos ritos sagrados, que se celebram em tempos sucessivos, sejam introduzidos na vida da fé, da liturgia e da caridade do Povo de Deus[490].

---

486. MISSAL ROMANO, Oração eucarística, Aclamação memorial.

487. CR 89. No 2.3 desta pesquisa ressaltamos a importância da liturgia como um dos lugares para o anúncio querigmático hoje.

488. CNBB, Doc. 107.

489. RICA 8.

490. AG 14.

Ao exortar que os catecúmenos "sejam introduzidos na vida da fé, da liturgia e da caridade do Povo de Deus", podemos perceber aqui a relação entre *lex orandi* (liturgia), *lex credendi* (vida da fé) e *lex vivendi* (caridade do Povo de Deus) como pontos essenciais na formação de discípulos missionários. "A *lex orandi lex credendi* (que pode ser entendida: 'oramos como cremos e cremos como oramos') alimenta cotidianamente a vida de fé, em comunidade, para a missão. A este conjunto de experiências de fé e espiritualidade chamamos mistagogia"[491].

No catecumenato a liturgia é um elemento fundamental que perpassa todo o seu itinerário. Por ser mistagógica leva a uma vivência do mistério pascal, e não apenas, como afirmado anteriormente, a um conhecimento doutrinal e moral. Nesse sentido a liturgia deveria ser também um elemento fundamental de toda a catequese. A liturgia, catequese em ato, exerce a função de conduzir para dentro do mistério, por isso ela é mistagógica. O Ano Litúrgico deveria ser o primeiro guia para a formulação dos conteúdos e da organização da catequese, seguindo cada tempo, pois propõe uma espiritualidade própria para ser vivenciada. Através da celebração do Ano Litúrgico passamos ritualmente por todos os aspectos do mistério de Cristo, que nos leva a uma identificação com Ele.

Dentro da iniciação à vida cristã destaca-se a catequese com crianças, jovens, adultos, enfim, de todas as idades, que pode ter seu cume na recepção dos sacramentos do Batismo, da Crisma e da Eucaristia, caso não tenham recebido. Assim, a iniciação cristã diz respeito a todos, mesmo àqueles que foram batizados e que não foram instruídos sobre os mistérios, como as crianças em idade de catequese e os adultos batizados na infância que não receberam a devida catequese.

Na catequese de inspiração catecumenal, a liturgia é companheira inseparável. Apesar de todos os esforços em vista de uma mudança para que a centralidade do mistério pascal não seja deslocada, encontramos diversas práticas litúrgicas e catequéticas que fazem oscilar ora para aspectos mais referentes à morte, ora à ressurreição de Cristo. E isto favorece uma visão parcial que não leva a uma integração da fé e da pessoa.

A catequese está a serviço da iniciação à vida cristã, porém em muitos lugares ainda temos resquícios de uma redução à preparação de crianças para a Primeira Eucaristia de forma apenas doutrinária. Na prática, o grande problema é a preocupação pedagógica, metodológica que os catequistas têm para que o ouvinte assimile os conteúdos necessários em tal preparação para a recepção dos sacramentos. Desse modo foi-se introduzindo diversos recursos e até mesmo provas, avaliações, para averiguar tal aprendizado.

---

491. CNBB, Doc. 107, 103.

É imprescindível a superação de uma catequese como simples transmissão de conteúdos, doutrinas e de forma decorada, pois ou ela conduz ao seguimento a Jesus e tudo o que isso implica, ou não é catequese. Muitas vezes o encontro catequético não permite que a Palavra chegue ao coração, tornando-se apenas racional, principalmente quando os encontros se tornam "palestras", pois assim são denominados em muitas paróquias. O mesmo podemos afirmar sobre as celebrações litúrgicas que ainda são muito "mecânicas", nas quais o corpo não acompanha a mente e muito menos o coração. Tanto a catequese como as celebrações litúrgicas ainda estão cheias de resquícios que foram a elas agregadas.

Urge a aplicação de uma iniciação cristã mais eficaz, que não seja compreendida apenas como preparação para recepção de sacramentos, para que, a partir dela, possamos dar passos rumo à vivência de uma Igreja mais integrada, com cristãos que abracem verdadeiramente o seguimento a Jesus Cristo e suas consequências, como nos propõe a V Conferência Geral do Episcopado Latino Americano para sermos "Discípulos e Missionários de Jesus Cristo, para que nele nossos povos tenham vida".

É a partir da centralidade em Cristo que brota o compromisso profético e transformador na solidariedade e na realização do reino. Para isso é necessário uma permanente relação entre catequese e liturgia, pois a liturgia é a fonte e o ápice da vida da Igreja, e assim a catequese deve beber desta fonte para que realmente a iniciação cristã seja o início da configuração em Cristo pelo caminho da fé e da celebração para se chegar à plenitude Nele.

Esta centralidade em Cristo foi um grande avanço da reforma litúrgica proposta pelo Concílio, pois resgata "a compreensão e a vivência da liturgia como celebração do mistério pascal, como momento histórico da salvação"[492]. Ele é o núcleo de toda celebração e do Ano Litúrgico:

> A reforma litúrgica do Vaticano II afirma que não só domingo, o Tríduo Pascal e as diversas celebrações do mistério de Cristo são celebrações do Mistério Pascal, mas também as memórias dos santos e a Liturgia das horas, assim como os sacramentos, celebram em sua globalidade o Mistério Pascal de Cristo[493].

Com a reforma litúrgica pós-conciliar muitos aspectos que encobriam o mistério pascal foram retirados das ações litúrgicas, mas como foram muitos anos de uma liturgia pré-Conciliar, muitos são os resquícios que aparecem nas ações

---

492. SILVA, J. A., Reforma litúrgica a partir do Concílio Vaticano II, p. 296.
493. CELAM, Manual de liturgia, p. 51.

litúrgicas, como por exemplo, nas músicas utilizadas na liturgia (que nem sempre são litúrgicas) e nas reflexões e homilias. Tais resquícios podem conduzir a uma catequese deficiente que leva a uma compreensão errônea daquilo que se é celebrado, pois pode ser fruto de uma vivência litúrgica mais devocional:

> corremos o risco de dar mais importância à "presença real", às devoções ao Santíssimo Sacramento, do que à Eucaristia como ceia memorial do sacrifício pascal de Cristo que nos libertou e continua nos libertando. Corremos o risco de continuarmos a ver a missa apenas como "remédio que cura", como se a celebração eucarística não fosse já a presença da salvação... Corremos o risco de continuarmos a ver os sacramentos mais como remédio (uma espécie de "vacina" contra os males) do que uma celebração da páscoa que nos libertou da raiz de todos os males[494].

Como celebramos (*lex orandi*) aquilo que é conhecido (*lex credendi*), faz-se necessária uma iniciação à vida cristã que contribua para o aprofundamento do sentido do que é celebrado de modo a ser vivenciado na liturgia. Essa intrínseca relação é de fundamental importância porque uma profunda e significativa evangelização e formação de discípulos missionários dependem de como o conteúdo da fé é explicitado. O Decreto *Ad Gentes* exorta para que este conteúdo da fé seja proclamado:

> Aquilo que o Senhor uma vez pregou e n'Ele se efetuou, pela salvação do gênero humano, deve ser proclamado e disseminado até aos confins da terra, a começar por Jerusalém. Pois o que uma vez foi realizado pela salvação de todos deve pelo tempo em fora alcançar seu efeito em todos[495].

Este conteúdo celebrado e conhecido leva a uma práxis, a uma vivência. Aqui destacamos as dimensões pessoal e social onde a fé é exercida. A Constituição Pastoral *Gaudium et Spes* relembra que todo sofrimento, inclusive a morte, deve ser associado ao mistério pascal: "É verdade que para o cristão é uma necessidade e um dever lutar contra o mal através de muitas tribulações, e sofrer a morte; mas, associado ao mistério pascal, e configurado à morte de Cristo, vai ao encontro da ressurreição, fortalecido pela esperança"[496].

Na dimensão pessoal da fé, muitos cristãos não gostam de falar de cruz em sua vida. Para estes já foi suficiente a cruz de Cristo. Por isso, torna-se mais interessante e atraente um discurso sobre a ressurreição. Muitas pessoas preferem

---

494. SILVA, J. A., Reforma litúrgica a partir do Concílio Vaticano II, p. 312.

495. AG 3.

496. GS 22.

"pular" o momento da cruz passando para a ressurreição porque já vivenciaram muitos sofrimentos em seu passado. Viver um presente glorioso ajuda a esquecer a dor trazida pelo sofrimento.

Dentre os vários sofrimentos destaca-se a pobreza e a miséria vividas por uma multidão, principalmente nas décadas passadas. Hoje, muitos saíram da situação de extrema pobreza e preferem não se lembrar o que experienciaram. Como consequência, muitas crianças são criadas sem limites, pois tudo o que os pais não tiveram, querem dar para os seus filhos. E assim, crescem como pessoas egoístas, individualistas e insensíveis.

Quando a compreensão do mistério pascal for vista de modo integrado na fé que se celebra, na que se conhece e na que se vive, poderemos ver mudanças na forma de vida dos cristãos, que terá sua incidência na sociedade. Enquanto acontecer o contrário, no qual os valores e ideologias propostos pela sociedade continuarem a ter primazia no coração dos cristãos, estaremos longe da formação de discípulos missionários e da centralidade de Cristo de onde emana o sentido de ser cristão.

A seguir, procuraremos apresentar como, a partir de Cristo, o discípulo missionário recebe sua identidade, que o conduz a ser sua semelhança, e, portanto, a importância da compreensão do sentido do mistério pascal que conduz o discípulo à mesma vivência e prática de Jesus.

### 3.3. A identidade do discípulo missionário formado a partir de Cristo crucificado

Como já afirmamos anteriormente, a formação de discípulos missionários tem como eixo a centralidade em Jesus Cristo. É a partir desta centralidade que a pessoa é chamada a aderir a Jesus e ao seu projeto, tornando-se seu discípulo missionário. A vida e a missão dos discípulos missionários devem brotar da experiência de encontro e de conhecimento de Jesus. O discípulo missionário sabe quem ele é e qual a sua missão a partir de Cristo, isto é, quem lhe dá a sua identidade é Cristo.

O Concílio Vaticano II, no número 22 da Constituição Pastoral *Gaudium et Spes*, aponta para elementos cristológicos que revelam quem é o ser humano. O documento utiliza o título "Cristo, Homem Novo" para apresentar a relação de Cristo com o ser humano. Cristo é visto como o paradigma no qual todos são chamados a ser. O Verbo encarnado é o Novo Adão, que revela como homem a vocação do ser humano, isto é, todo ser humano pode se tornar um homem novo a partir de Cristo.

Cristo é a verdade sobre o ser humano, pois Ele é a imagem segundo a qual o ser humano foi criado, e por isso o mistério do ser humano está relacionado ao mistério de Cristo. Ele, como Novo Adão, "homem perfeito", imagem e semelhança de Deus, restitui ao ser humano a sua semelhança divina, que com Adão havia sido deformada pelo pecado. Ao assumir a nossa natureza humana, Cristo elevou-nos a uma dignidade sublime, pois ele é a imagem perfeita de Deus e somente nele é que o ser humano se torna imagem de Deus. A partir de Cristo o ser humano participa da natureza divina, pois através de sua encarnação todo ser humano é a Ele unido[497].

O documento relaciona a encarnação de Jesus com sua morte. Pela encarnação, Jesus nos restitui nossa semelhança com Deus; pela morte, nos reconcilia com Deus, libertando-nos do pecado. É um caminho a ser percorrido com Jesus, pois se nós o seguirmos, a vida e a morte se santificam e adquirem um novo sentido[498]. E este caminho precisa ser acolhido com liberdade. Com a encarnação a nossa vida é unida à vida de Jesus, e com a sua morte a nossa vida ganha salvação e somos libertos do pecado. Além disso, somos chamados a ressuscitar como Ele ressuscitou. E, assim, somos associados ao seu mistério pascal[499].

O cristão e todas as pessoas são associados ao mistério pascal de Cristo. Todos são chamados a percorrer o caminho de Cristo. Nisto consiste a identidade do ser humano: se deixar transformar em homem novo a partir do Homem Novo, Cristo. Essa identidade, porém, é reconhecida pela própria pessoa e pelos outros a partir do tornar-se discípula missionária de Jesus, pois é no seguimento a Ele que vemos a pessoa transformar-se em homem novo, na vivência de sua plenitude enquanto tal. A centralidade da sua vida está em Cristo, que nos une a Deus pela sua encarnação e pela sua morte, dando-nos vida nova[500].

A partir dessa reflexão da *Gaudium et Spes* 22, podemos notar diversos pontos de contato com a reflexão de Pagani sobre Cristo como paradigma para o ser humano. Cristo é visto em uma de suas obras como o "espelho dos fiéis", isto é, aquele que reflete o verdadeiro ser humano para que cada um possa se espelhar nele. Jesus é a verdadeira vida e verdadeira luz dos seres humanos[501], e só a partir dele que é possível chegar ao conhecimento de Deus e ao conhecimento de si mesmo. E essa luz refletida pelo "espelho dos fiéis" "é luz específica dos homens,

---

497. GS 22, 2.
498. GS 22,3.
499. GS 22,5.
500. GS 22,6.
501. PAGANI, A., Specchio di fideli, p. 1-5.

porque embora ela espalhe sobre todas as criaturas criadas os seus lúcidos raios esplendentes, todavia a sua imagem se manifesta de modo singular na alma do homem"[502].

É Cristo que revela quem é o ser humano porque se fez "nossa carne, nossos ossos e nosso irmão para tornar-nos participantes da sua herança paterna e consortes da sua glória"[503]. Pagani mostra como Jesus com a sua encarnação e morte restitui o ser humano a si mesmo[504]. Através da encarnação de Jesus, Deus repara a grave perda do ser humano de ser semelhante a Ele. A morte de Jesus uniu novamente os seres humanos a Deus, que pelo pecado de Adão foram separados. Assim, ele afirma que

> Deus, pelo seu grande amor e infinita bondade, enviou ao mundo seu Filho unigênito, que reparou a grave perda do homem com um amor incompreensível e com o exemplo maravilhoso de uma vida virtuosa e irrepreensível. Ele nos propôs viver como Ele, dando-nos o exemplo de sua paixão e morte. Deste modo nos indicou o verdadeiro caminho para chegar à sua glória e à nossa felicidade perdida[505].

Pagani propõe um direcionamento do nosso pensamento à humanidade do nosso Salvador, que a assumiu se oferecendo e se doando por nós. Para a nossa salvação Ele se fez nosso irmão, advogado e juiz. Permanecendo verdadeiro Deus se fez verdadeiro homem em uma divina pessoa, o qual podemos chamar nosso irmão, ossos dos nossos ossos e carne da carne[506]:

> Ninguém poderia considerar suficientemente quanto bem da graça divina, quanta disponibilidade para a verdadeira sabedoria, quanto ornamento da glória divina e quanta oportunidade para a nossa salvação eterna contém

---

502. PAGANI, A., Specchio di fideli, p. 3. Texto original: "è luce degli huomini particolare; imperciochè se ben questa luce sopra tutte le cose create sparge i fuoi lucidi raggi, tuttavia la sua propia imagine nella sola anima dell'huomo piu singolarmente si manifesta".

503. PAGANI, A., Specchio di fideli, p. 108. Texto original: farsi nostra carne, nostre ossa, e nostro fratello, per farci partecipi della fua paterna heredità, e della sua gloria consorti".

504. PAGANI, A., Specchio di fideli, p. 120.

505. PAGANI, A., Il thesoro dell'humana salute et perfettione, p. 2-3. Texto original: "et perche dapoi Iddio per la sua troppa carità, e infinita pietà, mandò nel mondo il suo carissimo Figliuolo unigenito; il quale ricoverò la gran heredità del meschino huomo con un modo inessabile; con un'amore incomprensibile; con un maraviglioso essempio della sua virtuosa vita irrepresibile; la quale per nosro ammaestramento ci propone; e con uno ismisurato cocesso della sua acerba passione, e morte, con la quale ci manifestò la vera via di andare alla sua gloria, e alla nostra giàperduta felicità".

506. PAGANI, A., Specchio di fideli, p. 99.

em si a incompreensível altura deste mistério venerável, que na encarnação, nos ensinamentos e na Paixão de nosso Salvador se esconde[507].

Da contemplação da vida de Cristo é que nasce o desejo de ter o mesmo sentimento dele (Fl 2,5). Vivemos em uma sociedade com uma grande porcentagem de cristãos que declaradamente assumem projetos de vida que geram morte. Cristãos que por medo da violência optam por combatê-la com mais violência. Cristãos que por medo de perder o seu lugar, o seu trabalho, seu dinheiro, não acolhem os imigrantes, especialmente os que fogem das guerras e da fome presentes em seus países. A pergunta que podemos fazer é: o que esses cristãos têm de semelhante com Cristo que se encarnou na realidade de seu povo?

Ao contemplar a vida de Cristo cada um é chamado a ser como Ele. Aquele que toma a forma de Cristo assume a identidade crística, tornando-se também um homem novo. Na reflexão de Pagani essa identidade tem como ponto de partida o Crucificado. Formar discípulos missionários a partir do Crucificado significa possibilitar uma experiência de encontro com Cristo que gera pessoas capazes de trilhar o mesmo caminho de Jesus, testemunhando o amor a partir de valores cristãos, pois o discípulo missionário é aquele que descobriu quem é Jesus e se identificou com Ele; é aquele que fez primeiramente a experiência do Crucificado para depois anunciá-lo e testemunhar com a própria vida o amor aos irmãos.

É essa experiência que pode contribuir para a vivência de uma Igreja menos triunfalista e mais "da cruz", isto é, que tem como eixo de sua missão os preferidos de Jesus relatados nos evangelhos. Além disso, pode contribuir também para um processo de humanização, pois quanto mais a pessoa reconhecer que através de Cristo pode ser a semelhança de Deus, mais a sua vida e suas ações serão verdadeiramente humanas e maduras nas suas relações com Deus, consigo mesmo, com os outros e com o mundo criado.

A pessoa é imagem e semelhança de Deus, é diferente das outras criaturas, é positiva, é valorizada. É ela inteira, com todas as suas dimensões, que experimenta Deus. Sabemos como Deus é pelo que nos foi revelado. Em Jesus Cristo Deus se revela. Ele é a síntese entre transcendência e imanência. No seguimento a Cristo somos chamados a transparecer o amor de Deus. O conhecimento de Cristo leva a descobrir quem somos e o que somos chamados a ser.

---

507. PAGANI, A., Specchio di fideli, p. 100. Texto original: "Niun potrebbe giamai a bastanza confiderar quanto ben della divina gratia, quanta convenevolezza alla vera sapienza, quanto ornamento della divina gloria, e quanto commodo alla nostra eterna salute appresso di se contenga l'incomprensibile altezza di questo venerando misterio, che sotto l'incarnatione, la conversatione, e la passione del nostro Salvator si nasconde".

Para se chegar ao conhecimento de Deus, primeiramente a pessoa precisa conhecer a si mesma, e este conhecimento se dará a partir do confronto com a vida de Cristo, que é verdadeira imagem de Deus, revelação-encarnação do Deus ágape, nele

> percebemos o que significa sermos humanos no sentido integral do termo. Vamos experimentando o amadurecimento no processo de humanização na medida em que nos deixamos guiar pelo mesmo Espírito que norteou o comportamento, as atitudes e a pregação de Jesus de Nazaré[508].

Amadurecemos quando acolhemos o dom de Deus e nos abrimos aos outros. A realidade atual, porém, apresenta grandes desafios que faz fechar-nos em nós mesmos, como se fôssemos o centro, como deuses. Num mundo em que o mais importante é o ter e o poder, partir da cruz de Cristo significa desmascarar todo sistema que gera opressão e toda forma de dominação pelo poder. A cruz de Cristo desfaz todas as imagens que temos de Deus e ao mesmo tempo todas as imagens que temos de nós mesmos quando queremos ter os atributos que damos a Deus.

As rápidas mudanças que vivenciamos hoje em nossa sociedade trouxeram muitas vantagens para termos uma vida melhor, mas ao mesmo tempo trouxeram também inúmeras desvantagens que levam as pessoas a perderem o sentido da vida e ou a viverem fragmentadas. O Documento de Aparecida revela uma grande preocupação em descobrir como tais mudanças afetam o povo:

> Interessa-nos, como pastores da Igreja, saber como este fenômeno afeta a vida de nossos povos e o sentido religioso e ético de nossos irmãos que buscam infatigavelmente o rosto de Deus, e que, no entanto, devem fazê-lo, agora desafiados por novas linguagens do domínio técnico, que nem sempre revelam, mas que também ocultam o sentido divino da vida humana redimida em Cristo. Sem uma clara percepção do mistério do Deus, o desígnio amoroso e paternal de uma vida digna para todos os seres humanos torna-se opaco também[509].

A perda de sentido da vida pode estar relacionada ao afastamento de Cristo que leva à centralidade em si mesmo. Quanto mais o ser humano se coloca no centro a partir das inovações tecnológicas, das guerras em busca de poder e do ter, do medo da morte trazida pela violência ou por doenças, mais se distancia de Cristo. Para estas pessoas centradas em si mesmas é de suma importância ser alguém. E só se é alguém quando se tem bens, poder, fama, saúde. Se falta um des-

---

508. RUBIO, A. G., Evangelização e maturidade afetiva, p. 25.
509. DAp 35.

ses componentes muitas pessoas entram numa profunda depressão porque vivem na superficialidade; outras chegam ao suicídio; enquanto outras "deixam a vida levá-las" sem se importarem consigo mesmo e com o outro, vivendo como se já tivessem morrido. Na verdade tais pessoas não conseguem encarar o sofrimento como algo que faz parte da vida e por isso perdem a esperança.

Assim, é preciso voltar quantas vezes forem necessárias ao anúncio de Cristo, tendo como ponto de partida Cristo crucificado, para recomeçar a partir dele a dar sentido à vida, pois o sentido da vida está nele. Pagani nos coloca diante de um Deus que se fez próximo pela encarnação e que se mantém próximo a cada dia por sua vida doada na cruz e por sua ressurreição que liberta da morte.

Quando a pessoa conseguir encarar seus sofrimentos e suas cruzes a partir da contemplação da vida de Jesus verá que o sofrimento, a dor e a morte fazem parte da vida humana e que é preciso encará-los com a força de Deus, pois maior que o sofrimento é a vida que Ele proporciona por amor. A perfeita alegria está no acolhimento e superação do sofrimento. Pagani afirma que "para conseguir eficazmente o amor puro, a capacidade de desejar de modo justo a perfeita alegria, devemos antes de tudo buscar conhecer Deus e a nós mesmos"[510]. E o caminho para este conhecimento é a vida de Jesus que,

> ao nascer, se fez nosso companheiro e irmão. Na refeição, se fez nosso alimento. Ao morrer, nosso preço. Ao reinar, nosso eterno prêmio. Deste modo Ele é todo nosso e todo voltado ao nosso bem. Somos seguros que nosso doce Redentor se oferece e vem em nós com grande amor e ardente desejo. Sempre gostaria de permanecer e conversar conosco, guiar-nos a seu modo, esvaziar-nos das nossas imperfeições, para dispor-nos e atrair-nos a sua santidade, pureza e união"[511].

Pagani em seus textos sempre relata a proximidade de Jesus para conosco. Ele não nos deu coisas, mas deu-se a si mesmo. Seu amor não está ligado ao que fazemos ou temos, mas ao que somos. Ele nos ama gratuitamente porque somos filhos amados de Deus e Ele foi o primeiro a nos amar. E "não há nada que tanto

---

510. PAGANI, A., Il thesoro dell'humana salute et perfettione, p. 4. Texto original: "Et per poter noi efficacemente acquistar così puro amore, sì giusto desiderio, e allegrezza sì perfetta; fà bisogno, che prima con ogni nostra industria procuriamo di conoscer Dio, e noi stessi".

511. PAGANI, A., Il thesoro dell'humana salute et perfettione, p. 17. Texto original: "Nel nascer, si fece nostro compagno, e fratello; nel mangiare si fece nostro cibo, nel morir nostro precio, e nel regnar nostro eterno premio. Si che egli è tutto nostro, e per nostro conto e per principio, mezo, e fine d'ogni nostro bene. Et habiamo per certo, e più che certo, che esso dolce Redentor nostro con tanto amore, e con sì ardente desiderio si offerisce, e viene nell'anima nostra e sempre vorrebbe stare, e conversar con noi, reggerci à suo modo, e spogliarci delle nostre imperfettione per disponerci, e tirarci alla sua santità, purità, e unione".

convide, provoque e estimule a amar quanto é o ser amado"[512]. Quem reconhece o amor e a bondade de Deus em tudo, certamente terá um sentido para viver bem, como resposta ao amor de Deus.

Um dos caminhos para se chegar a contemplar o amor de Deus é através da mística. Pagani apresenta o Crucificado e como fazer essa experiência de encontro com Ele a partir de uma experiência de contemplação do amor, pois "o fundamento do discipulado missionário é a contemplação e o seguimento de Jesus Cristo"[513]. O Documento de Aparecida afirma que "os cristãos precisam recomeçar a partir de Cristo, a partir da contemplação de quem nos revelou em seu mistério a plenitude do cumprimento da vocação humana e de seu sentido"[514]. Assim, propomo-nos apresentar a seguir como a mística pode colaborar para que o discípulo missionário aprofunde sua experiência identitária a partir de Cristo.

### 3.3.1. A mística como caminho para o conhecimento de Cristo

A centralidade no Mistério é um dos elementos que caracterizam a mística cristã, por isso compartilhamos o pensamento de Rahner ao afirmar que o cristão do futuro ou será místico ou não será cristão[515]. A mística poderá contribuir para que a experiência de encontro com Jesus leve a uma decisão pessoal de fé diante de um mundo secularizado e esvaziado de valores.

Um dos grandes desafios é que a experiência mística pode ser compreendida de várias maneiras e, talvez, a que mais se destaca é a vivência de fenômenos sobrenaturais como êxtase, levitação etc., que desembocam também em aspectos sentimentais ou emocionais. Ela não é, porém, uma experiência de sensações, fenômenos extraordinários, ou visões espetaculares, mas uma experiência de encontro e de conhecimento de Deus.

Embora a vida de muitos místicos cristãos tenha sido acompanhada por fenômenos extraordinários, não existe relação intrínseca entre fenômenos extraordinários e ser místico. Os fenômenos místicos extraordinários nos deixam perplexos, pois à primeira vista parecem remeter a uma ação de Deus sobre a pessoa como consequência de sua vida de santidade. As explicações existentes, porém, para o surgimento de tais fenômenos na vida das pessoas remontam mais ao psicológico do que ao sobrenatural. Portanto, os fenômenos extraordinários

---

512. PAGANI, A., Il thesoro dell'humana salute et perfettione, p. 19. Texto original: "non essendo cosa alcuna che tanto inviti, provochi e sforza a dovere amare, quanto è l'essere amato".
513. DGAE 2015-2019, 4.
514. DAp 41.
515. RAHNER, K., Elemente der Spiritualität in der Kirche der Zukunft, p. 375.

não são condições para que a pessoa seja mística. Eles não estão presentes em todos os místicos cristãos e podem ser encontrados em outras pessoas que não são místicas e nem mesmo cristãs.

A mística é uma busca interior que conduz a pessoa a Deus. É uma busca amorosa que nos coloca em contato com Cristo. Possibilita-nos discernir a presença de Deus em todas as coisas. É como a experiência dos grandes místicos que veem o mundo todo intimamente relacionado, pois Deus está em tudo e tudo está em Deus.

É uma experiência de fé e, portanto, uma experiência de Deus. A fé não se restringe apenas aos enunciados, conceitos, imagens ou algo exterior, mas remete ao próprio Deus. A mística incide na vida normal da fé e é uma forma intensa de experiência de Deus na fé. Segundo Velasco, a "fé animada e vivificada pelo amor, possui uma luz, a luz da fé que outorga a todo crente a capacidade de discernimento em relação às coisas de Deus, e o amor e a caridade lhe concede a capacidade de operar uma espécie de 'contato afetivo'"[516]. A experiência mística é intrínseca à experiência de fé. A experiência mística é vida de fé e ela não se reduz apenas a alguns, pois não é um setor especial da vida cristã.

A mística é a relação estabelecida com Deus. A oração é um dos elementos essenciais na mística. É um diálogo com Deus que brota do coração de um encontro pessoal, no qual é estabelecida uma íntima comunhão e relação. Nela expressamos o que experienciamos neste relacionamento, visto que não falamos de Deus, mas falamos com Deus, como por exemplo, um especialista que fala de Deus e um místico que utiliza uma linguagem resultante de uma experiência com Deus, são duas coisas diferentes.

A linguagem da oração tende a transgredir a linguagem comum, pois a mesma nem sempre é capaz de expressar o que se experimenta na união estabelecida com Deus, tornando-se, assim, necessário o uso de outros recursos, sejam eles linguísticos ou simbólicos. A oração torna-se comunicação do incomunicável, ou seja, expressão de uma penetração profunda no Mistério a ponto de dizê-lo com palavras que se transcendem, com metáforas, alegorias, gestos corporais etc. Encontramos nos textos de Pagani diversas metáforas e alegorias para explicar a grandeza do amor e da bondade de Deus ao nos doar seu próprio Filho, especialmente nas poesias[517].

Nos escritos de Pagani a experiência mística é uma experiência de contemplação dos mistérios de Deus revelados no mistério de Cristo, através da lingua-

---

516. VELASCO, M., El fenómeno místico, p. 286.
517. PAGANI, A., Le rime spirituali.

gem do amor. Há a necessidade dessa experiência para que o conhecimento de Cristo não seja apenas intelectual, mas também experiencial. São como duas faces de uma única moeda, em que uma complementa a outra.

Muitos fazem discursos sobre Cristo, mas não passam de palavras, não nascem de uma experiência, fica no intelectualismo vazio que não gera vida. Tais discursos não testemunham um encontro com Cristo. Só as pessoas que fazem a experiência de encontro com Cristo são capazes de falar dele e, às vezes, mesmo sem palavras.

A mística leva a identificar-nos com Cristo, pois ela une Deus à pessoa. Através dela entramos em total comunhão com Deus. O cristão será místico à medida que se identificar de forma fiel e plena a Jesus Cristo e para isto é preciso primeiramente conhecê-lo através da contemplação de sua vida.

O eixo da experiência vivenciada pelos místicos é o próprio Deus. É a pessoa que vivencia a experiência de encontro com Deus, é ela que responde, é ela que é "ouvinte da Palavra", mas a sua ação não é primeira. A pessoa só é capaz de responder porque Deus se comunicou por primeiro. Esta é uma íntima relação estabelecida entre Deus e a pessoa.

A relação entre Deus e a pessoa se dá na liberdade, pois a experiência mística não é feita por imposição. Deus vem ao encontro da pessoa que com sua liberdade busca a presença que o habita e o move. O místico experimenta a presença de Deus e se sente atraído por ela, por isso a procura. Busca ser a semelhança desse Deus. Assim, podemos afirmar que quando o ser humano pergunta sobre Deus, onde Ele está, que Deus o move, está perguntando sobre si mesmo, sobre a sua vida.

Os grandes místicos da história da Igreja estabeleceram uma relação com Deus que não os fez perder a própria essência, pelo contrário, se humanizaram mais. A experiência de encontro com Deus não fez com que se fechassem em si mesmos, mas os lançou para o encontro como o outro e com o mundo criado, de maneira mais integrada, onde tudo é tido como inter-relacionado.

Notamos hoje em nossas comunidades cristãs uma tendência a acentuar a santidade vivida de uma forma vertical, somente com Deus, muito individualista. Com isso, a busca de experiências espirituais passa pela satisfação de alguma necessidade, isto é, busca-se a Deus para vencer a tristeza, o medo, a solidão. Muitas comunidades em suas liturgias procuram suprir essas carências através de músicas, formas de oração, que levam ao intimismo e à chamada "paz interior", mas não levam ao encontro com o outro.

Ao olharmos para a experiência que os grandes místicos fizeram de Deus, percebemos que era uma experiência pessoal, mas que não ficava fechada em seu subjetivismo, pois sempre se sentiam impulsionados a se lançarem ao encontro do outro. Além disso, em nossa atualidade vemos uma busca muito acentuada em formas extraordinárias de relação com Deus, através dos milagres, das curas. Busca-se a Deus de uma forma utilitarista. Para os místicos o principal não é a exaltação dos fenômenos extraordinários, mas a relação que estabelecem com Deus. Deus é o conteúdo da experiência. O voltar para dentro de si mesmos é um voltar-se para a busca de Deus em seu interior, no mais profundo.

Toda a dimensão ética da fé parte do fundamento do encontro com Deus. Os místicos em suas relações com os outros deixam transparecer o próprio Deus e não a si mesmos. Suas ações em relação aos outros partiam sempre da experiência que vivenciaram. Em síntese, vivem unidos em Deus, como nos afirma Paulo em sua experiência: "eu vivo, mas não eu, é Cristo quem vive em mim" (Gl 2,20).

Pagani segue o caminho contemplativo da mística como caminho de conformação à vida de Cristo crucificado. Este não é um caminho de fuga da vida real e da história, mas que lança para ela. A contemplação desemboca na ação, pois o Crucificado foi aquele que foi parar numa cruz por causa de sua vida doada por amor.

A ação se dá no caminho de seguimento. O discípulo missionário é aquele que segue a Jesus. Para segui-lo é preciso estar com Ele, conhecê-lo, contemplá-lo, para viver como discípulo. É um caminho que conduz à maturidade na fé. Veremos a seguir como a correta relação do discípulo missionário com Cristo vem do seguimento, pois trilhando o caminho de Jesus é que se vai configurando a Cristo, Homem Novo.

### 3.3.2. O seguimento como revelação identitária do discípulo missionário

É a partir do encontro com Cristo que a pessoa começa a ter um novo olhar e novas atitudes, isto é, uma mudança de vida. Esse encontro deve ser aprofundado num caminho de seguimento a Jesus Cristo. O Documento 107 da CNBB apresenta o ícone bíblico do encontro de Jesus com a Samaritana como paradigmático para se perceber o processo de iniciação ao discipulado vivido por ela. O encontro com Jesus mudou a sua vida e a fez ir em direção aos outros para também mudar a vida deles[518].

Nesse itinerário iniciático, diversos aspectos formativos devem ser desenvolvidos: dimensão humana comunitária, espiritual, intelectual, comunitária e pastoral-missionária[519]. Nos escritos de Pagani encontramos o desenvolvimento

---

518. CNBB, Doc. 107, 1.

519. DAp 280.

de todas essas dimensões, mas sobressai a dimensão espiritual, pois são escritos de cunho ascético-místicos que levam a pessoa a contemplar o mistério de Cristo. Da contemplação deve nascer o desejo de ter o Cristo intimamente conectado a sua existência, como convida Pagani:

> Jesus seja (em todas as coisas que te acontecerem) o teu conselheiro, o teu mestre, a tua regra; cuja vida e doutrina sempre dirija, trate e considere na tua alma, e procura com todas as tuas forças imitá-lo e segundo ela ordenar todo teu hábito e toda a tua vida; de modo que Jesus seja a tua vida, a tua conversação, o teu raciocínio, a tua diversão, a tua lição, a tua ciência, o teu governo, o teu desejo, a tua alegria, o teu entretenimento, a tua conquista, e toda tua esperança, recompensa, e felicidade, que esperas e desejas nesta e na outra vida[520].

Pagani não trata diretamente do tema "seguimento", mas em seus escritos sobressai como deve ser aqueles que seguem a Jesus. A principal característica dos seguidores de Cristo deve ser a prática de uma vida virtuosa. Virtude vem de *virtus*, força. É a força que harmoniza a pessoa. É o equilíbrio. Viver as virtudes significa ter equilíbrio na vida, eliminando os excessos. A vivência das virtudes propostas por Pagani, que fazem parte de uma espiritualidade franciscana, é uma busca de conformidade a Cristo.

O exercício das virtudes levará a pessoa a melhor corresponder ao amor de Deus. E o exercício para conquistar as virtudes não é para se salvar, mas para se aproximar mais de Deus e reconhecer sua bondade. Pagani propõe em diversas obras o exercício das virtudes para ser um humano integrado.

> Para chegar à perfeição das virtudes cristãs e construir nosso edifício espiritual, tão bem fundamentado que nunca caia em ruína ou seja danificado por causa das tentações ou sofrimentos, é necessário cavar profundos fundamentos. É preciso empenhar-se, com desejos ardentes e com todas as forças, para amar e abraçar a virtude da verdadeira e perfeita humildade, mãe, protetora e guarda de todas as virtudes[521].

---

520. PAGANI, A. Specchio di fideli, p. 604-605. Texto original: "Giesù sia (in tutte le cose, che ti intravengono) il tuo consigliere, il tuo maestro, e la tua regola; la cui vita, e dottrina sempre rivolgi, tratta, e considera nell'animo tuo, e cerca con tutte le forze di imitare e secondo quella ogni tuo costume, e tutta la tua vita ordinare; in modo che Giesù sia la tua vita, la tua conversatione, il tuo ragionamento, il tuo tratemento, la tua lettione, la tua scienza, il tuo governo, il tuo disio, il tuo contento, il tuo trastullo, il tuo acquisto, e ogni tua speranza, mercede, e felicità, che aspetti e desideri in questa, e nell'altra vita".

521. PAGANI, A., Il thesoro dell'humana salute et perfettione, p. 82. Texto original: "Et per potere arrivare sicuramente alla perfettione nelle christiane virtù, e far l'edificio nostro spirituale, così ben fondato e fabricato, che non mai nè per impeto diventi di tentationi, nè per corso di torrenti di tribolationi e afflittioni, nè

Pagani afirma que Cristo, com as obras e com as palavras, nos ensinou quatro principais virtudes, que contêm todas as outras: a pobreza, a humildade, a paciência e a caridade[522]. Assim, não se trata apenas de virtudes pessoais, mas que também nos lançam ao encontro do outro. O papa Bento XVI, no discurso inaugural da Conferência de Aparecida, afirma que "a vida cristã não se expressa somente nas virtudes pessoais, mas também nas virtudes sociais e políticas"[523]. O exercício das virtudes pessoais deve levar à prática da caridade, isto é, da promoção humana. Uma fé madura conduz ao amor a Deus e ao próximo.

As virtudes vivenciadas como exercício para assemelhar-se a Jesus revelam quem é o discípulo missionário: é aquele que se conforma ao Mestre. E essa conformidade se dá num caminho de seguimento, pois ao adentrarmos nos evangelhos podemos perceber como Jesus traçou um caminho iniciático para seus seguidores, para que ficando com Ele, aprendessem dele como serem discípulos missionários.

Seguir é uma palavra que pode ser interpretada de várias formas. Em seu sentido literal e denotativo, expressa acompanhar fisicamente, ir após, andar atrás de, ser precedido por, caminhar na retaguarda, e todas estas são atitudes exteriores. Já em sentido conotativo, seguir significa sujeitar-se, submeter-se, obedecer, reconhecer a soberania como chefe e guia, acatar preceitos, mandamentos, ordens, atender, aderir, depender, continuar, viver em harmonia com. De certa forma, todas estas atitudes estavam presentes no seguimento a Jesus pré-pascal[524].

O seguimento a Jesus está presente em todos os evangelhos, mesmo se com características diferentes. Eles sublinham "a proximidade como traço essencial da espiritualidade do discípulo. Seguir alguém em seu significado mais profundo quer dizer 'estar próximo', 'estar junto' de quem convoca a caminhada"[525].

Após a Páscoa de Jesus, segui-lo ganha um novo enfoque, pois Jesus não estando mais presente fisicamente, seguir significa torná-lo vivo e presente no mundo[526]. "Seguir é configurar-se com Jesus, conformar-se com Ele, ser seu discí-

---

per altro qualunque accidente possa esser ruinato, ò danneggiato, fa bisogno di profondamente cavare, e far basso fondamento per bene edificare. Cioè, convienci bè disponere con accesi desideri, e affaticar con tutte le forze, e tutti i buoni mezi per amare e abbracciar la virtù della vera, e perfetta humiltà, madre, custode, e tutrice di tutte le virtù".

522. PAGANI, A., Il thesoro dell'humana salute et perfettione, p. 71.
523. DAp, Discurso Inaugural 3.
524. LIMA, M., Seguir Jesus, p. 43-47.
525. TEIXEIRA, F., A espiritualidade do seguimento, p. 23.
526. LIMA, M., Seguir Jesus, p. 43-47.

pulo, re-fazer e re-criar o seu caminho, compartilhar sua sorte: levar a cruz, beber o cálice, receber o Reino, ou seja, disponibilidade total em vista da missão"[527].

Para segui-lo é preciso se colocar a caminho tanto com as atitudes do seguimento pré-pascal, mesmo Jesus não estando presente mais fisicamente, como proximidade, estar junto etc., quanto com as atitudes do seguimento pós-pascal, pois o segue quem o conhece, quem está próximo. É preciso também

> unir-se a Ele em comunhão de vida e de destino, centralizar a própria existência em sua exemplaridade, abandonar tudo e responder na fé e na obediência ao seu chamado, romper com todo o passado, participar de sua vida instável na terra – o Cristo histórico – e testemunhar o amor que foi a sua morte, aceitá-lo incondicionalmente até as últimas consequências, deixar-se atrair por sua palavra e por sua pessoa[528].

O discípulo segue o caminho indicado pelo Mestre. Neste sentido, seguir a Jesus[529] significa trilhar o seu caminho de encarnação, vida, morte e ressurreição. Ele encarnou-se em nossa história, anunciou e iniciou a proximidade do Reino de Deus, agiu com amor misericordioso para com os pobres e oprimidos, foi perseguido e morto. Como resposta à sua entrega, foi ressuscitado pelo Pai. Desde o início seguir a Jesus significou um mergulho no mistério pascal, isto é, participar de sua vida, missão e destino[530].

O verbo "seguir" é utilizado pelo Novo Testamento em diversas situações no qual homens e mulheres se colocam a caminho com Jesus: a multidão que acompanhava Jesus de forma pura e simples e que se abria ao seu Evangelho, embora não arriscassem aprofundar no mistério de sua pessoa (Mc 3,7; 5,24; 10,52; 11,9; Lc 7,9; 9,11; 23,27; Mt 4,25,8,1; 8,10;19,2; 20,29); os seguidores em sentido amplo (Mc 2,15; 10,32; 15,41); os discípulos (Mc 6,1; 14,54; Mt 8,23; Lc 22,39); os Doze (Lc 6,13; Mc 3,13). Para todos esses é utilizado de forma geral o termo "seguidores" (*mathetês*)[531].

Apesar de todos serem chamados de seguidores, sempre ganhou destaque na história do seguimento o grupo dos Doze, por serem seguidores mais próximos e aos quais Jesus tomou a iniciativa de chamar (Mc 1,17; Mt 4,19; Jo 1,43). Eles representam simbolicamente as doze tribos de Israel e expressam a exigência

---

527. LIMA, M., Seguir Jesus, p. 5.
528. LIMA, M., Seguir Jesus, p. 5.
529. Utilizaremos em nossa pesquisa a expressão "seguir a Jesus", ao invés de "seguir Jesus", para conotar que o seguimento é a uma pessoa.
530. SOBRINO, J., Seguimento de Jesus, p. 772.
531. MONGILLO, D., Seguimento, p. 1043.

messiânica de Jesus Cristo a respeito de todo Israel[532]. O chamado e a resposta dos primeiros discípulos são um protótipo para quem adere ao seu seguimento.

Nas escolas rabínicas da época de Jesus era o aluno que escolhia o seu mestre. Os alunos aprendiam os conteúdos, a lei, a purificar-se, e podiam superar o mestre tornando-se um. Eram discípulos transitórios que ficavam com o mestre até tornarem-se mestres. Com Jesus foi diferente. Ele quem toma a iniciativa de chamar seus discípulos: "Não fostes vós que me escolheste, mas fui eu quem vos escolhi" (Jo 15,16). E o discípulo será sempre discípulo, pois o Mestre será sempre Jesus. Ser discípulo significa ser seguidor de Jesus de modo permanente. O discípulo não irá repetir apenas a doutrina que aprendeu de Jesus, mas irá transmitir tudo o que aprendeu de Jesus com a própria vida.

> O discípulo experimenta que a vinculação íntima com Jesus no grupo dos seus é participação da Vida saída das entranhas do Pai, é se formar para assumir seu estilo de vida e suas motivações (Lc 6,40b), viver seu destino e assumir sua missão de fazer novas todas as coisas[533].

Jesus chamou com autoridade, incondicionalmente e sem explicações. Esse modo de chamar só é comparável com o chamado que Deus faz[534] (como o chamado dos profetas no Antigo Testamento). A resposta dos que são chamados é imediata, deixam tudo e o seguem. Deixaram o pai, as redes (Mc 1,18-20), a coletoria de impostos (Mc 2,14) e o seguiram, isto é, romperam com todas as suas seguranças, com sua vida anterior, para seguir Jesus.

Inseridos com Jesus na realidade, identificando-se a cada dia com Ele, com seu modo de viver e de agir, seus seguidores dão continuidade ao seu projeto: "Se alguém quiser vir após mim, negue-se a si mesmo, tome a sua cruz e siga-me" (Mc 8,34). O seguimento a Jesus se dá, então, nessa caminhada: ficar com Jesus, aprender dele, partilhar da sua missão e de seu destino.

Dentre os evangelhos ganha destaque o de Marcos que enfatiza o seguimento como o interesse principal de Jesus. Jesus chama "para que ficassem com Ele" (Mc 3,14). A experiência de ficar com Jesus é mistagógica, isto é, seus seguidores aprendem a assemelhar-se a Ele participando de sua vida. Neste aprendizado consta o compromisso com o Reino e seus destinatários, no qual os pobres e excluídos que passam pela miséria e sofrimentos, ganham centralidade. O "ficar

---

532. MONGILLO, D., Seguimento, p. 1043.

533. DAp 131.

534. SOBRINO, J., Seguimento de Jesus, p. 772.

com Jesus" possibilita o conhecer Jesus. "Ficar com Jesus" não é um privilégio, mas uma experiência que leva ao compromisso:

> A experiência de "estar com Ele" é o modelo pedagógico no qual se aprende e se assume o compromisso de redenção exigido pela situação de miséria e de sofrimento daquela gente que ali está. O sentido eclesial e apostólico do modelo pedagógico do "estar com Ele" é bastante convincente nas linhas do chamamento. Não é a experiência de um simples desfrutar a presença de Jesus, mas a experiência da intimidade que leva ao compromisso[535].

Nos evangelhos Jesus está sempre a caminho, "não tem onde reclinar a cabeça" (Mt 8,20). Esse caminho é a sua morada, assim o seguimento dá-se no caminho. Quem quiser segui-lo deve ser livre para fazê-lo, mas deve saber que trilhar esse caminho é difícil e exigente.

Marcos apresenta Jesus com muita cautela. Jesus não é exaltado. Quando é proclamado como "Filho de Deus" não são as pessoas piedosas que o invocam e sim os demônios (Mc 5,7), e um pagão, o centurião romano, que está ao pé da cruz (Mc 15,39). Quando o chamam de Messias Ele pede que não revelem isso a ninguém. Assim, a fé em Jesus não é triunfalista, nem *light*, nem fácil[536].

Jesus se manifestou mostrando o seu destino e, sem o desejo de iludir os seus seguidores, apresentou o Pai, o reino e os projetos do Pai para com o reino. "O seguimento de Jesus é o modo especificamente cristão de corresponder à passagem de Deus por este mundo, de chegar ao seu Reinado"[537]. Seguir Jesus é anunciar o reino de Deus e ajudar na realização do mesmo. Isso implica um esvaziamento de si que provoca uma abertura para Deus e para os outros.

Quem quiser ser seu discípulo e sua discípula sabe que vai encontrar cruzes pelo caminho, mas sabe também que seu olhar deve estar direcionado para o futuro que lhe espera. Com isso não se quer afirmar que o Novo Testamento apresente uma doutrina masoquista e do sofrimento, mas o como viver conforme Jesus.

> O seguimento de Jesus engloba o seu estilo, o seu caminho, como caminho dos pobres e sofredores carentes de libertação integral, e as consequências do seu destino de paixão e morte redentora. O seguimento é o ideal que germina e configura os traços da comunidade. É a experiência de sua modelação. O horizonte constituído é um reenvio ao significado de Jesus que percorre os caminhos do mundo indo ao encontro das pessoas lá onde elas

---

535. AZEVEDO, W., Comunidade e missão no Evangelho de Marcos, p. 179.
536. SOBRINO, J., Fora dos pobres não há salvação, p. 183.
537. SOBRINO, J., Fora dos pobres não há salvação, p. 137.

estão, e no compromisso da fé, a redenção. O caminho de Jesus é concreto, e também o seu seguimento. Trata-se de um comprometimento no plano redentor de Deus, operado por seu ministério[538].

No corpo joanino o verbo seguir refere-se à comunhão íntima com Cristo (Jo 12,26ss). Seguir significa ter fé, crer em Jesus Cristo. Os discípulos são testemunhas de Cristo com a própria vida e por isso compartilham do seu destino (Jo 12,26; 21,19-22) e de sua glória (Jo 12,26; 13,36). O seguimento, em João, é promessa da participação com Jesus na vida de Deus junto ao Pai[539].

Após a ressurreição de Jesus, a vida cristã é apresentada como o "exercício de assemelhar-se a Ele, de 'tornar-se filhos no Filho' (Rm 8,29), 'com os olhos fixos em Jesus' (Hb 12,2)"[540]. "Para Paulo que não conheceu a Jesus histórico, aquele homem dos evangelhos, aquele filho único de Maria, verdadeiro homem, seguir é imitar e acentuar o imperativo ético, ou seja, modelar-se conforme seu exemplo"[541].

Nos escritos paulinos o seguimento dá-se na perspectiva da presença "em Cristo" e da imitação[542]. O termo imitação é utilizado como sinônimo de seguimento a Cristo. Imitar a Cristo significa configurar-se a Ele que foi morto na cruz, ressuscitado e que vive glorioso. Portanto, não é uma configuração externa, de gestos externos, mas uma participação íntima nos mistérios que marcaram a vida de Jesus. Esta participação é expressa através da união com Cristo: sofrer com, ser crucificado com, morrer com, ser sepultado com, ressuscitar com e viver com[543].

Nas primeiras comunidades seguimento e imitação de Cristo se entrelaçavam e eram termos utilizados para expressar a mesma realidade. Não eram conceitos abstratos, mas realidades cristológicas concretas: viver como Jesus que foi morto e ressuscitado[544]. A vida cristã era um exercício de assemelhar-se a Jesus.

Nos primeiros séculos do cristianismo, devido à perseguição sofrida, muitos cristãos deram sua vida como testemunho de fidelidade a Jesus Cristo e sua causa até a morte. O martírio passa a ser na Igreja nascente a expressão máxima do seguimento e da imitação. O martírio era visto como morte por excelência por ser considerada a forma mais expressiva de fé em Jesus. Os cristãos iam à morte

---

538. AZEVEDO, W., Comunidade e missão no Evangelho de Marcos, p. 214-215.
539. MONGILLO, D., Seguimento, p. 1043-1044.
540. SOBRINO, J., Seguimento de Jesus, p. 771.
541. LIMA, M., Seguir Jesus, p. 56.
542. MONGILLO, D., Seguimento, p. 1044.
543. BOMBONATTO, V. I., Seguimento de Jesus, p. 78.
544. BOMBONATTO, V. I., Seguimento de Jesus, p. 103.

com alegria, pois tinham a certeza de que o próprio Cristo sofria neles. Logo a seguir, com o fim da perseguição, a vida monástica se tornou o modelo de seguimento por excelência. O ideal do martírio na vida monástica era o abandonar tudo para entregar a vida a Deus.

Assim, o seguimento tornou-se "a forma mais importante de explicitar a identidade cristã, e muito mais quando, ao longo da história, os cristãos passaram por crise de identidade e de relevância"[545]. Nessas crises, os mais lúcidos se voltaram ao seguimento, pois é o seguimento a Jesus que nos faz cristãos[546]. Foi-se compreendendo que a vida cristã consiste no seguimento a Jesus. E este seguimento não é teórico, mas práxico.

Quem segue a Jesus deve reproduzir a evangelização realizada por Jesus e também como Ele a realizou; reproduzir a vida de Jesus em todas as suas realidades: fatos e palavras, prática e oração, ação e destino, morte e ressurreição. O reproduzir significa seguimento[547].

> Quando cresce no cristão a consciência de pertencer a Cristo, em razão da gratuidade e alegria que produz, cresce também o ímpeto de comunicar a todos o dom desse encontro. A missão não se limita a um programa ou projeto, mas é compartilhar a experiência do acontecimento do encontro com Cristo, testemunhá-lo e anunciá-lo de pessoa a pessoa, de comunidade a comunidade e da Igreja a todos os confins do mundo (cf. At 1,8)[548].

O seguimento a Jesus está relacionado com a realização do reino. Uma das implicações do seguimento a Jesus é o anúncio do reino de Deus e a contribuição para sua realização no "já" da história. Assim como Jesus anunciou o reino e o iniciou através de sua ação, seu seguidor é convidado a dar continuidade à sua missão visibilizando o reino.

Para colocar em prática a missão de visibilização do reino confiada por Jesus é preciso que seus seguidores conheçam sua vida doada a serviço do mesmo reino. É preciso conhecer toda a vida de Jesus e seus ensinamentos para não desvirtuar o sentido de sua missão. Nesse sentido podemos aceitar o convite de Pagani a contemplar a vida de Jesus: "Percorra toda a vida santa de Jesus, seus hábitos e suas doces palavras. Acompanhe-o com os apóstolos, como pastor

---

545. SOBRINO, J., Identidade cristã, p. 343.

546. SOBRINO, J., Fora dos pobres não há salvação, p. 136.

547. SOBRINO, J., Evangelización y seguimento. La importância de "seguir" a Jesús para "prosseguir" su causa, p. 84.

548. DAp 145.

piedoso e Mestre sábio. Observe os milagres, esteja atento à sua doutrina e olhe diligentemente todas as suas ações"[549].

A partir da contemplação o cristão é motivado a avaliar ou redimensionar sua prática e missão a partir da prática e missão de Cristo, que se entregou por amor. Segundo Pagani, o amor de Jesus é o mais perfeito, eficaz, doce e perseverante, porque Ele amou sem medidas:

> O amor de Jesus foi perfeito em todos os sentidos, porque não amava as pessoas disfarçando seus vícios. Foi um amor eficaz porque não amou só com palavras, mas com obras importantes, fatigosas e difíceis. Foi um amor gratuito e livre, porque não havia motivos para amar quem não tinha nenhum mérito, mas só pecados. Foi um amor verdadeiro e puro, porque não amou pela sua utilidade, ou pelo seu prazer, que teria recebido daqueles que amava. Foi também um amor doce o seu, porque não nos escolheu, acolheu e resgatou como servos, mas como amigos, filhos e irmãos[550].

Pagani convida os seguidores de Cristo a ter uma vida virtuosa para serem capazes de corresponder ao amor. Ele afirma que para tornar a alma agradável e bela diante de Deus, é necessário um sólido hábito virtuoso, fruto do exercício de muitas virtudes cristãs, pois "para conhecer isto, nos bastam o ensinamento e o exemplo da vida e da paixão de Jesus Cristo crucificado"[551]. Cristo é certamente o paradigma para a prática das virtudes e essa prática revela a identidade de seus seguidores discípulos missionários[552]. Assim, a seguir queremos elucidar como que na prática, após se fazer a experiência de encontro com Cristo, a partir de seus ensinamentos, vida e paixão, a resposta de amor ao amor de Cristo pode ser revelada na misericórdia para com os povos crucificados.

---

549. PAGANI, A., Specchio di fideli, p. 114. Texto original: "Và poi discorrendo tutta la sua santa vita, i suoi puri costumi, e le fue dolci parole; accompagnalo con gli Apostoli come pio pastore, e savio maestro; vedi i miracoli, stà attenta alla dottrina e poni ben mente ad ogni sua attione".

550. PAGANI, A., Specchio di fideli, p. 74. Texto original: "Et l'amor di Giesù fu di ogni canto perfettissimo, percioche fu amore ordinato che non amava cosí le persone, che dissimulasse i loro vitii, fu amore efficace, che non solo con parole, ma con opere importanti, faticose, e difficili amó, fu amor gratuito e liberale, che (si come è detto) niuna ragione vavea di amar coloro, che nium merito, ma solo peccati haveano, fu amor vero, e puro, che non amò per suo utile, ò per suo dilleto, che da chi egli amava havesse ricevuto, ò ne fosse per ricevere fu etiando amor dolce il suo, che non ci ha eletti, accolti e riscossi come servi soggetti, ma come domestici amici, figliuoli e fratelli".

551. PAGANI, A., Il thesoro dell'humana salute et perfettione, p. 71. Texto original: "che à noi basta, per conoscer ciò, la dottrina i l'essempio della vita, e della Passione di Giesu Christo crocefisso".

552. GS 22.

## 3.4. Do Deus crucificado aos povos crucificados

A fé cristã tem como originalidade a apresentação de um "Deus crucificado": Jesus Cristo. A encarnação levou Jesus a estar junto com excluídos daquela sociedade, fazendo o bem e agindo com misericórdia. As ações de Jesus questionaram a lei vigente que desumanizava e excluía. Com sua prática, Jesus tornou presente o reino, desmascarando o antirreino e com isso entrou num conflito com as autoridades, sendo perseguido e levado à cruz por elas. Assim, a morte de Jesus na cruz é a maior expressão de sua entrega e vida doada por amor.

Os que se encontram com Jesus, conhecem sua vida, prática e missão, e a Ele aderem como resposta de amor ao seu grande amor por nós, refazem o seu caminho e sua prática, tornando-se discípulos missionários. Ser cristão não é apenas confessar que crê em Cristo como Senhor, é ser como Cristo na prática do amor como serviço e misericórdia.

Chamados a praticar o mandamento novo do amor, os discípulos missionários revelam o amor de Deus. O amor é uma espécie de distintivo dos cristãos: "Nisto reconhecerão todos que sois meus discípulos, se tiverdes amor uns pelos outros" (Jo 13,35). O amor deve ser real, eficaz e libertador[553]. O amor é o que nos torna semelhantes a Deus.

Segundo Pagani, "mesmo que sejamos empenhados em desejar e exercitar todas as virtudes, todavia devemos ocupar-nos principalmente em conquistar a perfeita caridade: vida, coroa e perfeição de todas as outras virtudes"[554]. Pela caridade somos chamados a amar a Cristo, nosso tesouro. E é a partir desse amor que se faz o que Jesus fez e ensinou a fazer, pois "quem ama perfeitamente alguém se esforça para lhe ser semelhante e transformar-se nele, não só com a vontade e com o amor, mas também com os pensamentos, as palavras e a vida: estes são sinais claros de amor"[555].

Ao testemunhar o amor, os cristãos refazem o caminho de Jesus, o "Deus crucificado". A reflexão de Pagani sobre o Crucificado muito contribui para que na formação de discípulos missionários o eixo de sua missão seja a experiência de encontro como o próprio Cristo, que gera homens e mulheres novos, cuja prática nasce da resposta amorosa ao Deus que é amor e bondade. A obra *Historia*

---

553. SOBRINO, J., Seguimento de Jesus, p. 773.

554. PAGANI, A., Il thesoro dell'humana salute et perfettione, p. 112. Texto original: "Benche siamo obligati à desiderare, e essercitare in noi tutte le virtù christiane, niente di meno dobbiamo principalmente attendere ad acquistar la Perfetta carità, vita, corona, e perfettione d'ogni altra virtù".

555. PAGANI, A., Il thesoro dell'humana salute et perfettione, p. 137. Texto original: "chi perfettamente ama alcuuo si sforza di essergli simile, e trasformarsi in lui non solo con la volontà, e con l'amore, ma etiandio co'penfieri, con le parole, e co i costumi; che sono i manifesti indicii di esso amore".

*Ecclesiastica della città, territorio e diocesi di Vicenza* relata como que na prática Pagani e os membros de suas fundações cuidavam daqueles que mais precisavam, principalmente os pobres e os encarcerados[556]. Nos escritos de Pagani, porém, não encontramos diretamente referências a uma concreção histórica como fruto da experiência do encontro com Jesus.

A nosso ver, mesmo não apresentado na prática como se dá a concreção histórica do amor experienciado, Pagani deixa subentendido que a conformidade ao amor divino não fica apenas na dimensão pessoal, mas a partir da resposta de amor a Jesus cada cristão é chamado a ser como Cristo na relação com os outros:

> Aquele que ama procura fazer, com diligência, as coisas que sabe mais agradáveis à pessoa amada. Quem ama Jesus, Filho de Deus encarnado, se esforça não só para sentir e saborear a suavidade de seu amor, mas para conformar-se a Ele nos pensamentos, nas palavras e na vida (Jo 13 e14). Procura fazer tudo o que lhe agrada e assimilar-se a Ele (na medida do possível), no seu modo de viver[557].

Pagani acrescenta ainda: "quanto mais uma pessoa é perfeita amante, tanto mais se esforça e é pronto a realizar com simplicidade, fidelidade, e de forma adequada as coisas, que Jesus fez, aconselhou e mandou que se façam"[558]. Assim, para finalizar nossa pesquisa procuraremos demonstrar o quanto é importante partir da experiência de amor para com o Deus crucificado para a prática do amor e da misericórdia para com os crucificados da história, como Jesus o "fez, aconselhou e mandou que se faça".

Como já afirmamos anteriormente, não encontramos como isso se dá na prática nas obras de Pagani. A concreção histórica, porém, está muito presente nas reflexões teológicas latino-americanas das décadas passadas, especialmente a de Jon Sobrino. Nesse sentido, será importante conjugar essa reflexão com a proposta de Pagani, pois é da experiência de encontro com o Crucificado que nasce o amor e a misericórdia para com os crucificados da história. É uma proposta de união entre as dimensões pessoal e social da fé.

Além disso, esses dois tipos de reflexões sobre o Crucificado são cada vez mais silenciadas pela mudança paradigmática dos valores vivenciados hoje pela

---

556. BARBARANO, F., Historia ecclesiastica della città, territorio e diocesi di Vicenza, p. 84-170.

557. PAGANI, A., Il thesoro dell'humana salute et perfettione, p. 137. Texto original: "Et procura di far con ogni diligenza quelle cose, che sà esser piũ grate alla persona, che ama. Però chi ama Giesù figliuol di Dio incarnato si sforza non solo di sentire, e gustar la soavità del suo amore; ma di conformarsii a lui ne'pensieri, nelle parole, e ne i costumi; e proccacia di far tutto ciò, che gli piace, e di assimigliarsi à lui (quanto più può) in tutti i modi del fuo vivere".

558. PAGANI, A., Il thesoro dell'humana salute et perfettione, p. 137.

sociedade. É preciso retomá-las para que a autenticidade do anúncio querigmático não seja desvirtuada e para termos discípulos missionários que contribuam para uma Igreja que seja reflexo do Crucificado, "pobre e para os pobres", amorosa e misericordiosa.

A reflexão de Sobrino, que passa do Deus crucificado aos povos crucificados, nos ajuda a compreender que é preciso fazer uma profunda experiência de encontro com o Crucificado para ir em missão em direção aos crucificados da história. Significa que a missão do discípulo missionário nasce da cruz de Cristo. Vejamos como isso se dá.

### 3.4.1. O Deus crucificado

A cruz de Jesus faz saltar aos olhos o assassinato do inocente Filho de Deus e por isso ela se torna um escândalo. Jesus foi vítima de um assassinato cruel. As narrativas evangélicas apresentam esse assassinato e também o abandono que Jesus sente em relação ao Pai na cruz. A cruz evidencia um duplo escândalo: o assassinato do Filho e o abandono do Pai.

Jesus experimenta a morte, mas também a morte de sua causa, visto que durante sua vida Jesus anunciou o reino, esteve a serviço da sua chegada, pois tinha a convicção que este estava próximo. Em nenhum momento na cruz aparece essa proximidade do reino ou algum pensamento ou palavras de Jesus acerca dele. Por isso pode-se falar em descontinuidade com sua vida.

Além disso, há uma descontinuidade maior ainda em relação ao seu Pai. Durante toda a vida Jesus revela sua proximidade com o Pai e teve de ir aprendendo o que no Pai há de mistério. Na cruz, porém, essa proximidade desaparece. Jesus não faz a experiência do Pai bondoso[559]. Jesus experimenta uma solidão histórica na cruz: está sem o Pai e sem os discípulos, que o traíram e o abandonaram. Jesus vive um grande sofrimento na cruz.

Os questionamentos sobre o sofrimento experimentado por Jesus levam à pergunta sobre a presença de Deus e de sua ação para evitar o sofrimento. Na modernidade tal pergunta se repete diante de um mundo com tanto sofrimento humano, vivenciado pela coletividade, e por isso a crença em um Deus justo, bom e poderoso só poderia ser desconsiderada: como um Deus pode morrer? Como pode sofrer uma morte tão cruel? Como o Pai pôde deixar seu Filho sofrer tal morte? Onde está o Pai revelado por Jesus como amor, proximidade, compaixão, misericórdia, justiça na hora da cruz?

---

559. SOBRINO, J., Jesus, o libertador, p. 346-347.

Devido a todo sofrimento trazido pela ganância, pelas guerras e por tantas outras formas causadas pelos próprios seres humanos, esse mesmo sofrimento tornou-se a rocha do ateísmo moderno. Principalmente na Europa o ateísmo moderno e a secularização proporcionaram o movimento filosófico da morte de Deus, no qual não se percebe a presença de Deus em meio a tanto sofrimento e chega-se a perguntar "por que Deus permite tudo isso?", ou ainda, "por que Ele não intervém na história?". E como resposta a tantas indagações vem a conclusão: "Deus está morto".

Tais afirmações se fortaleceram ainda mais com as realidades da Segunda Guerra Mundial e do holocausto experienciado pelo povo judeu, da Guerra Fria e da Guerra do Vietnã e de outros conflitos. Muitos se perguntaram como falar de Deus depois de Auschwitz, e essa questão retrata bem a realidade da presença ou ausência de Deus diante de tanto sofrimento gerado pela maldade humana contra os seus semelhantes.

Aos olhos do homem moderno, o sofrimento humano não condiz com a onipotência de Deus e por isso ela é questionada. Entende-se por onipotência que Deus tudo pode realizar, inclusive evitar o sofrimento. Deus, porém, não intervém na liberdade humana de fazer suas escolhas. Muitos sofrimentos são frutos das escolhas humanas. A própria morte de cruz de Jesus foi uma escolha dos líderes da época. E Deus, por ser onipotente no amor, está aberto ao sofrimento, sendo, assim, diferente do Deus apático que a metafísica apresenta.

Faz-se, portanto, necessária uma "passagem de um Deus estático, apático (que não sofre), para um Deus vivo, patético (que tem *phatos* e pode sofrer)"[560]. O movimento filosófico da morte de Deus não anunciou a morte do Deus de Jesus, mas do deus da filosofia e da religião, cuja imagem é apática. Um deus que não se compadece do sofrimento não é um deus credível, pois é fechado em si mesmo.

Para responder a tantos questionamentos, uma das mais significativas sistematizações contemporâneas sobre o Deus que passa pela experiência do sofrimento foi a do teólogo reformado Jürgen Moltmann. Ser testemunha dos efeitos da guerra, do extermínio de tantos judeus, das atrocidades dos nazistas, fez com que Moltmann pudesse desenvolver sua teologia a partir da realidade de sofrimento experienciada por tantas pessoas.

De todos os campos de concentração e extermínio, Auschwitz tornou-se o símbolo da opressão, do sofrimento e do assassinato em massa. Moltmann não foi prisioneiro neste campo, mas tem muito presente o sofrimento humano ali vivenciado. Como falar de Deus depois de Auschwitz também foi para

---

560. BOFF, L., Paixão de Cristo – paixão do mundo, p. 138.

ele um grande questionamento, pois para muitos, Deus não estava presente no sofrimento de milhares de pessoas, abandonando-as. No entanto, Moltmann vê Deus presente, sofrendo com toda essa gente, assim como estava presente e solidário na cruz de Cristo.

Para Moltmann "a morte de Jesus na cruz é o *centro* de toda a teologia cristã. Ele não é o único tema da teologia, mas com certeza é a porta para os seus problemas e respostas na terra. Todas as declarações cristãs a respeito de Deus, criação, pecado e morte apontam para o Crucificado"[561]. A partir da cruz de Jesus ele apresenta como o sofrimento afeta o próprio Deus.

Moltmann afirma que "a fé cristã está ligada ao conhecimento do Crucificado, com o conhecimento de Deus *no* Cristo crucificado, ou para dizer mais precisamente com Lutero: com o conhecimento do 'Deus crucificado'"[562]. O "Deus crucificado" remete à relação trinitária, onde Jesus na cruz deixa transparecer sua íntima relação com o Pai, até mesmo no sentimento de abandono, assim "a morte de Jesus não pode ser compreendida como "morte de Deus", mas somente como a morte *em* Deus"[563].

O abandono do Pai fica evidente em Marcos quando narra o grito de Jesus na cruz. O Pai que esteve presente em todos os momentos parece não estar no momento crucial de sua vida. Segundo Moltmann, nesse abandono, porém, o Pai também abandona a si mesmo:

> Na entrega do Filho, o Pai também se entrega, apesar de não ser da mesma forma. Pois, Jesus sofre o morrer no abandono, mas não a morte em si; pois o homem não pode mais 'sofrer' a morte, porque sofrimento pressupõe vida. Porém, o Pai que o abandona e o entrega sofre a morte do Filho na infinita dor do amor... O Filho sofre morrendo, o Pai sofre a morte do Filho[564].

O sofrimento do Pai revela que Ele não é um Deus apático, mas que pode sofrer, e este é um conceito totalmente diferente do conceito filosófico grego no qual Deus é incapaz de sofrer. Falar em "Deus crucificado" é reconhecer Deus na cruz de Cristo, é reconhecer o sofrimento do Filho que morre e o sofrimento do Pai que é testemunha da morte do Filho. Assim como estava presente e sofreu na morte do Filho, também estava presente e sofreu em Auschwitz, como o próprio Moltmann afirma: "como a cruz de Cristo, até Auschwitz está no próprio Deus.

---

561. MOLTMANN, J., O Deus crucificado, p. 252.
562. MOLTMANN, J., O Deus crucificado, p. 93.
563. MOLTMANN, J., O Deus crucificado, p. 256.
564. MOLTMANN, J., O Deus crucificado, p. 306.

Até Auschwitz é tomada na dor do Pai, na entrega do Filho e no poder do Espírito"[565]. Por isso o "Deus crucificado" é fonte de esperança.

Na América Latina, seguindo a reflexão de Moltmann sobre o Deus crucificado, mas atualizando este conceito para a nossa realidade no pós década de setenta do século passado, destaca-se o teólogo Jon Sobrino. Ele adota a expressão "Deus crucificado", fazendo a partir dela uma reflexão muito pessoal. Ao manter viva a memória de Jesus crucificado, surge a pergunta por Deus, e segundo Sobrino, é insubstituível chamar esse Deus de o "Deus crucificado". Do "Deus crucificado", Sobrino passa aos "povos crucificados". Sobrino vê os "povos crucificados" como corpo de Cristo crucificado na história[566]. Ele faz, de maneira singular e atual, uma reflexão que nos auxilia a um novo olhar sobre Deus.

Sobrino afirma que as palavras de São Paulo, de Lutero, de Balthasar ou de Moltmann são de suma importância para conceitualizar a cruz, mas quando se vive o escândalo da cruz na cotidianidade da história essa realidade é suficiente para captar o escândalo da cruz de Jesus. Portanto, a reflexão de Sobrino é influenciada principalmente pela própria realidade latino-americana crucificada[567], e este elemento é o eixo para o desenvolvimento da temática em questão.

Há uma nova compreensão de Deus a partir da cruz. Na cruz de Jesus o próprio Deus está crucificado. O "Deus crucificado" é para Sobrino um novo e revolucionário conceito de Deus tanto na teoria como na prática[568], embora seja um conceito mais práxico do que teórico, porém uma reflexão inegavelmente pessoal que revela e expõe sua própria experiência de encarnação no mundo dos crucificados da história.

Além de presenciar todo o sofrimento e necessidades de um povo, Sobrino também foi marcado pela tragédia do assassinato de seus seis irmãos jesuítas e pelo massacre do povo salvadorenho. A partir desta experiência pessoal, ele vê a participação real de Deus na paixão do mundo:

> E nos seja permitido dizer isso com uma experiência muito pessoal. Quando no dia 16 de novembro de 1989 foram assassinados, fora de casa, os jesuítas da UCA, o corpo de P. Juan Ramón Moreno foi arrastado para o interior da residência para um dos quartos – o meu. Ao ser transportado caiu um único livro da estante da casa e ficou embebido com o sangue de Juan

---

565. MOLTMANN, J., O Deus crucificado, p. 353.

566. A reflexão da temática também se encontra presente em nossa dissertação de mestrado. PEREIRA, S. C., A teologia da Cruz em Jon Sobrino.

567. SOBRINO, J., Jesus, o libertador, p. 341.

568. SOBRINO, J., Cristologia a partir da América Latina, p. 192.

Ramón. Esse livro era *El Dios crucificado*. Um símbolo naturalmente, mas que expressa o que quer dizer neste capítulo: a participação real de Deus na paixão do mundo[569].

Enquanto muitos se perguntam pelo silêncio de Deus diante da cruz de Jesus e das cruzes impostas pela sociedade, Sobrino procura apresentar a proximidade e a solidariedade a partir do próprio sofrimento de Deus na cruz, pois ela desfaz todas as imagens que temos de Deus: onipotente, forte, poderoso. Não é uma imagem que a cruz revela, mas uma nova forma de perguntar por Deus por não ser uma resposta[570]. Diante do sofrimento e do abandono do Filho podemos nos perguntar o que a cruz revela de Deus, quem é, e onde está Deus.

As imagens reveladas na Escritura são de um Deus libertador, Deus salvador, Deus próximo, Deus das vítimas. Deus aparece como aquele que faz e diz na história, isto é, defende as vítimas e liberta o povo[571]. A cruz revela que "o Pai está na cruz sofrendo junto com Jesus"[572]. O Pai não morre na cruz, mas permanece com o Filho a todo momento no silêncio, como afirma Sobrino:

> A cruz, porém, acrescenta que qualquer imagem que quiséssemos fazer de Deus não teria sentido, pois a cruz é o fim de toda imagem, é o cumprimento *in actu* do segundo mandamento. Nela não aparece nada do que se costuma fazer passar por divino. Mas, além disso, na cruz não só não há imagem, como nem sequer há palavra: só há silêncio de Deus. Deus não se mostra interpelando positivamente, mas em silêncio[573].

O Novo Testamento apresenta a cruz de Jesus como salvífica e utiliza diversos modelos soteriológicos para explicar como nela se dá a salvação. Daqui podemos tirar conclusões precipitadas como a cruz querida por Deus para a nossa salvação. Se assim for, a imagem revelada na cruz é a de um Deus sanguinário, que precisa de sangue para aplacar sua ira, perdoar nossos pecados e nos salvar. O que o Novo Testamento acentua, porém, é que o sacrifício de Jesus foi aceito por Deus porque "Jesus foi agradável a Deus, e por isso foi aceito por Deus"[574]. E Jesus foi agradável a Deus porque toda sua vida foi uma revelação do amor e amou até o fim.

---

569. SOBRINO, J., Jesus, o libertador, p. 341.
570. SOBRINO, J., Cristologia a partir da América Latina, p. 232.
571. SOBRINO, J., Jesus, o libertador, p. 348.
572. SOBRINO, J., Jesus, o libertador, p. 351.
573. SOBRINO, J., Jesus, o libertador, p. 359.
574. SOBRINO, J., Jesus, o libertador, p. 332.

Deus revela a grandeza infinita do seu amor aos seres humanos através da cruz de Jesus: "Deus amou tanto o mundo que entregou seu Filho" (Jo 3,16), "O amor de Deus para conosco se manifestou por ter enviado ao mundo seu filho unigênito" (1Jo 4,9), "Aquele que não poupou o próprio Filho, como não nos dará também todas as coisas?" (Rm 8,32). O amor de Deus por nós não tem limites, nem mesmo o poupar o próprio Filho.

Um amor como este é credível e forte, porém impotente diante da cruz: Deus nos ama, mas não impede a morte do Filho. Com isso, muitos questionamentos sobre a onipotência de Deus são levantados em relação à cruz: por que Deus não age? Por que permite que o Filho morra tão violentamente? Por que o abandona? Por que Deus utiliza esta forma para demonstrar seu amor e não outra?[575] Chegamos então ao núcleo da questão: torna-se necessária uma nova compreensão do conceito de Deus, pois "compreender a Deus no crucificado, abandonado por Deus, exige uma 'revolução no conceito de Deus...' diante do grito de morte de Jesus para Deus ou a teologia se torna impossível ou se torna possível só como teologia especificamente cristã"[576].

O silêncio e o abandono de Deus na cruz são narrados pelos evangelhos a partir das palavras ditas por Jesus. Marcos chega a expressar o sentimento de Jesus de ser abandonado com as palavras do Salmo 22: "Meu Deus, meu Deus por que me abandonaste" (Mc 15,34). Muitos estudos tentaram amenizar o escândalo que estas palavras portam através de diversas interpretações do seu sentido ou afirmando que não foram pronunciadas como está escrito, sem levar em consideração à fidelidade à exegese[577]. Apesar disso, segundo Sobrino, tenham sido pronunciadas ou não, as palavras de Jesus "por que me abandonaste?" se tornaram lugar para tratar o problema da relação entre Deus e o sofrimento[578].

O sentido do sofrimento é difícil de ser compreendido tanto pela razão humana quanto pela fé. O que faz Deus diante do sofrimento é a grande questão. Encontramos correntes teológicas divergentes. De um lado se afirma que não se pode justificar o sofrimento colocando-o em Deus, seja como desígnio divino, seja como Deus presente no sofrimento. De outro lado, Urs Von Baltashar e Moltmann veem Deus tal qual Ele é e veem que o sofrimento afeta o próprio Deus. O sofrimento é um possível modo de ser de Deus.

---

575. SOBRINO, J., Jesus, o libertador, p. 338.

576. SOBRINO, J., Cristologia a partir da América Latina, p. 229.

577. SOBRINO, J., Jesus, o libertador, p. 341-348.

578. SOBRINO, J., Jesus, o libertador, p. 349.

Diante do sofrimento Deus "não faz nada" assim como os seres humanos esperariam que fizesse. O inesperado e novo para nós é, antes, que Ele também participa do sofrimento. Deus, portanto, nem tira nem dá explicação e sentido ao sofrimento. A única coisa que a cruz diria é que o próprio Deus carrega o sofrimento, e – para quem aceitar de maneira crente sua presença na cruz de Jesus – que é preciso carregá-lo[579].

Segundo Sobrino, não é fácil formular (o que não é explicar) o que é o sofrimento em Deus ou como o sofrimento afeta Deus, pois o Novo Testamento não apresenta formulações sobre o sofrimento de Deus. Só é possível falar do sofrimento em Deus a partir de uma reflexão teológica dos dados bíblicos. O ponto de partida de tal reflexão é a afirmação de que Deus estava na cruz de Jesus. E estava lá porque estava presente em todas as ações e momentos da vida de Jesus: Deus esteve presente nas obras bondosas de Jesus, nos seus atos de perdão, na acolhida aos pecadores e marginalizados e em sua ressurreição. Assim, se Deus se faz presente em todas essas realidades históricas podemos afirmar que Deus também estava presente na cruz de Jesus, e também sofre de alguma maneira [580].

As ações de Jesus revelam quem é Deus. Um Deus que não é apático, diferentemente dos deuses gregos, portanto não será justamente na cruz que Ele se tornará. O Pai sofre a morte do Filho e assumindo em si a dor torna-se solidário com todos os seres humanos[581]. Deus participa de nossa história, é um Deus encarnado. "A partir da cruz a definição de Deus como amor chega à sua última concretização"[582]. Seu amor não é idealístico, platônico, mas real, experiencial, pois a cruz revela esse amor.

> O sofrimento de Deus, então, pode e deve ser afirmado pela teologia. Mas a teologia, quando afirma isso, está bem consciente de que o sofrimento em Deus, não é, como em nós, fruto da imperfeição, da carência, ou qualquer outra coisa semelhante, e menos ainda, do pecado. Em Deus, ao contrário, o sofrimento é amor, feito de atividade e passividade. Num mundo de pecado e violência, o amor não pode matar e destruir, sem ao mesmo tempo se desmentir a si mesmo como amor. Resta, por isso, ao amor, somente morrer. O amor só pode sofrer, morrer, resistir. Cada vez que a justiça é violada, o amor sofre. Diante do sofrimento do inocente, não há outro lugar para

---

579. SOBRINO, J., Jesus, o libertador, p. 351.
580. SOBRINO, J., Jesus, o libertador, p. 353.
581. SOBRINO, J., Cristologia a partir da América Latina, p. 234.
582. SOBRINO, J., Cristologia a partir da América Latina, p. 235.

o amor, não há outro lugar para Deus, senão mergulhar no meio daquele sofrimento, ao lado do mais fraco, do oprimido, sofrendo com ele[583].

Deus se encarna na história e o principal fruto disto é o assumir até as últimas consequências o deixar-se afetar pela própria história e pela lei do pecado que mata. Assim, encarnar-se significa a aproximação radical com amor e por amor, e isto significa também a aceitação do sofrimento por parte de Deus. Se Deus assume a história, a cruz não foi um desígnio arbitrário de Deus, mas consequência da encarnação[584].

O sofrimento de Deus na cruz revela sua solidariedade com aqueles que sofrem, portanto o "Deus crucificado" equivale à expressão "Deus solidário". "Deus sofre para que o homem viva e esta é a expressão mais acabada do amor"[585]. Deus sofre na cruz de Jesus e nas das vítimas deste mundo, visto que é testemunha inativo e silencioso delas[586].

Deus se solidariza com os sofredores para lhes dar esperança em acabar com todas as cruzes da história. A solidariedade é fruto da encarnação, da participação plena na história marcada pelo bem e pelo mal. Para compreendermos melhor a ligação entre solidariedade e encarnação, Sobrino cita a resposta de Romero à proposta do governo em dar segurança pessoal a ele: "O pastor não quer segurança enquanto não derem segurança ao seu rebanho"[587].

A cruz aponta para um Deus solidário na dor e no sofrimento. É necessário situar o mais adequadamente possível a revelação de Deus na cruz junto com os outros momentos revelatórios na história, pois estamos mais habituados a relacionar Deus com o positivo, por isso, o sofrimento ao ser associado a Deus é ignorado ou é visto como escândalo. A revelação de Deus é feita através de diversos elementos, por isso é preciso situar a revelação de Deus na cruz com os outros momentos revelatórios[588]. "Só no final Deus se revelará como pura positividade e como totalidade, enquanto que na história sua revelação passa pelo fragmentário e pela negatividade"[589].

Sobrino apresenta três pontos relevantes para conhecer Deus na cruz: a reformulação da transcendência de Deus, a insuficiência de qualquer teologia

---

583. BINGEMER, M. C.; FELLER, V. G., Deus Trindade: a vida no coração do mundo, p. 89.
584. SOBRINO, J., Jesus, o libertador, p. 354.
585. SOBRINO, J., Cristologia a partir da América Latina, p. 236.
586. SOBRINO, J., Jesus, o libertador, p. 354.
587. SOBRINO, J., Jesus, o libertador, p. 355.
588. SOBRINO, J., Jesus, o libertador, p. 357-358.
589. SOBRINO, J., Jesus, o libertador, p. 358.

natural para conhecer a Deus e as vítimas como lugar de revelação de Deus[590]. No desenvolvimento destes pontos podemos perceber um modo diferente para se chegar ao conhecimento de Deus.

Primeiramente, reformular a transcendência de Deus significa uma mudança de olhar, pois vemos Deus como grandioso e onipotente, o que é mais e maior. O "homem religioso" sempre usou a palavra "mais" para indicar a transcendência de Deus, isto é, este "mais" corresponde a um Deus "maior". A cruz questiona esse conceito, pois o pequeno, o menor, também pode ser mediação de Deus. Acolher que Deus se manifesta também no fragmentário e na negatividade é reformular nossos conceitos de Deus: "Deus está também no pequeno, no sofrimento, na negatividade. Ao Deus 'maior' é preciso acrescentar o Deus 'menor'. E a transcendência de Deus se expressa agora precisamente em manter a simultaneidade da grandeza e da pequenez de Deus"[591].

Outro elemento importante para se compreender Deus como "menor" encontra-se no processo da morte de Jesus que Sobrino apresenta de forma duelística, isto é, ele utiliza a analogia de um duelo para expressar que se encontram em luta duas divindades, dois mediadores e duas mediações. Os dois mediadores são Jesus e Pilatos e as duas mediações são o reino de Deus e o Império romano (a *pax romana*). Por trás dos mediadores e das mediações estão a luta de duas divindades: o Deus de Jesus e o deus de Pilatos, o imperador César. Com a morte de Jesus, o seu Deus perde a luta e com essa perda se exige um repensar da transcendência de Deus, visto que Ele se revela como um Deus menor: "pertence ao ser maior de Deus o fato de se tornar o Deus menor"[592].

A insuficiência de qualquer teologia natural é o segundo ponto relevante para se chegar ao conhecimento de Deus. Sobrino apresenta três elementos da teologia natural que são insuficientes para se chegar ao conhecimento de Deus. O primeiro elemento é a tentativa de acesso a Deus a partir do positivo da realidade, seja este considerado na natureza (os gregos), no ser (Santo Tomás), na história (Hegel), ou na subjetividade humana (modernidade). A cruz de Jesus coloca em questão tal tipo de conhecimento, pois na cruz não aparece diretamente o positivo, mas o negativo da realidade.

> Em si mesma a cruz é sofrimento, fracasso, morte, silêncio. Ali não há vida, nem beleza, nem poder, nem racionalidade, tudo coisas através das quais o ser humano pretende ter acesso a Deus. Se a cruz pode oferecer acesso a

---

590. SOBRINO, J., Jesus, o libertador, p. 357-365.

591. SOBRINO, J., Jesus, o libertador, p. 359.

592. SOBRINO, J., Jesus, o libertador, p. 360.

Deus, este há de acontecer *sub specie contrarii*, e isso significa aprender a ver poder na impotência, palavra no silêncio, vida na morte. A teologia natural – que tem acesso a Deus objetivamente só a partir do positivo do criado – mostra-se, portanto, insuficiente para conhecer Deus na cruz[593].

O segundo elemento é o conhecimento de Deus a partir do subjetivo. Segundo Aristóteles, para se chegar ao conhecimento, o primeiro passo é a admiração. Tal admiração produz prazer, dá paz à razão, conduz ao sossego, ao descanso, à contemplação. A cruz não produz tal admiração. Na cruz não há admiração positiva, mas sofrimento e dor. A cruz não deixa descansar, nem sossegar, pelo contrário, quem encontra Deus na cruz fica com o coração inquieto[594], e provavelmente, não ficará na contemplação grega, mas o levará a uma práxis que será comprometida com a causa dos crucificados da história para lhes dar esperança.

O terceiro elemento é que, segundo Habermas, o conhecimento sempre é movido por um interesse. Conhecer a Deus por um interesse próprio, ou melhor, como reafirmação do que gostaríamos de conhecer, é idolatria. Esta é a tese defendida por K. Barth, pois quando assim agimos, buscamos o Deus que nos agrada e nosso desejo é que nos dê respostas às nossas perguntas.

É preciso discernir, em primeiro lugar, qual é o interesse que nos move a buscar Deus. Segundo Sobrino, há interesses ilegítimos e legítimos. Os interesses ilegítimos são aqueles em que se busca Deus por motivos de ganância e poder. Os interesses legítimos são os das vítimas deste mundo. Deus se revela como um Deus próximo, que é justo, que fica ao lado dos pobres e excluídos, que ressuscita. Sobrino, porém, conclui que em princípio os interesses podem ser legítimos ou ilegítimos, mas na cruz os interesses ilegítimos são desmascarados e os legítimos são reformados. A cruz quebra o interesse por conhecer Deus, pois ela "não é resposta à nossa pergunta por Deus, mas é pergunta radical a nós mesmos quando nos perguntamos por Deus"[595].

O terceiro ponto acerca do conhecimento de Deus são as vítimas como lugar da revelação de Deus. Para Sobrino "o conhecimento de Deus tem sempre um lugar material e o lugar do conhecimento do Deus crucificado são as cruzes deste mundo". As vítimas deste mundo são sacramentalmente o lugar do conhecimento de Deus, e assim são porque fazem Deus presente. Somos convidados a estar ao

---

593. SOBRINO, J., Jesus, o libertador, p. 360-361.
594. SOBRINO, J., Jesus, o libertador, p. 361.
595. SOBRINO, J., Jesus, o libertador, p. 362.

pé da cruz de Jesus e estar aos pés das cruzes da história para conhecer o Deus crucificado[596].

Assim, para se conhecer Deus na cruz não há receita pronta, mas são necessárias algumas disposições interiores: é preciso "permanecer com Deus na paixão", acolher a Deus que se revela nos paradoxos "maior e menor" e "positivo e negativo", não buscar a Deus com interesses ilegítimos, e reconhecer nos crucificados deste mundo o Deus crucificado, nos colocando à disposição para baixá-los de suas cruzes. Os crucificados deste mundo são o lugar teológico por excelência:

> O povo crucificado tem um potencial estritamente teologal. A partir dele, a fé num Deus fraco toma forma, porque ele também é fraco. Pode-se aceitar ou não esse Deus, mas, se ele for aceito, esses povos crucificados são o lugar mais adequado para a fé nesse Deus. E se for aceito esse Deus, tampouco se poderá evitar usar, de algum modo, a linguagem de um "Deus crucificado"; Deus não estava apenas pontualmente na cruz de Jesus reconciliando o mundo, mas continua presente nas cruzes da história[597].

As vítimas deste mundo são vistas como revelação do "Deus crucificado", com isso Sobrino passa do "Deus crucificado" aos "povos crucificados".

### 3.4.2. Os povos crucificados

Como vimos anteriormente, na Europa a reflexão teológica ganhou novo influxo com a realidade das guerras, do holocausto, que o povo experienciou. Devido a essa realidade cunhou-se a expressão "como falar de Deus depois de Auschwitz". Na América Latina se costumava dizer que "se faz teologia em Auschwitz", pois o holocausto era diário. O poema de D. Pedro Casaldáliga *"Dentro de Auschwitz"*, citado por Sobrino, demonstra bem essa realidade:

> Como falar de Deus depois de Auschwitz?,
> vos perguntais vós,
> aí, do outro lado do mar, na abundância.
> Como falar de Deus dentro de Auschwitz?,
> perguntam-se aqui os companheiros,
> cheios de razão, de pranto e de sangue
> metidos na morte diária de milhões...[598]

---

596. SOBRINO, J., Jesus, o libertador, p. 363-364.
597. SOBRINO, J., Nosso mundo, p. 19.
598. SOBRINO, J., Jesus, o libertador, p. 365.

Mesmo sem o regime militar das décadas passadas, a pobreza e a miséria continuam presentes aqui e em muitos outros países, porém camuflada com uma nova roupagem trazida pela globalização, que aumentou ainda mais o número de excluídos. Por isso, ainda hoje podemos e devemos utilizar a expressão "povos crucificados", pois é aplicada para apresentar as vítimas existentes nos países em via de desenvolvimento.

As vítimas não são apenas corpos individuais, mas eclesiologicamente falando, são o corpo de Cristo, povo de Deus. E este corpo encontra-se crucificado na história: "Cristo tem um corpo que o torna presente na história, e por isso é preciso perguntar se esse corpo está crucificado, que parte desse corpo está crucificada e se a crucificação desse corpo é a presença de Cristo crucificada na história"[599]. A originalidade trazida por Sobrino foi a inserção na cristologia dos "povos crucificados" como corpo de Cristo crucificado na história.

I. Ellacuría, um dos seis jesuítas assassinados, foi o pioneiro em tratar os povos do Terceiro Mundo como povos crucificados. Podemos notar a forte influência de seu pensamento na cristologia de Sobrino. A originalidade de Ellacuría ao refletir sobre os povos crucificados consiste em tirar da negatividade (que é a própria situação em que o povo vive) a positividade (a salvação histórica que o povo traz), e isto haurimos de suas palavras: "O povo crucificado é vítima do pecado do mundo e é também aquele que trará a salvação do mundo"[600].

Quando a expressão "povos crucificados" é inserida na cristologia não se trata apenas de uma questão de linguagem, mas de uma expressão que está carregada de sentido e por isso mais difícil de ser silenciada. Uma coisa é falar de "subdesenvolvimento", "povos em via de desenvolvimento", "Terceiro Mundo", "o sul". Outra coisa é falar de crucificação[601], pois tais expressões não comunicam todo o mal que há no mundo: "Existem, pois, povos crucificados. É necessário e urgente ver nosso mundo assim. E é bom chamá-los assim, porque com esta linguagem se acentua sua tragédia histórica e seu significado para a fé"[602]. Sobrino destaca três níveis fundamentais que faz de "povos crucificados" uma linguagem útil e necessária[603]:

a) No nível fatual-real porque cruz significa morte e não só pobreza. Os povos do Terceiro Mundo sofrem a morte de muitas maneiras: uma morte

---

599. SOBRINO, J., Jesus, o libertador, p. 366.
600. SOBRINO, J., Aniquilação do outro, memória das vítimas, p. 21.
601. SOBRINO, J., Fora dos pobres não há salvação, p. 26.
602. SOBRINO, J., O princípio misericórdia, p. 86.
603. SOBRINO, J., Jesus, o libertador, p. 366-367.

lenta, mas real, devido à situação de pobreza que vivem; uma morte rápida e violenta por causa das repressões e guerras; uma morte indireta, mas eficaz, pois privam os pobres até mesmo de sua cultura para enfraquecê-los e torná-los mais indefesos.

b) No nível histórico-ético porque cruz expressa que não é qualquer morte, mas uma forte infligida por estruturas injustas, ou seja, pela "violência institucionalizada". Aqui se destaca que cruz expressa mais do que simplesmente morrer, mas "ser morto", isto é, que há vítimas e que há assassinos.

c) No nível religioso, pois cruz é o tipo de morte que Jesus padeceu. E padeceu neste mundo criado por Deus. Neste mundo o mal se faz presente, mas também a graça e a salvação. É a ação dos seres humanos e a ação de Deus. "O próprio Deus se faz presente nessas cruzes e os povos crucificados se convertem no principal sinal dos tempos"[604].

Por serem a presença atual de Cristo crucificado na história os "povos crucificados" são comparados por Sobrino como o servo sofredor dos cânticos de Isaías[605] e como povo mártir. Vejamos primeiramente a analogia ao servo sofredor.

Devido à realidade latino-americana de sofrimento, pobreza, miséria, exploração e ditadura militar experienciados, a figura do servo sofredor que aparece nos cânticos de Isaías foi vista como a presença atual de Cristo crucificado através do povo que se encontra na mesma situação: deplorado, humilhado, maltratado.

Segundo Sobrino, "na América Latina, a teologização fundamental consiste em considerar o povo crucificado como a atualização de Cristo crucificado, verdadeiro Servo de Javé; de modo que povo crucificado e Cristo, Servo de Javé, se remetam e expliquem"[606]. Quando aqui é feita essa analogia entre servo sofredor e povo crucificado como corpo de Cristo crucificado na história, o objetivo não é forçar o texto a dizer, de forma arbitrária, o que ele não está dizendo, transgredindo a exegese. Indo além de uma teorização, a analogia que se faz é em primeiro lugar fruto de uma experiência.

Sobrino vivencia em El Salvador a dor do povo que sofre a miséria, a fome, a opressão e, esse mesmo povo é massacrado como o servo sofredor. Foram mortos inocente e indefesamente milhares de pessoas, mulheres, crianças, idosos.

---

604. SOBRINO, J., O princípio misericórdia, p. 86.

605. Em O princípio misericórdia, dedicou o artigo sobre "os povos crucificados, atual servo sofredor de Javé" ao seu amigo e irmão Ellacuría. Ele já relacionara o povo crucificado com o servo sofredor de Javé.

606. SOBRINO, J., O princípio misericórdia, p. 86.

Para a Igreja, nem nome tinham. E se agora são chamados de "povos crucificados" deve-se a D. Oscar Romero e a Ignacio Ellacuría[607]:

> Monsenhor Romero dizia que Jesus Cristo, o libertador, tanto "se identifica com o povo, ao ponto de os intérpretes da Escritura não saberem se o servo de Javé que Isaías proclama é o povo sofredor ou é Cristo que vem nos remir". I. Ellacuría dizia: "esse povo crucificado é a continuação histórica do Servo de Javé, do qual o pecado do mundo continua tirando toda figura humana, o qual os poderes deste mundo continuam despojando de tudo, continuam arrebatando-lhe até a vida, sobretudo a vida"[608].

Na situação vivida pelo "povo crucificado" contempla-se a cruz de Jesus. Partindo da realidade deste continente e especificamente do povo salvadorenho, Sobrino identifica a cruz de Jesus com a cruz desses povos. Para falar do povo crucificado como servo sofredor de Javé ele faz uso, a princípio, de uma forma de meditação e de uma teologia narrativa para elucidar o que em ambos têm de vítimas, para depois de forma mais reflexiva, analisar como ambos coincidem em conceder salvação[609].

O sofrimento é um dos aspectos comuns entre o servo e o povo crucificado, e este os atinge profundamente: o servo é "homem das dores, habituado ao sofrimento" (Is 53,3), ao mesmo tempo em que o povo crucificado também o é, pois sua condição é de fome, doença, casebres, analfabetismo, frustração por falta de educação e emprego etc. Recai sobre eles a violência, o julgamento e a condenação à morte. Quando tentam restabelecer a justiça e o direito suas aflições crescem (Is 42,4-7). Com isso, ficam desfigurados, sem aparência humana e sem beleza nem formosura que atraia (Is 52,14; 53,2). Tudo isso se reflete na pobreza e miséria somadas ao horror das torturas, dos decapitados, dos queimados com ácido etc. Por isso muitos se sentem horrorizados quando os veem (Is 52,14) e desviam o rosto para não vê-los (Is 53,3)[610].

Outro aspecto comum entre o servo e o povo crucificado é que eles são "desprezíveis e os homens não fazem caso deles" (Is 53,3). Os povos crucificados não têm nem mesmo a dignidade, pois até esta lhes foi tirada. Como não têm nada a oferecer ao mundo, são desprezados e este desprezo chega ao máximo

---

607. SOBRINO, J., Los "mártires jesuánicos" y el "pueblo crucificado".
608. SOBRINO, J., Jesus, o libertador, p. 368.
609. SOBRINO, J., Jesus, o libertador, p. 369.
610. SOBRINO, J., Jesus, o libertador, p. 369-370.

quando são condenados em nome de Deus: "nós o considerávamos ferido por Deus", "contado entre os pecadores" (Is 53,4.12).

Quando os povos crucificados sofrem pacientemente são considerados bons, simples e até mesmo com religiosidade, mas quando decidem lutar por seus direitos são considerados subversivos, marxistas, criminosos, terroristas. E o mais chocante é que após serem desprezados em vida também o são depois da morte, pois ao servo "deram-lhe sepultura em meios aos ímpios (Is 53,9), mas ao povo crucificado às vezes nem sepultura é dada. Muitos são "desovados" em lixões, em valões, em cemitérios clandestinos.

O servo se "humilhava e não abria boca, como cordeiro conduzido ao matadouro" (Is 53,7). Na América Latina, na Etiópia e em vários países do Terceiro Mundo, os povos crucificados morrem assim e muitos deles como indigentes. Não sabemos onde vivem, como morrem, seus nomes e nem mesmo o seu número com exatidão. São poucos os crucificados cujos nomes e palavras ficam conhecidos na história[611].

Na atualidade temos a situação de muitos migrantes que saem de seus países em busca de melhores condições de vida, passando por situações constrangedoras e humilhantes para chegar clandestinamente à Europa e aos Estados Unidos. Os que conseguem chegar não encontram acolhida e muitas vezes não são tratados humanamente. Os que não conseguem chegar vivos são jogados ao mar ou deixados onde morrem, como indigentes.

O servo foi eliminado por um julgamento violento (Is 53,8), arbitrário e injusto. Hoje muitas pessoas lutam pela vida e por seus direitos e encontram profetas que os defendam. Mas infelizmente estes são reprimidos, pois "quem questiona as cruzes da história e se dedicam por suprimi-las são geralmente levados à cruz"[612].

Outro aspecto comum é a inocência, como afirma o cântico: "embora não tivesse praticado a violência nem houvesse falsidade em sua boca" (53,9), foram mortos. Quais crimes cometeram os indígenas da Guatemala queimados dentro da Igreja de São Francisco em Huehuetenango, ou os camponeses assassinados em Sumpsul, ou as crianças mortas de fome na Etiópia ou Biafra? Certamente nenhum, mas a culpa sempre é lançada sobre eles[613].

Ao relacionar o servo sofredor com o povo crucificado, Sobrino defende a tese que um dos maiores aspectos comuns entre eles é a concessão de salvação. O servo é morto por estabelecer o direito e a justiça. Certamente muitas pessoas

---

611. SOBRINO, J., Jesus, o libertador, p. 370.
612. SOBRINO, J., Jesus, o libertador, p. 340.
613. SOBRINO, J., Jesus, o libertador, p. 371.

são mortas por lutar pelos direitos dos crucificados e são logo identificadas com o servo sofredor. Estas pessoas são "servos ativos", porém, para Sobrino há também os "servos passivos" e estes são todos os povos crucificados que sofrem de alguma forma uma morte injusta e cruel.

Os povos crucificados são como o servo não pelo que fazem, mas pelo que são. Os que morrem sem direito a nenhuma palavra participam do destino do servo. No seu silêncio expressam a palavra mais poderosa que é o insuperável clamor da realidade. O servo ativo é a voz do servo passivo. Se não existisse o servo passivo o servo ativo não seria necessário. Portanto, servo ativo e servo passivo estão intrinsecamente relacionados.

O servo foi escolhido, eleito por Deus para a salvação (Is 42,1; 49,3.7). "O que é fraco e pequeno neste mundo foi escolhido para salvar". É necessário um ato de fé para crer nisso, pois não é isso que se espera na história. Essa paradoxal afirmação é escandalosa para a linguagem histórica, pois aceitar que quem traz a salvação são os povos crucificados é tão escandaloso como aceitar a escolha do servo e de Cristo crucificado para trazer a salvação.

No quarto cântico o servo aparece carregando o pecado de outros. Com essa ação ele traz salvação, pois liberta os pecadores de seus pecados. O pecado mata, produz vítimas. O pecado matou o servo, a Jesus e continua matando o povo crucificado. A morte pelo pecado é a semelhança principal com o servo, pois o povo crucificado carrega sobre si o pecado de seus opressores:

> Não há nada de retórico em afirmar que camponeses e indígenas carregam o que os poderosos e oligarcas puseram sobre seus ombros, que o Terceiro Mundo carrega o que os outros Mundos puseram sobres seus ombros. Essa carga os destroça e morrem como o servo. A desfiguração do rosto do Terceiro Mundo é o preço da *maquillage* de outros mundos; sua pobreza, o de sua abundância; sua morte, o de sua vida[614].

O povo crucificado é portador de salvação histórica porque ao carregar histórica e realmente o pecado, pode erradicá-lo e converter-se em luz e salvação. O povo crucificado é luz porque revela que há pecado no mundo. A mentira, os males, a ganância, o endurecimento de coração das nações desenvolvidas são trazidas à tona: se há morte violenta é porque há um matador violento.

Sobrino retoma as metáforas de Ellacuría ao afirmar que o povo crucificado é uma espécie de espelho invertido ou um exame de fezes que mostra o estado de saúde do paciente, pois através deles os outros Mundos podem conhecer sua

---

614. SOBRINO, J., *Jesus, o libertador*, p. 375.

verdade⁶¹⁵. Assim como o servo é luz das nações (Is 42,6; 49,6) que ao desmascarar a mentira e oferecer a verdade convida à conversão, o povo crucificado também o é. Por isso, o povo crucificado pode trazer a salvação histórica. Sobrino enumera alguns pontos que demonstram como os povos crucificados trazem a salvação na história⁶¹⁶:

    a) Ao denunciar a existência de um imenso pecado os povos crucificados oferecem conversão: "se o povo crucificado não é capaz de transformar o coração de pedra em coração de carne nada o fará".

    b) Os povos crucificados vivenciam os valores evangélicos de solidariedade, serviço, simplicidade e disponibilidade para acolher o dom de Deus (Puebla 1147), portanto oferecem valores que não são oferecidos em outras partes.

    c) Os povos crucificados oferecem esperança: esperança que ressurge em cada derrota. É esperança contra esperança.

    d) Os povos crucificados oferecem um grande amor, pois muitos deram e continuam a dar a vida para que todos tenham vida plenamente. E isto é uma grande prova de gratuidade neste mundo egoísta e mesquinho.

    e) Os povos crucificados estão abertos para perdoar seus opressores, pois deles aceitam ajuda e os perdoam.

    f) Os povos crucificados geram solidariedade, na abertura uns aos outros, mesmo se pequena, pois antes não existia. "Geram a esperança de que viver como família humana é possível"⁶¹⁷.

    g) "Os povos crucificados oferecem uma fé, uma santidade e um modo de ser Igreja mais verdadeiros e mais cristãos, mais relevantes para o mundo atual e mais recuperadores de Jesus".

Além de identificar os povos crucificados com o servo sofredor de Javé, Sobrino também os vê como um "povo martirial". Mártir, para Sobrino, é todo aquele que tem uma morte como a de Jesus. Martírio remete à morte e ressurreição de Jesus. E são os mártires que revelam a presença de Deus nas cruzes da história. Segundo Sobrino há três tipos de mártires⁶¹⁸:

    a) Os que estruturalmente reproduzem o martírio de Jesus. Como exemplo podemos citar S. Oscar Romero e tantos outros cristãos ou não que em sua santidade subjetiva viveram para defender o reino e atacar o antirreino. Es-

---

615. SOBRINO, J., Aniquilação do outro, memória das vítimas, p. 19.
616. SOBRINO, J., Jesus, o libertador, p. 378-380.
617. SOBRINO, J., Humanizar uma civilização enferma, p. 79.
618. SOBRINO, J., Jesus, o libertador, p. 388-389.

tes foram mortos porque exerceram a violência profética, mas não tiveram o direito de se defender.

b) Os que são mortos por defender o reino, mas estão organizados popularmente a ponto de exercer algum tipo de violência em sua luta. Portanto muitos deles são mortos, mas não sem defesa. Estes refletem em si um ponto essencial do martírio que é a entrega da vida por amor ao reino.

c) Os assassinados em massa, inocente e anonimamente, sem uso de qualquer tipo de violência. Estes não são considerados oficialmente como mártires porque não entregaram ativamente a vida pela defesa da fé nem do reino, nem entregaram a vida livremente. Nem liberdade se quer, porém, estes possuem para dar.

Os dois primeiros tipos de mártires acima são nomeados por Sobrino como "mártires jesuânicos", e assim são chamados porque "'mártir' soa a 'um grande amor', a dar tudo a fundo perdido, com o risco de perder tudo, e vivendo assim até o final. Mártires são 'os consequentemente misericordiosos', como Jesus, até a cruz"[619]. O terceiro tipo são "povos crucificados" e "povo martirial".

A tese de Sobrino em relação ao martírio não foi fruto de elucubrações teológicas, mas da própria realidade salvadorenha que vivenciou por muitos anos. Ele mesmo relata que ao fazer uma reflexão teológica sobre o martírio a partir dos assassinatos que estavam acontecendo em El Salvador, não conseguia associá-los aos primeiros mártires cristãos, mas à morte de Jesus Cristo e por isso nasceu o nome "mártires jesuânicos"[620].

Os assassinados em defesa da vida são chamados espontaneamente pelo povo de "mártires". D. Pedro Casaldáliga chama Romero de "nosso pastor e mártir"[621]. Mas, segundo Sobrino, ao chamá-los de mártires surge um problema: "se segundo a Igreja, o são em verdade"[622]. Para a concepção oficial da Igreja, mártires são os que morrem para dar testemunho de Cristo.

---

619. SOBRINO, J., Humanizar uma civilização enferma, p. 79.

620. SOBRINO, J., Los "mártires jesuánicos" y el "pueblo crucificado". Eis o testemunho de Sobrino: "Se me é permitido uma memória pessoal, quando em março de 1977 assassinaram Rutilio Grande, monsenhor Romero me pediu para fazer uma reflexão teológica sobre o martírio. Tentei encontrar ideias em livros de história e teologia, mas não me ajudaram muito: o que aconteceu com Rutilio, com o idoso e a criança que o acompanhavam, se parecia pouco ao que aconteceu na perseguição dos primeiros séculos da Igreja ou nas antigas terras de missão ou nos países comunistas. Mas me recordavam a morte de um Martin Luther King e, de fato, a morte de Jesus de Nazaré. Por esta razão, a estes mártires de El Salvador, homens e mulheres, temos-lhes dado um novo nome: os 'mártires jesuânicos'. Entre eles estão os camponeses e camponesas, trabalhadores, estudantes, professores, médicos e enfermeiras, advogados, defensores dos direitos humanos e jornalistas, catequistas e sacerdotes, religiosas e bispos. Até um arcebispo".

621. Isso foi dito antes da canonização de S. Oscar Romero que ocorreu em 2018.

622. SOBRINO, J., Los mártires jesuánicos en el tercer mundo, p. 238.

Nos primeiros séculos do cristianismo a perseguição aos cristãos tinha como motivação oficial a não aceitação do culto a outras divindades por parte do Império Romano. A morte gerada pela perseguição contra a fé cristã, que era de cunho religioso (embora se admita que houvesse outras motivações políticas ou econômicas), ficou caracterizada como in odium fidei (por ódio à fé). Essa compreensão de martírio foi-se consolidando ao longo dos séculos pela tradição da Igreja[623].

O martírio, como conceito dogmático e teológico fundamental compreende-se como a aceitação livre, suportada, sem combate ativo, da morte por amor à fé[624]. Desse conceito, portanto, excluem-se aqueles que morrem num combate ativo em prol da fé. No entanto, para Santo Tomás de Aquino podem ser considerados mártires aqueles que morrem defendendo a pátria do ataque de inimigos que pretendem corromper a fé cristã[625].

Na América Latina, nas décadas passadas (e ainda hoje), muitos cristãos sofreram a perseguição e morreram por defender os pobres. Os assassinos foram na maioria os próprios cristãos pertencentes ao governo e às forças armadas. O "martírio" na América Latina não foi ocasionado por razões religiosas, mas históricas, sociais, militares, políticas e econômicas[626].

Além desses, muitos pobres, indígenas, camponeses foram executados em massa. A Igreja oficialmente não os reconhece como mártires, pois não tiveram uma morte in odium fidei (por ódio à fé). É aqui que se inicia uma reflexão em nosso contexto latino-americano para uma compreensão do martírio a partir de Jesus Cristo como sacramento fontal do martírio[627]. "O martírio não meramente pensado, mas aprendido em sua realidade, remete – melhor do que qualquer dogma ou cânon – à cruz de Jesus. E, a partir daí, pode remeter à sua ressurreição"[628]. Encontramos diversos artigos que provocam uma discussão acerca da temática, inclusive de teólogos europeus como Karl Rahner. Ele escreve:

> Uma legítima "teologia política" e uma teologia da libertação deveriam interessar-se por este alargamento de conceito (martírio). Ele tem uma significação prática e concreta para um cristianismo e uma Igreja que desejam ter consciência de sua responsabilidade pela justiça e paz no mundo[629].

---

623. TAVARES, S. S., O martírio cristão: expressão da misericórdia consequente, p. 121-122.

624. RAHNER, K., Dimensões do martírio – tentativa de ampliar um conceito clássico, p. 13.

625. PICO, J. H., O martírio hoje na América Latina: escândalo, loucura e força de Deus, p. 57.

626. SOBRINO, J., Nosso mundo, p. 12.

627. BOFF, L., Martírio, p. 274.

628. SOBRINO, J., A causa dos mártires, p. 134.

629. RAHNER, K., Dimensões do martírio – tentativa de ampliar um conceito clássico, p. 16.

Segundo Sobrino, o "'martírio' – seja qual for sua definição – é um conceito histórico. Para 'repensá-lo', será preciso analisar a realidade que o faz existir e por que o leva a efeito"[630]. Por isso propõe não apenas um alargamento do conceito, mas uma mudança. O conceito prévio de mártir deveria estar na cruz de Jesus como ponto fundante do martírio, pois "não só tem que ir além da ampliação do conceito para que nele tenham lugar os mártires jesuânicos, mas o que tem que ser feito é mudar o conceito para que os mártires jesuânicos sejam o *analogatum princeps*"[631].

> Abordar assim o martírio não é, porém, só fruto de uma inegável intuição cristã, mas da opção metodológica fundamental que percorre a cristologia na América Latina: voltar a Jesus para, a partir dele, repensar todas as realidades teológicas. De acordo com isto também a análise do que é morte cristã e martírio deve ser feita a partir de Jesus. A morte mais "cristã" será a de Jesus e, ao longo da história, as que se parecerem mais com a de Jesus, sejam chamadas ou não de martírio. Mas, se para descrever a morte cristã por excelência continua-se usando o termo "martírio", então é preciso mudar a ótica para analisá-lo: não se deve partir de uma definição de martírio – segundo a qual Jesus pode até não ter sido mártir – mas da cruz de Jesus[632].

Para repensar oficialmente a morte dos mártires jesuânicos como martírio há a necessidade de passar da concepção de *odium fidei* (ódio à fé) para a de *odium iustitiae* (ódio à justiça) e de *odium misericordiae* (ódio à misericórdia), pois "misericórdia que define a realidade mais profunda de Jesus e seu Deus, descrita em Lucas como 'mover-se de compaixão'. É o martírio na linha joânica do 'maior amor'"[633]. Passa-se da concepção de morrer por Jesus ou por causa de Jesus para o morrer pela causa de Jesus.

Alguns textos dos evangelhos são apresentados por Sobrino como fundamento para a nova concepção de martírio. Em Mateus, Jesus envia a uma missão semelhante a sua de anunciar o reino e expulsar os demônios, advertindo que sofreriam perseguição e que seriam odiados: "Os odiarão por minha causa" (Mt 10,21-22), "os entregarão à tortura e os matarão, e sereis odiados por todas as nações por causa do meu nome" (Mt 24,9-10), "Bem-aventurados quando vos perseguirem por causa de mim" (Mt 5,11).

---

630. SOBRINO, J. Nosso mundo, p. 12.

631. SOBRINO, J., Los "mártires jesuánicos" y el "pueblo crucificado".

632. SOBRINO, J., Jesus, o libertador, p. 384.

633. SOBRINO, J., Nosso mundo, p. 17.

É na teologia joanina, porém, que, segundo Sobrino, está a maior profundidade acerca do martírio: "Os expulsarão das sinagogas. E mais ainda: virá a hora em que aquele que vos matar julgará realizar um ato de culto a Deus" (Jo 16,1-2), e isto porque, "se o mundo vos odeia, sabei que, primeiro me odiou a mim. O servo não é maior que seu senhor. Se eles me perseguiram, também vos perseguirão" (Jo 15,18.20). Em João encontra-se o que mais assemelha os mártires jesuânicos com a morte de Jesus: a entrega da vida por amor aos irmãos (Jo 15,13; 1Jo 3,16)[634]. "A fidelidade a Cristo produz a perseguição"[635].

Na América Latina muitos morreram como "mártires jesuânicos" ou como "povo martirial", mas a Igreja ainda não sabe que lugar dar a tantas pessoas assassinadas pela defesa da vida. Elas "podem ser mártires *na* Igreja, mas não mártires *da* Igreja[636]. Aqui muitos cristãos viveram como Jesus, na pregação do Evangelho e do reino, denunciando toda forma de opressão e repressão. Por isso, também como Jesus, foram levados à morte. Assim, a beatificação de D. Oscar Romero em 2015 foi o primeiro passo para uma possível reflexão sobre o alargamento da concepção de martírio.

Muito sangue foi derramado em nosso Continente a fim de silenciar um grito profético. Tentativas vãs. Ninguém consegue calar o amor. Se há mártires é porque há amor, há vida doada, há entrega, há misericórdia. Sentimentos que impulsionaram toda a vida de Jesus e que impulsionam tantas pessoas a ver um mundo melhor, a ver o reino acontecer. O martírio é um sinal de esperança que gera vida. Procuraremos demonstrar a seguir a importância do reconhecimento dos povos crucificados pelos discípulos missionários e de sua missão para com eles como resposta de amor ao Crucificado.

### 3.4.3 A missão dos discípulos missionários a serviço dos povos crucificados

O enfoque principal das obras de Pagani é a formação de cristãos a partir de uma resposta de amor ao amor de Deus, que através de Cristo crucificado nos salvou. Ele convida cada cristão a reconhecer esse amor e a conformar a própria vida a de Cristo crucificado, como resposta ao amor de Deus. Pagani apresenta diversos meios para se ter uma vida semelhante a de Cristo através da prática de virtudes. Como já afirmamos anteriormente, a preocupação primeira de Pagani é

---

634. SOBRINO, J., Los "mártires jesuánicos" y el "pueblo crucificado".
635. SOBRINO, J., Espiritualidade da libertação, p. 110.
636. SOBRINO, J., Nosso mundo, p. 17.

que as pessoas façam a experiência de encontro com o amor de Deus, e que esta seja a fonte de onde emana a vivência cristã.

Pagani acentua mais a dimensão vertical da fé, na qual a pessoa deve ocupar-se de exercitar-se nas virtudes para chegar à semelhança de Cristo crucificado. Essa dimensão é que dá o sentido de ser cristão, e por isso é de suma importância. A nosso ver, porém, não é possível fazer uma experiência profunda de encontro com Deus e ficar fechado em si mesmo, numa relação exclusiva com Ele. A partir dessa experiência surgem discípulos missionários que correspondem a esse amor fazendo o mesmo que Jesus, não apenas em nível pessoal, como indica Pagani, mas também em nível relacional.

Assim, nossa hipótese é de que o cristão que se identifica com o Crucificado, que faz uma experiência de encontro com Ele, será como o Crucificado, que doou a vida por amor, doando também a própria vida para aqueles que mais precisam.

Ao conhecer a vida doada de Jesus, se reconhece o amor de Deus, que quis nos salvar por amor. Atualizamos esse amor com os nossos gestos de amor. O amor cristão é movido pelo amor de Deus, é sinal desse amor e por isso é um sinal escatológico. O amor de Deus se faz presente já, aqui e agora, vivenciado pelo amor cristão. Todo gesto de saída de si na abertura ao outro, mesmo que de forma limitada pela história, aponta para o amor perfeito que vivenciaremos plenamente com a vinda definitiva do reino. O amor cristão é atualização do amor de Deus na história.

O amor cristão nasce da experiência do mistério pascal, por isso podemos afirmar que precede e vai além da dimensão ética. Não é uma obrigação, um dever. O amor cristão tem seu fundamento na cruz. É mais do que um ato de solidariedade. É um princípio que impulsiona. É a capacidade de entregar-se, esvaziar-se assim como Jesus o fez em todos os momentos de sua vida até chegar à extrema entrega na cruz. Jesus não estava centrado em si mesmo. Ele viveu "pro--existencialmente" para os outros, em favor dos outros, gratuitamente.

O amor impulsiona o discípulo a ir ao encontro daqueles que mais precisam, e esses são os destinatários do reino: os pobres. A forma mais concreta de carregar a cruz de Cristo é encarregar-se do reino e de seus destinatários. Esse "encarregar-se" pode vir acompanhado do martírio, porém "a opção pelos pobres, custosa certamente, não só deve ser vista como algo que implica sofrimento e riscos, incluído o martírio, mas também como algo que dá sentido e prazer à existência"[637].

---

637. SOBRINO, J., Fora dos pobres não há salvação, p. 43.

Os pobres são os povos crucificados. A opção preferencial pelos pobres é opção pelos povos crucificados. E quem são esses hoje? Há diversos tipos de pobrezas, mas falamos daqueles que não existem: "os carentes e oprimidos, no tocante ao básico da vida material; são os que não têm palavra nem liberdade, quer dizer, dignidade; são os que não têm nome, quer dizer existência"[638]; são as vítimas de exploração através do tráfico humano e de drogas, da prostituição, da mão de obra barata (inclusive infantil); são os migrantes, que analogamente ao povo que viveu o Êxodo, têm o desejo e a busca de libertação.

Esses povos crucificados muitas vezes são invisibilizados pela lógica do mercado por serem considerados como inexistentes. Assim, é preciso visibilizá-los, pois aqueles que não existem não necessitam de atenção e muito menos de preferência. E isto é um perigo, pois corremos o risco de nos distanciarmos dos preferidos de Jesus por seguir a lógica dos crucificadores.

Aceitar todas essas situações desumanas e injustas com passividade, encará-las como responsabilidade de "outros", compactuar de alguma forma com o poder que causa essas situações, são atitudes que não condizem com quem acredita naquele que se encarnou nesta realidade, morreu entregando a própria vida e foi ressuscitado. A vida doada de Jesus em defesa da vida o leva à morte. É a este mesmo Jesus, porém, que Deus ressuscita. Quem acredita na ressurreição deve contribuir para que os que vivem situações de crucificação possam viver "já como ressuscitados nas condições da existência histórica"[639].

A vida de Jesus foi uma vida de entrega e de doação gratuita, porém mergulhada em nossa história que é plena de contradições. Jesus viveu num mundo fortemente marcado pelo pecado e por divisões que levaram inúmeros irmãos e irmãs a uma situação de exclusão. Jesus acolhendo a história, mas não a situação de pecado a ela intrínseca, combate todas as formas de injustiças que colocavam tantas pessoas às margens da sociedade, incluindo-as nela. Com esta intervenção de Deus há um restabelecimento do direito dos pobres a partir de uma opção preferencial de solidariedade com os pobres e excluídos.

Seria um equívoco afirmar que a vinda de Jesus e sua entrega foi apenas para restabelecer o direito dos pobres, os direitos daqueles que "nada têm" ou "nada são". Seria também um equívoco, porém, afirmar que os que "nada têm" ou "nada são" não estiveram no centro do anúncio do reino, da missão de Jesus. Em primeiro lugar é importante verificar como Jesus viveu sua relação com os pobres.

---

638. SOBRINO, J., Fora dos pobres não há salvação, p. 53.
639. SOBRINO, J., A fé em Jesus Cristo, p. 9.

Nos relatos evangélicos podemos notar diversas ações de Jesus como uma opção preferencial pelos pobres. Movido por compaixão, misericórdia e solidariedade Jesus inclui no reino do Pai todos aqueles que foram excluídos pela sociedade. Esse gesto de Jesus é antecipação do que será o reino que terá a sua plenitude no final da história, e que começa a se realizar no presente. Ao fazer escolha preferencial de solidariedade com os pobres e com os excluídos Jesus sinaliza para o reino definitivo onde todos são incluídos com a mesma igualdade e dignidade. Portanto, a opção preferencial pelos pobres é intrínseca ao reino.

Assim como na época de Jesus, nos deparamos hoje com a mesma situação de marginalização e exclusão. A continuidade da opção preferencial de Jesus pelos pobres e excluídos é realizada a partir da ação concreta que move cada cristão a ir ao encontro do outro. É uma opção que tem suas raízes no amor de Deus manifestado através de Cristo. Em cada gesto de solidariedade e misericórdia concretiza-se o reino. O Documento de Aparecida nos diz que

> sendo que esta opção está implícita na fé cristológica, os cristãos, como discípulos e missionários, são chamados a contemplar, nos rostos sofredores de seus irmãos, o rosto de Cristo que nos chama a servi-lo: "Os rostos sofredores dos pobres são rostos sofredores de Cristo". Eles desafiam o núcleo do trabalho da Igreja, da pastoral e de nossas atitudes cristãs. Tudo o que tenha relação com Cristo tem relação com os pobres e tudo o que está relacionado com os pobres clama com Jesus Cristo: "Tudo quanto vocês fizerem a um destes meus irmãos menores, o fizeram a mim" (Mt 25,40)[640].

Supera-se, então, a visão meramente assistencialista e passa-se a opção preferencial pelos pobres na dinâmica do reino, onde cada um é convidado a descentralizar-se para abrir-se ao outro a partir da adesão a Jesus Cristo. Para os cristãos a solidariedade não é opcional, mas é intrínseca ao seu batismo que o torna seguidor de Cristo. O texto de Mt 25,31-46 "nos faz lembrar que o gesto em favor do pobre é um gesto em favor do próprio Cristo"[641]. Os discípulos missionários, formados a partir da centralidade em Cristo crucificado, devem ter como missão específica a missão de Jesus, reconhecendo nos pobres e nos sofredores o próprio Cristo crucificado na história.

---

640. DAp 393.
641. GUTIÉRREZ, G., Beber em seu próprio poço, p. 128.

## 3.5. Síntese conclusiva

Neste último capítulo procuramos apresentar a importância da formação de discípulos missionários a partir da experiência de encontro com o Crucificado, proposta por Antonio Pagani em suas obras. Elas não levam a um conhecimento sistemático e teórico sobre Jesus, pois são escritos ascético-místicos que contribuem para a contemplação do mistério de Deus na vida de Cristo. Trata-se de uma proposta contemplativa que conduz a um encontro pessoal com Cristo.

Os escritos de Pagani apresentam o amor de Deus revelado na cruz de Jesus. Assim, a cruz é o ponto de partida de sua reflexão que conduz os cristãos a reconhecerem e a corresponderem a tão grande amor. Suas obras têm mais de quatro séculos de existência, mas algumas propostas nelas contidas estão em consonância com os documentos atuais da Igreja que tratam da formação de discípulos missionários, principalmente no que se refere à centralidade em Cristo e de sua cruz, para se compreender toda a vida de Jesus.

Partindo da centralidade em Cristo crucificado, passamos para a apresentação de uma visão integrada do itinerário percorrido por Jesus. Nesse itinerário destaca-se a morte e a ressurreição como núcleo do mistério pascal, revelação do extremo amor de Deus.

A centralidade em Cristo é o eixo da vida e da missão dos discípulos missionários. Vimos como que na *Gaudium et Spes* 22 é Cristo, o Homem Novo, quem dá a identidade do ser humano. É a partir de Cristo que se reconhece o discípulo. E Pagani apresenta, como a partir da mística e do seguimento, o cristão pode exercitar-se para ser cada vez mais semelhante a Cristo, como uma resposta ao amor de Deus. O encontro pessoal com Cristo leva a pessoa a uma mudança de vida porque é uma experiência que brota do coração e não de uma ideia ou conceito.

O seguimento a Jesus vai acontecendo ao longo de um caminho. Ele é processual. O discípulo missionário vai pouco a pouco configurando a sua vida com a de Jesus. É no caminho do discipulado que se vivencia o mistério pascal, fazendo como Jesus que se encarnou na realidade, realizou sua missão junto aos que mais precisavam, assumiu a cruz imposta pelos líderes do seu povo, e, ressuscitou trazendo-nos esperança. Seguir a Jesus significa trilhar este caminho.

No caminho de seguimento um dos elementos importantes é a prática que nasce da experiência de encarnação na realidade. Por isso a nossa proposta de apresentação da reflexão de Jon Sobrino sobre os povos crucificados como uma visão que precisa emergir novamente em nosso contexto político e social que explora e gera vítimas, de uma forma camuflada ou maquiada, para que não se perceba o que está acontecendo enquanto alguns poucos dominam o mundo, em detrimento de uma grande multidão que vive à margem.

A formação de discípulos missionários depende da realização do anúncio querigmático, de forma integrada, e de seus desdobramentos, que conduzirão os discípulos a uma vivência autêntica do cristianismo a partir do encontro com uma pessoa, Jesus Cristo. E essa vivência é autêntica quando os pobres, os povos crucificados se tornam prioridade, opção preferencial na missão da Igreja.

# Conclusão

O contexto atual apresenta diversos desafios para a evangelização. Ao mesmo tempo em que há a possibilidade de liberdade de expressão religiosa em muitos lugares, facilitando assim o anúncio de Jesus Cristo, deparamo-nos com uma mudança de valores, cuja centralidade é o bem-estar pessoal a partir do ter e do poder. Com isso, anunciar Jesus Cristo torna-se difícil e, ao mesmo tempo, "perigoso" em duplo sentido: um anúncio sem sua cruz consolida a mentalidade hodierna da busca de vitórias e glória; por outro lado, um anúncio com a sua cruz desmascara todo desejo de onipotência e todos aqueles que continuam a ser crucificadores de alguma forma.

Devido a tais características contextuais, nossa percepção é que em muitos lugares a prática pastoral da Igreja deixou-se influenciar pela lógica atual, na qual a cruz de Cristo não encontra eco, pois o mais importante tornou-se a dinâmica do afastamento de todo tipo de sofrimento para se ter uma vida próspera. Nessa prática apenas alguns aspectos da vida de Jesus são elucidados e são utilizados como justificativas para continuar e incentivar uma mentalidade individualista e de falsas esperanças. Nesse sentido, torna-se fácil e fascinante, por exemplo, exaltar da vida de Jesus apenas a ressurreição e acentuá-la como o ponto alto, pois o mais importante é alcançar a vitória assim como Jesus a alcançou, vivenciando, então, a realização pessoal.

Assim, o objetivo principal de nossa pesquisa foi procurar demonstrar a importância da cruz de Jesus no anúncio querigmático e em seus desdobramentos, para que nossa prática seja coerente com o Evangelho, a partir de um seguimento autêntico a Jesus. A forma de seguimento a Jesus e de vivência de seu projeto estão sujeitas à forma de compreensão de sua vida, morte e ressurreição.

Em síntese, chegamos ao objetivo de demonstrar a importância da cruz de Jesus a partir de em três pontos que consideramos relevantes e que nortearam nossa pesquisa: o anúncio querigmático para o contexto eclesial e social atual, tendo como ponto de partida um de seus elementos que é a cruz de Cristo; a centralidade do Cristo crucificado nas obras de Antonio Pagani como contribuição para o acolhimento do anúncio querigmático e seus desdobramentos na atualidade; a formação de discípulos missionários hoje, a partir da teologia da cruz de Pagani.

A temática do anúncio querigmático foi desenvolvida no primeiro capítulo. Ela pode ser resumida naquilo que o Novo Testamento apresenta sobre a trajetória da vida de Jesus: encarnação, vida pública, condenação, morte de cruz, ressurreição e exaltação. Os primeiros discípulos anunciaram Jesus a partir desses elementos. Muitos aderiram a Jesus porque deram credibilidade ao anúncio realizado.

Nos escritos paulinos ganham destaque a cruz e a ressurreição. Paulo apresenta Jesus crucificado aos coríntios (1Cor 1,23). A cruz é colocada em confronto com a sabedoria de Deus, ao mesmo tempo em que para muitos é loucura. A cruz apresenta um poder diferente do que aquele que a comunidade corintiana estava procurando: o poder salvífico. Para a comunidade esse sentido encontrava-se esvaziado, pois ela estava depositando a importância em outros valores como o poder e a sabedoria.

Podemos afirmar que também hoje o sentido da cruz de Jesus não está sendo uma prioridade entre os valores na prática cristã. Por isso faz-se necessária uma volta às fontes para auxiliar na compreensão de seu sentido mais profundo, para que a partir dele seja acolhido o projeto de Jesus, que gera novas relações.

A cruz é um dos elementos do anúncio querigmático e, para nós, o ponto de partida para compreender o significado de toda a trajetória de Jesus. Partir da cruz significa ajudar na compreensão do que significou a entrega de Jesus na encarnação e na morte. Significa também apresentar o grande amor de Jesus, que durante sua existência terrena se fez próximo, solidário, misericordioso para com aqueles que mais precisavam, tornando realidade o reino do Pai. E tudo isto o levou a cruz porque questionou a ordem vigente. A cruz é o ápice de sua entrega.

Em seus documentos atuais, a Igreja tem demonstrado grande interesse na realização do anúncio querigmático, a ponto de afirmar que ele deve ser repetido quantas vezes forem necessárias. O que está em jogo é o desejo de que as pessoas cheguem à centralidade em Jesus Cristo e que façam uma experiência de encontro com Ele, para a partir dele se tornarem discípulas missionárias.

Ao longo dos séculos da história da Igreja muitos cristãos desenvolveram em suas obras e devoções o anúncio de Jesus, acentuando o elemento de sua trajetória que consideravam mais significativo. A cruz foi um dos elementos mais acentuados. No segundo capítulo de nossa pesquisa procuramos demonstrar a importância da cruz de Jesus na reflexão teológica de Antonio Pagani, que em suas obras é o fio condutor.

A maior contribuição que as obras de Pagani podem dar está na capacidade de proporcionar um encontro com Cristo, que leva a um apaixonamento por Ele, a ponto de se tornar como Jesus em sua vida e missão. Pagani deixa-nos como legado a interpelação para o reconhecimento do amor de Deus, manifestado especialmente em Jesus, que se entregou totalmente na cruz por amor.

Não tivemos aqui a pretensão de discutir ou avaliar a teologia ou a linguagem teológica própria da época, utilizada pelo autor em questão. Em um mundo que vive de antíteses, objetivamos apresentar a possibilidade de uma síntese entre mística e práxis que emerge na mudança de época trazida pelo Renascimento e que muito pode contribuir para a atualidade que também experimenta uma mudança de época.

Procuramos desenvolver a síntese entre mística e práxis no terceiro capítulo. Pagani nos indica o caminho do encontro com Cristo a partir de uma mística. A mística do encontro com Cristo conduz a uma prática: a vivência de um seguimento que tenham como desdobramento a mesma prática de Jesus para com aqueles que mais precisam. Assim, a missão do cristão nasce do encontro com o próprio Cristo.

Como consequência do que afirmamos anteriormente, faz-se necessário conhecer toda a trajetória de Jesus para que nossa vida seja como a dele. Além disso, é preciso também uma conversão pastoral quando apenas um dos elementos do querigma é exaltado, pois essa exaltação unilateral pode levar a resultados pessoais e eclesiais desastrosos que comprometem um seguimento autêntico, levando ao espiritualismo ou assistencialismo.

Na vida de Jesus mística e profecia sempre estiveram interligadas. A eficácia de uma prática pastoral consiste na capacidade de integração desta dialética: sem a dimensão mística a linguagem profética pode se tornar limitada, enfraquecida e reduzida. Sem a profecia e a práxis, a mística pode se tornar linguagem espiritualista.

Mística e práxis, mística e profecia nos conduzirão à possibilidade de uma intrínseca relação necessária à evangelização que leva ao encontro com Cristo. A partir do encontro com o amor de Deus manifestado e experimentado em toda a vida de Jesus, que tem seu ápice na cruz, cada cristão será capaz de transmitir esse amor recebido, tendo como predileção os prediletos do Pai: os crucificados de hoje.

Certamente nossa pesquisa apresenta alguns limites. O primeiro é o destaque apenas de uma temática dentro das obras de Pagani. Além do anúncio de Cristo crucificado, encontramos outros temas que estão em plena sintonia com a reflexão teológica atual. Uma futura pesquisa poderia tratar do sentido da cruz a partir da mistagogia, ou ainda, do sentido da Eucaristia como ápice do encontro com Cristo, dentre outros.

Enquanto questão interna, outro limite foi a falta de concreção histórica nas obras de Pagani no que se refere à solidariedade para com os crucificados de sua época, para ajudar-nos numa atualização, embora apareça em sua prática. Nesse sentido, trouxemos a reflexão do teólogo Jon Sobrino, no último capítulo, como fonte inspiradora para procurar demonstrar que, se apagarmos a memória da cruz de nossa prática pastoral, apagaremos também a visibilidade de tantos irmãos e irmãs que se encontram em situações de crucificação. A nosso ver, foi ele quem melhor desenvolveu na atualidade a temática da cruz de Jesus e sua relação com os crucificados de hoje.

Sobrino escreveu seus melhores textos a partir da vivência em uma realidade fortemente marcada pela opressão, pela ditadura, pela miséria, pela ganância, que levou à morte muitas pessoas inocentes e muitas pessoas que procuraram defender os inocentes. Hoje não vivenciamos diretamente essa situação, mas em muitos lugares continua a acontecer a opressão de outras formas: tornamo-nos vítimas de golpes governamentais; prisioneiros em nossas próprias casas por medo do outro; somos frutos de um sistema que gera milhões de desempregados com suas novas tecnologias que substituem o trabalho humano; muitos buscam a vida do crime para sobreviver por não terem educação básica, emprego e o necessário para viver; a busca pela imigração para se ter melhores condições de vida.

Assim, faz sentido ainda hoje falar em "povos crucificados", pois se a cruz de Jesus revela uma situação de injustiça para com um justo, revela também que muitos inocentes continuam a ser crucificados de diversas formas. Muitas pessoas são vítimas de injustiças sociais e sobrevivem quase que milagrosamente. O grito silencioso dos pobres e oprimidos continua ecoando a cada dia, mas para escutá-lo é preciso ter ouvidos atentos e disponíveis. Para encarar a realidade também é preciso ter olhos com as mesmas características.

Não vemos diretamente a situação de pobreza e miséria que nos circundam porque embora a globalização tenha trazido inúmeros benefícios, trouxe também a "invisibilização da pobreza". Com as facilidades oferecidas pelo mercado, muitos pobres conseguiram adquirir bens como celulares, computadores, TV a cabo, e muitos outros elementos que os colocam em pé de igualdade no "ter" com os ricos. Como nós estamos acostumados a medir a pobreza por aquilo que possuímos, dizemos que estes que possuem algo não são pobres ou estão em melhores condições do que outros. Esta é uma forma de camuflar a existência da pobreza. Sem contar o que está por trás desse comércio: toda a exploração para a produção a partir de mão de obra barata e do trabalho infantil.

Muitas fábricas que têm suas sedes em países desenvolvidos abrem filiais nos países subdesenvolvidos ou em desenvolvimento para que os produtos tenham menores preços a partir do baixo salário pago aos seus funcionários, o que não aconteceria nos países desenvolvidos.

Uma das maiores dificuldades será desmascarar tais situações. O centro das atenções não está voltado para elas. Hoje estamos vivenciando um distanciamento da mística da cruz, e tal distanciamento nos aproxima da lógica atual que gera crucificados. A exaltação de um Jesus glorioso e poderoso leva a acentuar o poder, a pompa, a grandeza, o luxo, em detrimento da solidariedade e da misericórdia para com os que sofrem.

Com isso, torna-se evidente nosso interesse em demonstrar a importância da cruz de Jesus para a formação do discípulo missionário hoje. Nossa intenção não foi supervalorizá-la, caindo em determinados dualismos pastorais ou em uma teologia dolorista ou masoquista na busca do sofrimento e da dor. Pelo contrário, procuramos apontar a intrínseca relação entre encarnação, vida, morte e ressurreição de Jesus. A cruz é a chave de leitura para esses momentos. A ressurreição é o que dá sentido a cruz. Sem ela o anúncio querigmático não teria sentido, pois Jesus seria apenas mais um crucificado na história. Ela é fonte de esperança porque gera vida nova.

Pagani nos convida a contemplar a vida de Jesus ao adentrarmos no "livro da vida", isto é, na vida, morte, paixão e ressurreição. Neste "livro" temos a possibilidade de alimentar a nossa vida a partir da de Jesus, de ter o mesmo sentimento dele, de esvaziar-nos para ir ao encontro do outro, pois tal conhecimento adquirido não será apenas teórico, mas experiencial. E esse é o encontro com Cristo que desejamos que seja realizado na formação de discípulos missionários.

# Posfácio

Não cabe a este trabalho da Irmã Sueli da Cruz Pereira uma conclusão. Trabalhou com muito esmero a temática: "Anunciamos Cristo crucificado" (1Cor 1,23). A formação dos discípulos missionários hoje à luz da teologia da cruz de Antonio Pagani. Passaram-se um pouco mais de um ano da defesa de sua tese de doutorado. Uma reflexão pertinente para os tempos atuais diante das dificuldades de anunciar Jesus Cristo.

Um trabalho acadêmico, bem elaborado e com certeza dará grande contribuição na reflexão atual sobre o querigma, iniciação à vida cristã e de fato é propositivo para a elaboração de novas pesquisas.

Foi possível constatar, na leitura desta tese, a riqueza na contextualização histórica de Antonio Pagani. Também foi importante para conhecer o pensamento e alguns elementos das obras deste autor do século XVI. "A teologia da cruz de Pagani não é uma teologia dolorista, mas uma teologia que aponta para a esperança, pois o crucificado não é outro senão o ressuscitado, que se faz presente na Eucaristia" (ver pag. 154).

Faz uma excelente reflexão do anúncio de Cristo, a partir da teologia paulina. O apóstolo Paulo em seu anúncio e catequese à comunidade de Corinto, afirma que nunca quis tirar vantagem da sua condição de apóstolo missionário e fundador da comunidade de Corinto. A profissão de Paulo era a de fabricante de tendas (At 18,3). Mas ele gastava muito tempo e esforço na pregação do Evangelho. Cumprir a missão que lhe foi confiada era um impulso que dava sentido à sua vida. Não considerava o seu ministério uma profissão, mas uma realização pessoal indispensável. A partir da experiência com o Cristo ressuscitado (At 9,1-18), Paulo descobre a beleza do anúncio missionário e reconhece que sua missão é graça e dom de Deus "pela graça de Deus sou o que sou" (1Cor 15,10).

A formação dos discípulos missionários hoje, à luz da teologia da cruz, tem sido um grande desafio. Sueli Cruz traz luzes, indicações para uma nova reflexão, anunciar Jesus Cristo partindo da teologia da cruz. Há um enorme empenho e desejo de formar pessoas maduras na fé, capazes de testemunhar e anunciar o Evangelho com a vida às pessoas ainda não evangelizadas. Mas há ainda muito por fazer. Temos um longo caminho a percorrer, através de conhecimentos, de práticas iluminadas pela reflexão bíblico-teológica e metodológica. A formação do discípulo missionário requer sintonia com o contexto atual e com a situação da comunidade eclesial missionária. Assim, fiéis a Deus, à Igreja e à pessoa humana, os evangelizadores a partir da vida, anunciam o mistério de Jesus Cristo crucificado e ressuscitado.

O anúncio querigmático vai endereçado a todas as pessoas: "Ide, portanto, e fazei que todas as nações se tornem discípulos, batizando-as em nome do Pai, e do Filho e do Espírito Santo e ensinando-as a observar tudo quanto vos ordenei" (Mt 28,19-20). Consequentemente os processos de evangelização devem atingir: os não batizados, os batizados que não participam da comunidade eclesial missionária, o complexo mundo urbano e pessoas que se afastaram por diversos motivos e indiferentes à fé cristã.

Como testemunhas e discípulos missionários de Jesus Cristo coloquemo-nos numa atitude orante e ao mesmo tempo como Igreja em saída, na acolhida e no despertar para a renovação eclesial, à luz de um novo paradigma emergente: redescobrir a beleza e a essência do anúncio querigmático.

Termino, assim, reafirmando a importante contribuição desta pesquisa. Foi de fato pertinente a reflexão sobre o anúncio de Cristo crucificado e ressuscitado no contexto atual.

*Prof.-Dr. Pe. Jânison de Sá Santos*
Doutor pela Università Pontificia Salesiana, Roma.
Pós-doutorado em PNPD, pela PUC-Rio, Brasil.
Assessor Nacional da Comissão Episcopal de Animação Bíblico-catequética

# Referências bibliográficas

ALTMANN, W. *Lutero e libertação*: releitura de Lutero em perspectiva latino-americana. S. Leopoldo: Sinodal; São Paulo: Ática, 1994.

AMADO, J. Catequese num mundo em transformação. In: COMISSÃO EPISCOPAL PARA A ANIMAÇÃO BÍBLICO-CATEQUÉTICA / CNBB. *3ª Semana Brasileira de Catequese*: Iniciação à vida cristã. Brasília: Edições CNBB, 2010, p. 45-56.

AMATO, A. *Gesú il Signore*. Saggio di cristologia. Bologna: EDB, 1988.

ARRUDA, M.; BOFF, L. *Globalização*: desafios socioeconômicos, éticos e educativos. Petrópolis: Vozes, 2000.

AZEVEDO, D. Walmor de. *Comunidade e missão no Evangelho de Marcos*. São Paulo: Loyola, 2002.

BARBAGLIO, G. *As Cartas de Paulo*. V. I. São Paulo: Loyola, 1989.

BARBARANO, F. *Historia ecclesiastica della città, territorio e diocesi di Vicenza*, III. Vicenza: Cristoforo Rosio, 1699.

BATTISTA da Crema. *Filosofia Divina*. Venezia: Melchior Sessa, 1545.

BATTISTA da Crema. *Aperta Verità*. Venezia: Nicolo Bascarini, 1547.

BATTISTA da Crema. *Della Cognitione e Vittoria di se stesso*. Milano: Gotardo da Ponte Fiamego, 1531.

BATTISTA da Crema. *Specchio interiore*. Venezia: [s.n.] 1544.

BENTO XVI, PP. *Carta Encíclica Deus Caritas Est sobre o amor cristão*. São Paulo: Paulinas, 2006.

BIEMMI, E. *El segundo anuncio*. La gracia de volver a empezar. Santander: Sal Terrae, 2013.

BINGEMER, M. C.; FELLER, V. G. *Deus Trindade*: a vida no coração do mundo. Espanha: Siquem, 2002.

BOFF, L. *Do lugar do pobre*. Petrópolis: Vozes, 1984.

BOFF, L. Martírio: tentativa de uma reflexão sistemática. CONCILIUM. *Martírio hoje*, v.3, n. 183, p. 273-280, 1983.

BOFF, L. *Paixão de Cristo – paixão do mundo*. O fato, as interpretações e o significado ontem e hoje. Petrópolis: Vozes, 1977.

BOGLIOLO, L. *Battista da Crema*. Nuovi studi sopra la sua vita, i suoi scritti, la sua dottrina. Torino: SEI, 1952.

BOMBONATTO, V. I. *Seguimento de Jesus*. Uma abordagem segundo a cristologia de Jon Sobrino. São Paulo: Paulinas, 2002.

BONORA, E. *I conflitti della Controriforma*. Firenze: Le Lettere, 1998.

BORTOLINI, J. *Como ler a primeira carta aos coríntios*: superar os conflitos em comunidade. São Paulo: Paulus, 1992.

BOROBIO, D. *A celebração na Igreja*. V. I. São Paulo: Loyola, 1990.

BÖSEN, W. *Ressuscitado segundo as escrituras*: Fundamentos bíblicos da fé pascal. São Paulo: Paulinas, 2015.

BOSELLI, G. *O sentido espiritual da liturgia*. Brasília: Edições CNBB, 2014.

CASTRO, R. *Globalização*. Disponível em: <http:www.epsjv.fiocruz.br /dicionario/ verbetes/glo.html>. Acesso em: 20 fev. 2018.

CATALFO, C. E. A teologia da encarnação na cristologia de Jon Sobrino. In: SOARES, A. M. L. *Dialogando com Jon Sobrino*. São Paulo: Paulinas, 2009, p. 55-90.

CATECISMO DA IGREJA CATÓLICA. Petrópolis: Vozes; São Paulo: Paulinas; Loyola; Ave-Maria, 1993.

CELAM. *A evangelização no presente e no futuro da América Latina*: conclusões da III Conferência Geral do Episcopado Latino-Americano, Puebla, 1979. Petrópolis: Vozes, 1982.

CELAM. *A Igreja na atual transformação da América Latina à luz do Concílio*: conclusões da II Conferência Geral do Episcopado Latino-Americano, Medellín, 1968. Petrópolis: Vozes, 1980.

CELAM. *Discípulos e missionários de Jesus Cristo para que nele nossos povos tenham vida*: conclusões da V Conferência Geral do Episcopado Latino-Americano, Aparecida, 2007. São Paulo: Paulus, 2008.

CELAM. *Manual de liturgia*. A celebração do mistério pascal: Fundamentos teológicos e elementos constitutivos. São Paulo: Paulus, 2005. V. II.

CELAM. *Nova evangelização, promoção humana, cultura cristã*: conclusões da IV Conferência Geral do Episcopado Latino-Americano, Santo Domingo, 1992. Petrópolis: Vozes, 1992.

CNBB. *Animação da vida litúrgica no Brasil*. São Paulo: Paulinas, 1989. (Doc. 43).

CNBB. *Anúncio querigmático e evangelização fundamental*. Brasília: Edições CNBB, 2014. (Subsídio doutrinal 4).

CNBB. *Catequese Renovada*. São Paulo: Paulinas, 1983. (Doc. 26).

CNBB. *Diretório Nacional de Catequese*. São Paulo: Paulinas, 2006. (Doc. 84).

CNBB. *Diretrizes Gerais da ação Evangelizadora na Igreja no Brasil*: 2015-2019. Brasília: Edições CNBB, 2015. (Doc. 102).

CNBB. *Iniciação à vida cristã*: Itinerário para formar discípulos missionários. Brasília: Edições CNBB, 2017. (Doc. 107).

CNBB. *Iniciação à Vida Cristã*: Um processo de inspiração catecumenal. Brasília: Edições CNBB, 2009. (Estudo 97).

CNBB. *Primeira Semana Brasileira de Catequese*. São Paulo: Paulinas, 1987. (Estudo 55).

COMISSÃO EPISCOPAL PASTORAL PARA A ANIMAÇÃO BÍBLICO-CATEQUÉTICA. *Itinerário Catequético*. Iniciação à vida cristã – um processo de inspiração catecumenal. Brasília: Edições CNBB, 2014.

COMISSÃO TEOLÓGICA INTERNACIONAL. *Algumas questões sobre a teologia da Redenção*. 1995. Disponível em <http://www.vatican.va/roman_curia/congregations/cfaith/cti_documents/rc_cti_1995_teologia-redenzione_po.html>. Acesso em: 10 jan. 2017.

CONCÍLIO VATICANO II. *Constituição Sacrosanctum Concilium*. Compêndio do Vaticano II. Petrópolis: Vozes, 1986.

CONCÍLIO VATICANO II. *Constituição Pastoral Gaudium et Spes*. São Paulo: Paulinas, 1978.

CONCÍLIO VATICANO II. *Decreto Ad gentes*. Compêndio do Vaticano II. Petrópolis: Vozes, 1986.

CONGREGAÇÃO PARA O CLERO. *Diretório Geral para a Catequese*. São Paulo: Paulinas, 2003.

CONGREGAÇÃO PARA O CULTO DIVINO E DISCIPLINA DOS SACRAMENTOS. *Missal Romano*. São Paulo: Paulus, 1992.

CONGREGAÇÃO PARA O CULTO DIVINO. *Ritual da Iniciação Cristã de Adultos*. São Paulo: Paulus, 2002.

CONGREGATIO DE CAUSIS SANCTORUM, Vicentina, *Beatificationis et Canonizationis Venerabilis Servi Dei Antonio Pagani*, Sacerdotis Professi Ordinis Fratum Minorum, Fundatoris Societatis Mulierum Dimissarum nunc Sororum Dimissarum Mariae Immaculatae Filiarum (1526-1589), Positio super vita, virtutibus et fama sanctitatis. Roma, 2015.

CONTI, B. F. de'. *Lettere spirituali della divota religiosa Paola Antonia de' Negri Milanese*. Roma in Aedib: Populi Romani, 1576.

DODD, C. *La predicazione apostolica e il suo sviluppo*. Collana Studi Biblici, 21. Brescia: Paideia Editrice, 2000.

DREHER, M. *A crise e a renovação da Igreja no período da Reforma*. Coleção História da Igreja. São Leopoldo: Sinodal, 1996. V. III.

DUQUOC, CH. *Cristologia*. Ensaio dogmático II: O Messias. São Paulo, Loyola, 1980.

ELLACURÍA, I. El pueblo crucificado. MISTERIUM LIBERATIONIS. *Conceptos fundamentales de la teología*. Madrid: Trotta, 1990, p. 189-216.

ERBA, A. M. Il "caso" di Paola Antonia Negri nel Cinquecento italiano. In: E. SCHULTE van KESSEL. *Women and men in spiritual culture*. XIV-XVII centuries. Roma: Bulzoni editore, 1986. p. 193-211.

ERBA, A.; GENTILI, A. *Lettere spirituali*. Roma: EDIVI, 2008.

FABRIS, R. *Os Atos dos Apóstolos*. São Paulo: Loyola, 1991.

FIRPO, M. Paola Antonia Negri, da "divina madre maestra" a "spirito diabolico". *Barnabiti Studi*, Rivista di ricerche storiche dei chierici regolari di S. Paulo, n. 7, p. 7-66, 1990.

FONTES FRANCISCANAS E CLARIANAS. Petrópolis: Vozes, 2008.

FORTE, B. *Teologia da história*: ensaio sobre a revelação, o início e a consumação. São Paulo: Paulus, 1997.

FRANCISCO, PP. *Exortação Apostólica* Evangelii Gaudium *sobre o anúncio do Evangelho no mundo atual*. São Paulo: Paulinas, 2013.

FRESNEDA, F.; MERINO, J. (Coords.). *Manual de teologia franciscana*. Petrópolis: Vozes, 2005.

GALLARDO, C.B. Povo crucificado, povo de mártires e de esperança. In: BEOZZO, J. O. et al. *Vida clamor e esperança*. São Paulo: Loyola, 1992. p. 423-433.

GENTILI, A. *I Barnabiti*. Manuale di storia e spiritualità dell'Ordine dei Chierici regolare di san Paolo decollato. Roma: Padri Barnabiti, 2012.

GEVAERT, J. *O primeiro anúncio*. Finalidades, destinatários, conteúdos, modalidades de presença. São Paulo: Paulinas, 2009.

GIACOMUZZI, L. *Influsso francescano su vita cristiana e pensiero spirituale a Vicenza dal 1400 al 1600*. Vicenza: Lief, 1982.

GIDDENS, A. *O mundo na era da globalização*. Lisboa: Editorial Presença, 2013.

GRASSO, S. *Prima lettera ai corinzi*.Roma: Città nuova, 2002.

GUTIÉRREZ, G. *Beber em seu próprio poço*. Itinerário espiritual de um povo. São Paulo: Loyola, 2000.

JOÃO PAULO II, PP. *Exortação Apostólica Catechesi Tradendae sobre a catequese do nosso tempo*. São Paulo: Paulinas, 1981.

JOÃO PAULO II, PP. *Carta Encíclica Redemptoris Missio sobre a validade permanente do mandato missionário*. Disponível em: <http://w2.vatican.va/content/john-paul-ii/pt/encyclicals/documents/hf_jp-ii_ enc_07121990_redemptoris-missio.html>. Acesso em: 03 dez. 2017.

KAMPEN, D. "Theologia crucis" – un altro modo di pensare la fede. *La sapienza della croce*, anno XXXII, n. 1, p. 41-50, gennaio/aprile 2017.

KASPER, W. *Gesù, il Cristo*. Brescia: Queriniana, 1986.

KESSLER, H. Cristologia. In: SCHNEIDER, T. (Org.). *Manual de dogmática*. Petrópolis: Vozes, 2000, p. 219-400.

KLOPPENBURG, B. A glorificação do Senhor Jesus. *Revista Eclesiástica Brasileira*, v. 58, fasc. 230, p. 418-429, junho 1988.

LIMA, M. *Seguir Jesus*. São Paulo: Loyola; Rio de Janeiro: CRB, 2002.

LOEWENICH, W. v. *A teologia da Cruz de Lutero*. São Leopoldo: Sinodal, 1988.

LUTERO, M. *Obras Selecionadas*. V. I. São Leopoldo: Sinodal, 1987.

MANZATTO, A. O paradigma cristológico do Vaticano II e sua incidência na cristologia latino-americana. In: BOMBONATTO, V.; GONÇALVES, P. (Orgs.). *Concílio Vaticano II*. Análise e prospectivas. São Paulo: Paulinas, 2004, p. 207-225.

MANZI, F. *Prima lettera ai corinzi*: Introduzione, traduzione e commento. Cinisello Balsamo: San Paolo, 2013.

MATOS, H. C. J. *Introdução à História da Igreja*. V. II. Belo Horizonte: O Lutador, 1997.

MAZZAROLO, I. *Primeira Carta aos Coríntios*: exegese e comentários. Rio de Janeiro: Mazzarolo Editor, 2008.

MCKENZIE, J. L. Cruz. In: MCKENZIE, J. L. *Dicionário Bíblico*. São Paulo: Paulinas, 1984, p. 203-204.

MERZ, A.; THEISSEN, G. *O Jesus histórico*. Um manual. São Paulo: Loyola, 2002.

MIRANDA, M. F. *Existência cristã hoje*. São Paulo: Loyola, 2005.

MOLTMANN, J. *O Deus crucificado*. Santo André: Academia Cristã, 2011.

MOLTMANN, J. *O caminho de Jesus Cristo*. Cristologias em dimensões messiânicas. Petrópolis: Vozes, 1993.

MONGILLO, D. Seguimento. In: FIORES, S.; GOFFI, T. (Orgs.). *Dicionário de espiritualidade*. São Paulo: Paulinas, 1989, p. 1041-1048.

NOCENT, A. Batismo. In: Sartore, D.; Triacca, A. M. (Orgs.). *Dicionário de Liturgia*. São Paulo: Paulinas, 1992, p. 109-122.

PÁDUA, L. *Santa Teresa de Jesus*. Mística e humanização. São Paulo: Paulinas, 2016.

PAGANI, A. *Gli Ordini della divota Compagnia delle Dimesse*. Venezia: Domenico Nicolini, 1587.

PAGANI, A. *Gli Ordini della divota Compagnia della Santissima Croce*. Venezia: Domenico Nicolini, 1587.

PAGANI, A. *Il ragionamento della fideltà et dell'amore di S. Maria Maddalena verso Giesu Christo suo Maestro crocefisso, morto e sepolto*. Venezia: Francesco Ziletti, 1579.

PAGANI, A. *Il thesoro dell'humana salute et perfettione*. Venezia: Francesco Ziletti, 1579.

PAGANI, A. *La pratica degli huomini spirituali*. Venezia: Francesco Ziletti, 1585.

PAGANI, A. *La tromba della militia christiana*. Venezia: Francesco Ziletti, 1585.

PAGANI, A. *Le sponsalitie dell'anima con Christo*. Venezia: Francesco Ziletti, 1585.

PAGANI, A. *Le rime*. Vinegia: Segno del Pozzo, 1554.

PAGANI, A. *Le rime spirituali*. Venezia: Bolognino Zaltieri, 1570.

PAGANI, A. *Specchio di fideli*. Venezia: Francesco Ziletti, 1579.

PAGANO, S. La condanna delle opere di Fra' Battista da Crema. *Barnabiti Studi*, Rivista di ricerche storiche dei chierici regolari di S. Paulo, n. 14, p. 221-310, 1997.

PAGOLA, J. *Jesus*. Aproximação histórica. Petrópolis: Vozes, 2010.

PAULO VI, PP. *Exortação Apostólica* Evangelii Nutiandi *sobre a evangelização no mundo contemporâneo*. São Paulo: Paulinas, 2004.

PELLETIER, Anne-Marie. *Il cristianesimo e le donne:* venti secoli di storia. Milano: Jaca Book, 2001.

PENNA, R. Credere di fronte al verbum crucis Secondo Paolo. *Sapienza della Croce*, anno XXVII, n. 3, p. 389-408, settembre/dicembre 2012.

PEREIRA, S. C. *A teologia da Cruz em Jon Sobrino*. O caminho mistagógico da *kénosis*. Rio de janeiro, 2011. 134p. Dissertação. Faculdade de Teologia. Pontifícia Universidade Católica do Rio de Janeiro.

PIAZZA, O. F. *A esperança: lógica do impossível*. São Paulo: Paulinas, 2004.

PICO, J. H. O martírio hoje na América Latina: escândalo, loucura e força de Deus, CONCILIUM, *Martírio hoje*, v. 3, n. 183, p. 51-58, 1983.

PIO IV, PP. *Index Librorum Prohibitorum*. Mediolani: Antonium Antonianum, 1564.

PONTIFÍCIO CONSELHO PARA A PROMOÇÃO DA UNIDADE DOS CRISTÃOS E FEDERAÇÃO LUTERANA MUNDIAL. *Do conflito à comunhão. Comemoração conjunta católico-luterana da Reforma em 2017*. S. Leopoldo: Sinodal; Brasília: Edições CNBB, 2016.

RAHNER, K. Dimensões do martírio – tentativa de ampliar um conceito clássico. CONCILIUM, *Martírio hoje*, v. 3, n. 183, p. 13-16, 1983.

RAHNER, K. Elemente der Spiritualität in der Kirche der Zukunft. In: RAHNER, K. *Schriften zur Theologie XIV*. Zürich-Einsiedeln-Köln: Benziger, 1980, p. 368-381.

RETAMALES, S. et al. *Kerygma: discipulado e missão*. Perspectivas atuais. Coleção Quinta Conferência, Bíblia. São Paulo: Paulinas/Paulus, 2007.

RUBIO, A. G. *Evangelização e maturidade afetiva*. São Paulo: Paulinas, 2006.

SCARINCI, S. *Safo Novella*. Uma poética do abandono nos lamentos de Barbara Strozzi, 1619-1677. São Paulo: Algol Editora/Edusp/Fapesp, 2008.

SCHILLEBEECKX, E. *Jesus*: a história de um vivente. São Paulo: Paulus, 2008.

SCHÜRMANN, H. *El destino de Jesús*: su vida y su muerte. Salamanca: Sígueme, 2003.

SCHÜRMANN, H. *Padre Nuestro*. Salamanca: Secretariado Trinitario, 1982.

SECONDIN, B; GOFFI, T. (Orgs.). *Curso de Espiritualidade*. Experiência – sistemática – projeções. São Paulo: Paulinas, 1994.

SILVA, J. A. Reforma litúrgica a partir do Concílio Vaticano II. In: BOMBONATTO, V.; GONÇALVES, P. (Orgs.), *Concílio Vaticano II*. Análise e prospectivas. São Paulo: Paulinas, 2004, p. 293-313.

SOBRINO, J. A causa dos mártires. In: FORCANO, B. et al. *Pedro Casaldáliga*: as causas que imprimem sentido à sua vida – Retrato de uma personalidade. São Paulo: Ave-Maria, 2008, p. 129-150.

SOBRINO, J. *A fé em Jesus Cristo*. Ensaio a partir das vítimas. Petrópolis: Vozes, 2000.

SOBRINO, J. Aniquilação do outro, memória das vítimas. *CONCILIUM*, v. 2, n. 240, p. 13-21, 1992.

SOBRINO, J. *Cristologia a partir da América Latina*. Esboço a partir do seguimento do Jesus histórico. Petrópolis: Vozes, 1983.

SOBRINO, J. Diante da ressurreição de um crucificado – uma esperança, um modo de viver. In: CONCILIUM, *A ressurreição dos mortos*, v. 5, n. 318, p. 96-107, 2006.

SOBRINO, J. *Espiritualidade da libertação*. Estruturas e conteúdos. São Paulo: Loyola, 1992.

SOBRINO, J. Evangelización e seguimento. La importancia de 'seguir' a Jesús 'para proseguir' su causa. *Sal Terrae*, n. 71, p. 243-253, febrero 1983.

SOBRINO, J. *Fora dos pobres não há salvação*. Pequenos ensaios utópico-proféticos. São Paulo: Paulinas, 2008.

SOBRINO, J. Humanizar uma civilização enferma. CONCILIUM. *O mal hoje e as lutas para ser humano*, v. 1, n. 329, p. 70-80, 2009.

SOBRINO, J. Identidade cristã. In: FLORISTÁN SAMANES, C.; TAMAIO-ACOSTA, J. J. (Orgs.). *Dicionário de conceitos fundamentais do cristianismo*. São Paulo: Paulus, 1999, p. 342-354.

SOBRINO, J. *Jesus na América Latina*. São Paulo: Vozes; Loyola, 1985.

SOBRINO, J. *Jesus, o libertador*. A história de Jesus de Nazaré. São Paulo: Vozes, 1994.

SOBRINO, J. Los mártires jesuánicos en el tercer mundo. *Revista Latinoamericana de Teologia*. San Salvador: Centro de Reflexión teologica, año XVI, n. 48, p. 237-255, septiembre/diciembre 1999.

SOBRINO, J. *Los "mártires jesuánicos" y el "pueblo crucificado"*. Disponível em <http://www.memoriayprofecia.com.pe/myp/node/148>. Acesso em 01 ago. 2015.

SOBRINO, J. Nosso mundo. Crueldade e compaixão. CONCILIUM, *Repensando o Martírio*, v. 1, n. 299, p. 12-21, 2003.

SOBRINO, J. *O principio misericórdia: descer da cruz os povos crucificados*. Petrópolis: Vozes, 1994.

SOBRINO, J. "O ressuscitado é o crucificado". Leitura da ressurreição de Jesus a partir dos crucificados do mundo. In: AMERÍNDIA (Org.). *Globalizar a esperança*. São Paulo: Paulinas, 1998. p. 63-78.

SOBRINO, J. O Seguimento de Jesus como discernimento cristão. *CONCILIUM*, v. 8, n. 138, p. 17-27, 1978.

SOBRINO, J. Seguimento de Jesus. In: FLORISTÁN SAMANES, C.; TAMAIO-ACOSTA, J. J. (Orgs.). *Dicionário de conceitos fundamentais do cristianismo*. São Paulo: Paulus, 1999. p. 771-775.

TAVARES, S. S. O martírio cristão: expressão da misericórdia consequente. In: SOARES, A. M. L. (Org.). *Dialogando com Jon Sobrino*. São Paulo: Paulinas, 2009, p. 121-153.

TEIXEIRA, F. *A espiritualidade do seguimento*. São Paulo, Paulinas, 1994.

TERESA de Ávila. *Obras Completas de Teresa de Jesus*. São Paulo: Loyola, 1995.

TOFFOLO, A. Servire a Dio in l'habito mio seculare. *Barnabiti Studi*, Rivista di ricerche storiche dei chierici regolari di S. Paulo, n. 30, p. 21-77, 2013.

TOMÁS de Aquino. *Suma teológica*. Disponível em: < https://sumateologica.files.wordpress.com/2017/04/suma-teolc3b3gica.pdf >. Acesso em: 03 dez. 2017.

VELASCO, M. *El fenómeno místico*. Madrid: Editorial Trotta, 1999.

VOGEL, L. La nascita della Teologia della croce. *La sapienza della croce*, anno XXXII, n. 1, p. 15-39, gennaio/aprile 2017.

ZACCARIA, A. M. *Primeira constituição*. Capítulo VIII, do Estudo. 30805. Disponível em: <http://vocacionalbarnabita.blogspot.com/p/escritos -de-samz.html>. Acesso em: 14 dez. 2017.

ZACCARIA, A. M. *Cartas*. Quinta carta. 10502. Disponível em: <http://vocacionalbarnabita.blogspot.com/p/escritos-de-samz.html>. Acesso em: 14 dez. 2017.

ZACCARIA, A. M. *Cartas*. Sexta carta. 10602. Disponível em: <http://vocacionalbarnabita.blogspot.com/p/escritos-de-samz.html>. Acesso em: 14 dez. 2017.

ZACCARIA, A. M. *Cartas*. Terceira carta. 10306. Disponível em: <http://vocacionalbarnabita.blogspot.com/p/escritos-de-samz.html>. Acesso em: 14 dez. 2017.

ZOVATTO, P. Experiência espiritual na história. In: GOFFI, T.; SECODIN, B. (Orgs.). *Curso de espiritualidade*. São Paulo: Paulinas, 1994, p. 113-192.

ZOVATTO, P. *Storia della spiritualità italiana*. Roma: Città Nuova, 2002.

ZUMSTEIN, J. A cruz como princípio de constituição da teologia paulina. In: DETTWILER, A.; KAESTI, J.-D.; MARGUERAT, D. (Orgs.). *Paulo, uma teologia em construção*. São Paulo: Loyola, 2017, p. 313-336.

# Série Teologia PUC-Rio

- *Rute: uma heroína e mulher forte*
Alessandra Serra Viegas

- *Por uma teologia ficcional: a reescritura bíblica de José Saramago*
Marcio Cappelli Aló Lopes

- *O Novo Êxodo de Isaías em Romanos – Estudo exegético e teológico*
Samuel Brandão de Oliveira

- *A escatologia do amor – A esperança na compreensão trinitária de Deus em Jürgen Moltmann*
Rogério Guimarães de A. Cunha

- *O valor antropológico da Direção Espiritual*
Cristiano Holtz Peixoto

- *Mística Cristã e Literatura Fantástica em C. S. Lewis*
Marcio Simão de Vasconcellos

- *A cristologia existencial de Karl Rahner e de Teresa de Calcutá – Dois místicos do século sem Deus*
Douglas Alves Fontes

- *O sacramento-assembleia – Teologia mistagógica da comunidade celebrante*
Gustavo Correa Cola

- *Crise do sacerdócio e escatologia no séc. V a.C. – A partir da leitura de Ml 2,1-9 e 17–3,5*
Fabio da Silveira Siqueira

- *A formação de discípulos missionários – O kerigma à luz da cruz de Antonio Pagani*
Sueli da Cruz Pereira

- *O uso paulino da expressão μὴ γένοιτο em Gálatas – Estudo comparativo, retórico e intertextual*
Marcelo Ferreira Miguel

## CULTURAL

Administração
Antropologia
Biografias
Comunicação
Dinâmicas e Jogos
Ecologia e Meio Ambiente
Educação e Pedagogia
Filosofia
História
Letras e Literatura
Obras de referência
Política
Psicologia
Saúde e Nutrição
Serviço Social e Trabalho
Sociologia

## CATEQUÉTICO PASTORAL

**Catequese**
Geral
Crisma
Primeira Eucaristia

**Pastoral**
Geral
Sacramental
Familiar
Social
Ensino Religioso Escolar

## TEOLÓGICO ESPIRITUAL

Biografias
Devocionários
Espiritualidade e Mística
Espiritualidade Mariana
Franciscanismo
Autoconhecimento
Liturgia
Obras de referência
Sagrada Escritura e Livros Apócrifos

**Teologia**
Bíblica
Histórica
Prática
Sistemática

## REVISTAS

Concilium
Estudos Bíblicos
Grande Sinal
REB (Revista Eclesiástica Brasileira)

## VOZES NOBILIS

Uma linha editorial especial, com importantes autores, alto valor agregado e qualidade superior.

## PRODUTOS SAZONAIS

Folhinha do Sagrado Coração de Jesus
Calendário de mesa do Sagrado Coração de Jesus
Agenda do Sagrado Coração de Jesus
Almanaque Santo Antônio
Agendinha
Diário Vozes
Meditações para o dia a dia
Encontro diário com Deus
Guia Litúrgico

## VOZES DE BOLSO

Obras clássicas de Ciências Humanas em formato de bolso.

### CADASTRE-SE
www.vozes.com.br

**EDITORA VOZES LTDA.**
Rua Frei Luís, 100 – Centro – Cep 25689-900 – Petrópolis, RJ
Tel.: (24) 2233-9000 – Fax: (24) 2231-4676 – E-mail: vendas@vozes.com.br

UNIDADES NO BRASIL: Belo Horizonte, MG – Brasília, DF – Campinas, SP – Cuiabá, MT
Curitiba, PR – Fortaleza, CE – Goiânia, GO – Juiz de Fora, MG
Manaus, AM – Petrópolis, RJ – Porto Alegre, RS – Recife, PE – Rio de Janeiro, RJ
Salvador, BA – São Paulo, SP